世阿弥の「花」を知る

世阿弥の「花」を知る

— 能楽論と謡曲を通して —

鈴木 さやか著

知泉書館

はじめに

日本の文芸論において「花」とは、人が自然からの呼びかけに心を披いて応答したときの、いわば「心の変容し開花した姿」（美しい心）を意味する言葉であった。そして、優れた文芸論においては、こうした「花」に対する探究の道は、よき言葉（表現）を発する自己そのもののありようにまで及んでいたのである。その意味で、中・近世の文芸論において用いられる「花」の意味を吟味し探究してゆくことは、日本の文芸が奇しくも共通して担っていた問題、すなわち、「自然（もの）と心と言葉との根源的な意味連関」、さらには「自己変容と生のあり方」を問い尋ねることへと繋がってゆくであろう。

能楽の大成者である世阿弥（一三六三？―一四四三？）が生涯問い続けたのも、能における「花」の成立の機微であった。そして、その「能楽論」およびその能楽論に支えられた「謡曲」は、日本の文芸・思想史上の精華というべく、それ自体ひとつの卓越した言語作品として、また時と処とを超えて存続する古典として屹立している。彼の残した二十数編の能楽論と数々の謡曲を繙くとき、われわれはそれらのうちに、人間という存在者の普遍的な可能性がかくも豊かに花開いているのを見出し、驚きの念に打たれるのである。

ところで、世阿弥が自らの諸々の態《わざ》によって極め、また言葉によってその真髄を捉えようとした営みが、全体として「能」と名づけられているのはまことに興味深い[1]。すなわち、おそらくは、万物を貫く「妙」の根源的な働き・活動が、ほかならぬ人間の本性を器として顕現してくるのであり、それゆえ「能」とは、その可能性と、不断の自己変容による開花・成就の道行きとを指し示していると考えられよう。かくして能楽論と謡曲の諸作品とが、さらにはそれらの著述を成した、ほかならぬ世阿弥自身が、能の顕現と開花の道行きを示し、「能」という語の本義を証している。そして、それらはむろん、時代、民族、風土などの特殊性を担いつつ、当然のことながら、極めて普遍的な人間の真実を語り出しているのである。

本書は、世阿弥の能楽論、ならびに世阿弥作の謡曲の全体としての文脈を吟味・反省し、その基本的構造を問い抜くことを目的とする。その際、何よりもまず、そこに結晶したことば・表現のうちから、テキストをして語らしめるという方法を取ることにしよう。なぜならば、世阿弥の能楽論にせよ謡曲にせよ、その作品ひとつひとつはそれ自体が見事に結晶し開花した傑作であって、単に外側からの意味づけを超えた、それ自体としての内的生命を有しているからである。

もとより、謡曲そして能楽論は、能という舞台芸術のための脚本であり指南書である。しかし、それはいわば、作者の手を離れて、すぐれて一個の言語・思想的空間を形成している。その意味で、世阿弥が生きた時代の背景や、周囲の者たちとの交友関係といったいわば外なることを視野に収めつつも、それらを一旦横に置き、能う限り忠実にその言の指し示すところを受け止めてゆかねばなるまい。言い換えれば、世阿弥の作品のひとつひとつを真に読み解いてゆくとき、諸々の外的条件は、作品そのものが指し示す一なる方向へと収斂し、新たな意味を持って甦り、改めて捉え直されてくるであろう。

また、それと同じことは、世阿弥の能楽論の内部、すなわち複数の伝書内の関係においても言い得るであろう。つまり、世阿弥が発した個々のことばは、それぞれを別個に切り離して解釈されるべきものではなく、全体の帰するところ、中心の位相から読み解かれるべきなのだ。逆に言えば、個々の文脈・言葉のどこを取ってみても、そこには全体の志向する「ある一なるもの」が漲っているのである。それはたとえば、世阿弥の語った、「無心の位にて、我《わが》心をわれにも隠す安心にて、せぬ隙《ひま》の前後を綰《つな》ぐべし。是則《これすなはち》、万能《まんのう》を一心にて綰《つな》ぐ感力《かんりき》也」（『花鏡』一〇〇）という言葉に、いみじくも呼応しているであろう。

そして、その「ある一なるもの」は、世阿弥が生涯をかけて追求した「花」の具体的顕現である謡曲作品にも豊かに息づいているであろう。従来、謡曲と能楽論は別種の著述として扱われ、能楽論にみられる思想をもとに謡曲を解釈する試みは十分になされてきたとは言いがたい。(2) しかし、何よりもまず舞台において「花」を現出させることに心血を注いだ世阿弥であってみれば、各作品の主人公（シテ）の内面の変容は、能楽論において作者が見出した「妙」の顕現の機微を表すものとして描き出されていたに違いない。

ともあれ以上のことを踏まえつつ、本書においては、「花」の成立の機微を、謡曲のシテ（主人公）ならびにそれを演じる演者自身の心と態《わざ》の問題、そして己れ自身の変容の問題と不可分のものとして捉えてゆきたい。論述の順序としては、まず「I　世阿弥の能楽論」では、『花鏡』（応永三十一（一四二八）年奥書）を中心に世阿弥の能楽論を読み解いてゆく。第一章「序破急の成り就く構造」では、世阿弥が語る「花」の根本的性格を、「序破急」の構造に照らして明らかにする。また、世阿弥が「花」の変容の思想を語る端緒となった、父観阿弥の存在の意味について確認する。第二章「能の展開と諸相」では、第一章で見定めた世阿弥の語る「花」が舞台上ではどのような態に、そして演者のどのような姿に生じてくるものなのか、その諸相を論じる。第一節で物まねと舞歌という具体的な態《わざ》が、「妙」の働きを宿す場として捉えられていることを確認し、第二節ではその「妙」を宿しゆく過程を、主に「有主風」「安き位」という語に注目して論じ、「花」の成立には演者自身の絶えざる否定の道行きが必須となることを説く。さらに第三節では、演者が己れを無みし「妙」を宿し得る器となったときの、演者と見所（観客）とのありようを「離見の見」、「妙見」の言葉に注目して明らかにする。第三章「花の成就と自己変容」では、第一章で見た「花」の根本的性格（受動性、否定性、全一性）を改めて世阿弥の「万能を一心に綰《つな》ぐ」「秘すれば花」といった言葉に則して語り直し、演者が舞台上で「よき態」を現出させる際の、「花」の成立の機微について問うてゆく。そして、終章「可能性の総体としての「能」」では、「花」は「変容する花」として演者に宿り来ることを改めて確認する。

そして、「Ⅱ　世阿弥の謡曲　付「野宮」」では、世阿弥が自ら「よき能」「上花」として評価している「松風」「忠度」「八島」「井筒」を取り上げる。「松風」では、シテが恋慕を神的狂気にまで高めるさまを世阿弥の「序破急」の論に則して見ていく。続いて「忠度」では、作中の「花こそ主なりけれ」という言葉を軸に、シテとワキが対話を通じて、それぞれ心砕かれ変容していく様を跡付ける。そして「八島」では、「弓取り」の代表としてのシテが「真如の月」に晒され救いの糸口を見つけるまでの経緯を見る。さらに「井筒」では、シテの「妙」との出会いの確かさを「心の花」の成就として捉えるありようを明らかにしてゆく。また、世阿弥作ではないが、シテの心の変容がシテのいる「場」の変容とともに明確に跡付けられるものとして「野宮」を扱う。以上の論述を通じて、無限なる「妙」のゆたかな受容・顕現の場たる「能」の在り方を、能う限り明らかにしてゆくことにしたい。

「Ⅰ　世阿弥の能楽論」で見ていく世阿弥の「花」の思想は、「Ⅱ　世阿弥の謡曲　付「野宮」」で取り上げる各曲において、シテの変容（内面の変化）として具象化されている。したがって、謡曲に興味のある読者は、Ⅱの各謡曲の読解から読んでいただいても差し支えない。

本書で扱う世阿弥の伝書、『風姿花伝』『花鏡』『至花道』『二曲三体人形図』『三道』『曲付次第』『風曲集』『遊楽習道風見』『五位』『九位』『六義』『拾玉得花』『五音曲条々』『五音』『夢跡一紙』『却来華』『世子六十以後申楽談儀（以後本書では『申楽談儀』と表記）』は、全て表章・加藤周一『日本思想大系24　世阿弥　禅竹』（岩波書店、一九七四年）に拠る（以下、同書に言及する際は単に『世阿弥　禅竹』と称する）。なお、読みやすさを考慮し、適宜振り仮名を施した。引用の後ろに付した漢数字は頁数である。「Ⅰ　世阿弥の能楽論」内の伝書の訳については、『新編日本古典文学全集88　歌論集・能楽論集・俳論集』（小学館、二〇〇一年）表章訳、『日本の名著10　世阿弥』（中央公論社、一九六九年）などを参照しつつ、本書の主旨を踏まえた改定を行い、これを付した。

また、「Ⅱ　世阿弥の謡曲　付「野宮」」で取り上げる「松風」「忠度」「八島」「井筒」「野宮」の本文は、小山弘志・佐藤健一郎校注『新編日本古典文学全集　謡曲集①』小学館、一九九七年）に拠っている。こちらも読みやすさを考慮し、筆者の判断で必要な箇所に振り仮名を施した。

註

（1）　天野文雄「「能」という名称をめぐる諸問題」（『現代能楽講義』大阪大学出版会、二〇〇四年）では、能が「能」と呼ばれるようになるまでの歴史的変遷を詳細に述べている。そしてその中で、演劇を意味する「能」は、「才能・能力」という意味から派生した語であるとまずは答えられるが、「（演劇を為し得る）才能」という呼び名が、なぜ音楽や文学や絵画におよばず、演劇だけが「能」と呼ばれるようになったかは明らかではない、とする。

（2）　たとえば相良亨『世阿弥の宇宙』（ぺりかん社、一九九〇年）では、『五音曲条々』『五音』に見られる「祝言・幽曲・恋慕・哀傷・闌曲」の分類と、分類についての世阿弥の解説をもとに各謡曲を分類し理解するという方法をとっており、世阿弥能楽論から読み取れる世阿弥の思想を謡曲理解に活かす試みがなされている。また、近年では上野太祐が『花伝う花――世阿弥伝書の思想』（晃洋書房、二〇一七年）において、謡曲〈忠度〉〈井筒〉の詞章の分析を通して、見手（観客）が「無心の感」を経験し弔いが成就していく過程を、『花鏡』に見られる「無心の感」の思想の内実を解き明かしつつ詳細に論じている。

本書は、そうした研究成果を踏まえつつ、さらに一歩進めて、世阿弥の能楽論の全体的な構造を明らかにし、その中心的な思想である「花の変容と開花」のありようを各謡曲の理解に活かすことを目指している。

目次

目次

世阿弥の「花」を知る

——能楽論と謡曲を通して——

I　世阿弥の能楽論

第一章 「序破急」の成り就く構造

生まれると同時に消え、次々と移り変わってゆく舞台上のさまざまな態《わざ》にあって、無限なる「妙」の働きに貫かれたかのごとく、ある確かさをもって現前し来るものがある。(1) それは、その現前を通じて演者と観客とが一つの交わり、すなわち「一座成就の感応」(『拾玉得花』一八五)を形成するものであろう。そうした何ものかを、世阿弥はまさに「花」と呼んだ。

演技者であり、観世座の棟梁でもあった世阿弥ゆえ、その論述はあくまで「花」を体現し、観客を引きつけることを目標として書かれていた。だがその際、世阿弥の心は同時に、どこまでも語り得ざるものたる「無心」、「妙所」の位相に披かれていたと思われる。とすれば、個々の実践的な記述の根底には、花の成立を支えている無限なるもの・根源的なるものへの深い眼差しが、常に存していたであろう。「此道はたゞ花が能の命なるを」(『風姿花伝』三二、傍点筆者、以下同じ)と言い切る世阿弥の全著作は、花というものへの驚き、現出の機微をどこまでも問い尋ねてゆこうとする真摯さに満ちているのである。(2)

そして、かかる花への探究の道にあっては、自ずと「その花を宿しゆく人の心」と「それを目に見える形で舞台上に現出させる態」との関係が、重要な論点として語り出されてくる。すなわち、「心を糸にして、人に知らせずして、万能《まんのう》を綰《つな》ぐべし。如此《かくのごとく》ならば、能の命あるべし」(『花鏡』一〇〇)という周知の表現は、「花が能の命」

という言葉と、いみじくも呼応しているであろう。

もとより、心と態とは互いに分離したもの、完結したものとして捉えられてはいない。この点、あらかじめ論点を示しておくとするならば、演者が舞歌なり物まねなりをする際、「妙」の無限なる働きに心が抜かれゆくとき、おそらくはその心抜かれた度合いに応じて、無限なるものがそれぞれの有限な態として現出してくるであろう。「花」というものが、時間的な舞台に、そしてこの世に生じてくる機微が、そこに存している。そして、一つの能の成り立ちの根底には、美しく結実した存在のしるしともいうべき「花」、その多様な現れの姿たる「態」、そして両者の媒介となる「心」という三者が、有機的に連関しつつ、常に一体となってあると考えられよう[3]。

第一節　「花」の根本的性格

一　変容するものとしての「花」

さて、そこで世阿弥能楽論の主題と目されるものを提示し、その構造的な見定めをしておきたい。それは、一言で言えば、「花と自己変容」とも名づけ得るものである。すなわちそれは、花の成り就く道が絶えざる変容としてあるということである。この意味では「花」は「花の変容」として初めてこの能の舞台の上に現れてくると思われる。そして、その「花」を現成させるような態を為してゆくとき、究極的には、演者自身の絶えざる自己変容が、同時的に成立してくるであろう。そして、およそこの世の「時」というものは、ある意味で心の伸展・拡がりそのものであり、心とはおそらくは「心の伸展・変容という形で」現成してくると考えられる。心をある固定した一つの対象として捉えてはならないゆえんである。

ただ、このことは、能楽論を殊更に思想として読むということではない。むしろ、世阿弥の能楽論それ自身の中に、花の成り就く道が、そして演者という自己（心）の成り就く道が不即不離に現前しているのだ。言い方を変えれば、能を論じ、能の本質を見極めることは、同時に心（人間の〈能〉）の開花・成就の在り方を見定めることにもなるであろう。

さて、花・幽玄の成立の基本的場面にあっては、絶えざる変容・生成という性格が見出されよう。すなわち、「幽玄の堺《さかい》に入る」（『花鏡』九八）ということが語られるとき、それは一方では確かな成立でありつつ、他方そこには、決してそこで完成し停止してしまわぬという途上の性格があるのだ。否むしろ、ある完成が確かなものであればあるほど、そこには新たなる伸展と展開が内包されていると言えよう。世阿弥能楽論には、こうした静と動との緊張が随所に見られる。「少々《すくなすくな》と悪《あ》しき事の去るを、よき劫《こう》とす」（『花鏡』「劫之入用心之事」九八）といった言表も、こうした根本の構造を踏まえた上で解釈されるべきであろう。

また、後に述べるように、『拾玉得花』には、無心の感に「妙花」、「面白」という、演者が目指すべき終極が現れ出るとある。その際、無心の感とは、世阿弥の言うところの「妙」の無限なる働きに心抜かれた姿であると言ってよい。そしてそれはすぐれて「信」とも呼ぶべき姿であろう。

では、「花」といういわば「能の完成した姿」とは、どこに、いかなる仕方で現出するのであろうか。それは、われわれにとって、客体として完成し停止したものとして現れるのではあるまい。この一見矛盾した動的な事態を説明するには、「花」という言葉が担う二つの位相に思いを潜めることが必要となろう。すなわち、「花」には、いわゆる「まこと（真）の花」と呼ぶべき「無限なるもの、すなわち「妙」の完全なる宿り」という意味合いと、「時分の花」と呼ぶべき「一つ一つの具体的な態にその都度生じるある成就」という意味合いがあるのだ。

もとより、無限なる「妙」はこの世のあらゆる限定を否定し突破してくるものであるため、その完全な宿り、つまり前者の「花」は、この時間的世界にそのまま現成することはあり得ない。「まことの花」は決して、固定した対象的なものとしては捉えられないのだ。しかし、だからこそ、後者の「花」、つまりその都度の限りある「花」は、無限なる「妙」の完全なる宿りを目指し、「現れ出た次の瞬間にはこれを無みし、己れを超えゆく」という性格を持つのである。

とすれば、演者のうちに、「まことの花」を現出させ得る為手と、「時分の花」を現出させる為手との二種類が存在するかのような従来の解釈は、再考を余儀なくされるであろう[4]。また、「時分の花」を咲かせていた演者が、習道の果てに、「まことの花」を咲かせる為手に変化するのでもない。端的に言えば、この有限な世に顕現してくる花は、すべて「時分の花」なのだ。そして、「まことの花」とは、演者が己れのうちに開花させた「時分の花」の限界を身に染みて知り、その態に執着する心を捨て去るとき、その根底に何らかの形で現存しているいわば「妙の働き」でもあろう。そして、そのようなとき、観客の目には、その態、その「時分の花」のうちに、「まことの花」が何らかの形で映し出されてくるのである。

二　「花」の三つの性質

ここで、能における「花」の具体的な現出について、全体の論点をやや先取りして言うならば、そこには三つの基本性格が見て取れよう。すなわち、

（ｉ） 成立そのものが、「根源的なものとの出会い」の確かさによって貫かれているという「徹底した受動性」

（ⅱ） 個々の態を完成されたものとして、その状態に安住すること（世阿弥の言葉によれば「住劫《じゅうこふ》」）をどこまでも否定してゆく「不断の否定性」

（ⅲ） あらゆる態が一心によってつながれ、全体として無限なるものを志向する「態の全一性」

の三つである。

後に見るように、これらのことには心と態との微妙な関わりが存する。ある態《わざ》は、個々の限定した態でありつつ、無限なるものを象徴として指し示しているであろう。それは第三章で見る「知の両義性」ということとも深く関わってくる。

してみれば、いわば一輪の花も一人の他者も、それぞれに有限な姿のうちに、根拠たる働き・活動を宿し、かの無限なるものを象徴として指し示している。その現存の働きに「出会ってしまった」という驚きと、それによる自己超出の姿こそが、すべての探究の源であり原初的な場であろう。

このように見るとき、いわゆる「序破急」とは、全体の構造として、右に垣間見たような動的かつ自己還帰的な姿を語るものなのだ。すなわち、

（ｉ） 「妙」の働きとの、又その或る体現者との出会いにおける根本の受動性（出会いの驚きに貫かれるありよう）、それこそが「序」の本意であろう。

(ii) そして、それによって指し示された無限なるものへの絶えざる志向と関与という能動の姿が、「破」という多様なる具現・展開の姿なのだ。それは先に述べたように、絶えざる動性という性質をもち、「住劫を嫌ふ」という否定性を本質的性格として有する。

(iii) そして、それら具体的な態は、それぞれが「一心」を通じてその都度本源に関与してゆくがゆえに、「万能《まんのう》」として全一的な姿をとるのだ。そのように、すべてが相俟って終極へと向かいゆく在り方が、すなわち「急」なのである。

ただその際、「序」に見られる道行きの端緒と、「急」で目指しゆく終極には同じ形が見られるが、それは「序破急」という構造が単なる円環運動であることを意味しない。というのも、「序」に見られる根源的なるものは、そのもの自体としては決してこの有限な世に姿を現し得ない。それは現実の演者の態という形を取って初めて何らかの形で顕現するものであり、そこに演者が能を演じる究極的な意味があるからである。

そして、忘れてはならないのが、世阿弥がこれらの論を語り出したとき、そこには父観阿弥の存在が不可欠な契機として存在していたということである。『風姿花伝』が「幼少より以来《このかた》、亡父の力を得て人と成りしより、廿《にじふ》余年が間、目に触れ、耳に聞き置《お》きしまゝ、その風を受けて」(『風姿花伝』四六)書き記されたものであってみれば(5)、父であり師である観阿弥もまた、「妙」すなわち万物の根源というべきものの働きに出会ったのだ。

抑《そもそも》、一切《いつさい》は、陰陽《いんやう》の和《くわ》する所の堺《さかひ》を、成就とは知るべし。(中略)陽気の時分に陰気を生ずる事、陰陽和す

る心也。これ、能のよく出《い》で来《く》る成就の始め也。これ、面白しと見る心也。（同二八―二九）
（いったい、世の中の一切のことは、陰と陽が和合する境地こそが成就なのだと理解するがよい。……陽気の時に陰気を生み出すことは、陰と陽が和合するという意味である。これこそが、能がよき姿で現成してくる、いわゆる「成就」の端緒である。そして、この一つの態、一つの能が成就したときの心の在り方を、「面白き」心というのである。）

右のような言表が、観阿弥の万物を支える根源的なものとの出会いの驚きを証示している。もとより、真の師は、たとえば、世阿弥の論の中で「如来」（『風姿花伝』）「如来蔵」（『花鏡』）「天」（『花鏡』『五音曲条々』等）「妙」（『花鏡』『五位』『九位』『六義』『拾玉得花』『申楽談儀』）といった言葉で表されるような、この世の諸事象を支える不可知なる存在であるだろう。通常の誰それといった師は、それを宿し、またそれを指し示す者たる限りで、現実の師となり得るのだ。そのことなくしては、根源の生命から切り離された、虚しいものとなるであろう。『風姿花伝』『申楽談儀』（永享二（一四三〇）年奥書）などで、能が神代に始まるとされるゆえんである。従って、そうした神代の記述は、決して歴史的な過去の一時点を指しているのではなく、この現実の世のあらゆる態、能における舞の一さしが、その都度つねに無・超越の位相に触れているということを、象徴的に意味していると考えられよう。

ともあれ、以下においては、世阿弥の主著『花鏡』（応永三十一（一四二四）年奥書）を主なテキストとして取り上げ、『風姿花伝』『至花道』（応永二十七（一四二〇）年奥書）『拾玉得花』（正長元（一四二八）年奥書）等をも援用しつつ、心と態とに関する論述を吟味し、それらが全体として指し示し志向するところを多少とも見定めてゆくことにしたい。その中で、花の成立に関わる根本の構造が、自ずと浮彫りにされてくるであろう。

そこで、舞台における態と心との具体的局面について論じる前に、まずは探究の始めとして、能が現出してくるときの、成立の場そのものに目を向けてみよう。そこにあって、態を為す演者自身は、万物の根源とも言うべき何か無限なるものに晒され、そこからいわば生命を汲み取っているのだ。そして、かかる端緒（根源の出会い）にあってこそ、演者が目指しゆく終極のものたる「まことの花」が、無限なる落差を否応なく伴いつつも現前していると考えられるのである。

この意味で、「まことの花」の成立の端緒とその目指しゆく終極との密接な関わりをすぐれて論理的に捉え直したのが、「序破急」という言葉であった。とすれば、それは、単に能の演目の平板な順序のことである以上に、能の成立そのものに関わる「全体の動的な構造」を指し示すものと考えられよう。

第二節　能の成立と「序破急」

一　「序」——根源の出会い

さて、世阿弥の著作で、最初に「序破急」という言葉が用いられるのは、『風姿花伝』第三問答条々においてであった。その部分を引用してみよう。

問《とふ》。能に、序破急をばなにとか定《さだむ》べきや。
答《こたふ》。これ、易《やす》き定め也。一切の事に序破急あれば、申楽もこれ同じ。能の風情を以《も》て定べし。（『風姿花伝』二九）

（問。能の「序破急」というものを、どのように定めたらよいのだろうか。
答。これは比較的容易なきまりである。世の中の一切のことに序・破・急の秩序があるのだから、能の催しもそれに準ずるのだ。能においては、その曲のもつ情趣によって、どの段階でどの曲を演じるかを定めるのがよい。）

この条は一日のうちの演能の次第を述べたものであるが、その冒頭に「一切の事に序破急あれば」と述べているることに注目したい。もとより序破急という概念自体は、古くは鎌倉時代に雅楽・舞楽について論じた『教訓抄』（狛近真、一二三三年頃成立）にも見え、また二条良基の連歌論『筑波問答』（応安五（一三七二）年頃成立）などにも、一巻の構成を説明する原理として用いられているものである。(6) だが、それらの諸芸能の構成原理というところから一歩進んで、「一切の世の中」の成立に関わる問題として「序破急」を捉えているということは、世阿弥が常に、演能における一つの場面、演者の舞の一さしの成立の根拠を問いたずねていたということを示していよう。

この文に続き、答では、具体的な能の進行の次第を次のように述べる。

先《まづ》、脇の申楽には、いかにも本説正しき事の、しとやかなるが、さのみに細かになく、音曲・はたらきも大かたの風体にて、するくと、安くすべし。第一、祝言《しうげん》なるべし。いかによき脇の申楽なりとも、祝言欠けてはかなふべからず。たとひ能は少し次なりとも、祝言ならば苦しかるまじ。これ、序なるがゆへなり。二番・三番になりては、得たる風体の、よき能をすべし。ことさら、挙句急なれば、揉《も》み寄せて、手数《てかず》を入《いれ》てすべし。（同二九）

（まず、脇能には、できるだけ確かな典拠を持ち、上品な趣があり、しかも演技の内容もさほど手の込んでいるものではなく、謡も所作も大まかな様子で、すらすらと落ち着いて演じるがよい。何よりもまず、めでたい内容でなければならない。どんなによい能であっても、めでたさが欠けていては、脇の能には合わないのである。たとえ能は第二級であっても、内容がめでたければ、脇の能としては問題はない。なぜなら、脇の能はその日の演能の「序」にあたるからである。

二番目・三番目などの「破」の段階になってからは、演者が得意とする芸風の、しかもすぐれた能を演じるがよい。最後の能は「急」の段階だから、特に勢いよく身体を動かし、さまざまな技巧を凝らして演じるべきである。）

ここでは、全体の構成のうち、特に「序」である脇能の重要性が強調されている。中でも脇能に不可欠なのは「祝言」「めでたい言葉、またそれによって表されるめでたさ」である。(7) その祝言、めでたささえ備わっていれば、細かな技能が多少不出来でも構わないとまで言われる。そして、それは脇が「序」であるからこそだと述べているのである。では、ここでいう「序」とは、いかなる意味射程を有するのであろうか。

『花鏡』の「序破急之事」という段は、一日のうちの演能の次第について、『風姿花伝』よりもさらに詳細に論じたものであるが、ここで注目すべきは、序、破、急それぞれの根本的性格について述べられた次の文言である。

序者《といつぱ》、初めなれば、本風の姿也。脇の申楽、序なり。直《すぐ》なる本説の、さのみに細かになく、祝言なるが、正しく下りたるか、りなるべし。態《わざ》は舞歌ばかりなるべし。歌舞は此《この》道の本態風なり。(『花鏡』九〇)

(序破急の「序」というのは、物事の端緒であるから、基本的な姿である。一日の演能の構成にあてはめていえば、初番に演じる能が序にあたる。従って、初番の能は、すぐにそれとわかる典拠で、あまり複雑な構成ではなく、めでたい内容のものが、根源の働きが直接に現出してきたともいうべき秩序をそなえた能ということになる。演技内容は舞と歌だけであるのがよろしかろう。なぜなら、歌と舞とは能の道の根幹をなすわざであるからだ。)

三番目よりは、破也。これは、序の本風の直《すぐ》に正しき体《てい》を、細かなる方《かた》へ移しあらはす体なり。序と申《まうす》はをのづからの姿、破は又、それを和して注する釈の義なり。(同九〇―九一)

(三番目の能からは、「破」の段階である。ここでは、「序」の段階の、根源の働きをそのままに現出させたかのような直《すぐ》なる演じ方を、だんだんと細かく多彩な演技の方へと推移させ表現する在り方である。「序」というのは、巧まぬありのままの姿であり、他方「破」とは、「序」の根本的な姿を、この世のさまざまな事象に合わせて展開させ、わかりやすく表現するという意味だ。)

このように、「序」は「初めなれば、本風《ほんぷう》の姿也」とあり、本風はまた「直《すぐ》に正しき体《てい》」、「をのづからの姿」とも言い換えられている。このことは、神能が演じられることの多い脇能を序の能とするということと相俟って、能の始まりないし根源的端緒に対する洞察を含んでいるであろう。(8)

ところで世阿弥は、能の源・起源を、仏在所や神代といった時に求めている。たとえば『風姿花伝』には、能は「或《あるい》は仏在所《ぶつざいしょ》より起《おこ》り、或《あるい》は神代《かみよ》より伝《つたは》る」（『風姿花伝』一四）とあった。また、より具体的には、「天照太神《あまてるおほんがみ》」の岩戸籠りと釈迦の祇園精舎での説法の場面において申楽の起りを説明している。(9)

同様に、『拾玉得花』では、「大神岩戸《おほんがみいはと》を開かせ給ひし時」、そこに「面白」さが生じるといい、さらにその「面白」さが生じる以前の岩戸を開いた刹那のことを、「無心の感」と呼ぶのだとしている。(10)すなわち、

抑《そもそも》、大神《おほんがみ》岩戸を閉ぢさせ給《たまひ》て、世海《せかい》・国土常闇《とこやみ》となて、諒闇《りやうあん》なりしに、思はずに明白となる切心《せつしん》は、たゞうれしき心のみか。観喜なるべし。是《これ》、覚えずして微笑《みせう》する機なるべし。岩戸を閉ぢ給《たまひ》て、諒闇《りやうあん》にて、言語《ごんご》を絶《ぜつし》たりしは妙《めう》、既《すで》に明白《めいはく》となるは花《くわ》、一点付《つく》るは面白《をもしろき》なり。然者《しかれば》、無心の感、即心《そくしん》はたゞ観喜《かんぎ》のみか。覚えず微笑《みせう》する機、言語絶《ぜつし》て、正《まさ》に一物《いちもつ》もなし。爰《ここ》を「妙《たへ》なる」と云。「妙なり」と得《う》る心、妙花也《めうくわなり》。（『拾玉得花』一八八）

（いったい、天照大神が岩戸をお閉めになり、世界中の国土が永遠の闇となり、真っ暗だったのが、思いがけず明るくなった、その瞬間の心は、ただ嬉しいという心だけであったろう。（仏教でいう、仏法に出会うときの心情である）歓喜とはまさにこのことをいうのだと思われる。これは、無意識のうちに微笑の浮かぶ、禅の悟得の一瞬に通ずるであろう。天照大神が岩戸をお閉めになり、真っ暗な状態、つまり言語的把握を否定し超え出た段階が「妙」であり、それが明らかに現出してきた段階が「花」であり、それを心の状態という観点から表現したのが「面白き」なのである。それと同様、能の「無心の感」も、出会いの瞬間の心は喜びだけではなかろうか。そのように、無意識に微笑が浮かぶ瞬間は、言語的把握を否定し超越して、まさに心中に一物もない状態である。こうした状態を「妙なる」と

いう。そして、「妙」なる力と出会い、それを受け止めた心こそが「妙花」と呼び得るものなのである。)

「面白」、「無心の感」、「妙」、そして「花」という語の意味については後に改めて吟味するとして、ここで注目すべきは、「能の現出のはじめ・根拠」としての場面に見出されてくるこれらの言葉が、同時に、「能の目指しゆくべき究極の姿」を表すものとして、世阿弥能楽論の中でくり返し説かれているという事実である。すなわち、個々の能の成立にあって、そのうちに現前しつつ、それを支えている根拠は、それらの能がなおも目指しゆくべき終極のもの(まことの花)と、本質的形としては同一なるものであろう。しかし、そうしたいわば無限なるもの・超越的なるものを、時間的な場に生きる演者の歩む道において表現してゆくとき、そこには根本の落差が伴ってくる。つまり、無限なるものの働きに貫かれたとき(端緒)、演者は、そこから生れた態を能う限り演じるが、同時にまた、そこでの完結性を絶えず否定し無限なるものの十全な宿り(終極)をどこまでも目指してゆかざるを得ないのだ。

ともあれ、このことを現実の舞台に即して語り直せば、おそらく次のように言えるであろう。舞台上で一つの花が現出したとき、そこには常に、天の岩戸から射し込む光に照らされるという経験、つまり万物の根源(「妙」)からの働きかけを受容するという経験が浸透している。しかし、そうした経験は何人にとっても、そのまま一挙に究極の「まことの花の成就」ではあり得ない。つまり、すぐれた演者であればあるほど、「花の成就」を求めゆく道は、絶えざる自己否定と超出・上昇という動的形を取ってくることになろう。

では、右のような根源の働きかけを演者の心が受け取ったとき、それは具体的にはどのような形をとって展開してくるのであろうか。その間の機微を示すのが、次の「破」である。

二　「破」——態の多様な展開

「破」とは先に、「序の本風《ほんぷう》の直《すぐ》に正しき体を、細かなる方へ移しあらはす体」(『花鏡』九〇—九一)だとあった。「序」が「をのづからの姿」であるというのに対して、「破」はその序の姿を「和して注する釈」(同九一)の義なのである。また、「破と申《まうす》は、序を破り、細やけて、色々を尽くす姿」(同)とも世阿弥は語っている。

これらの言に示されているように、「破」には細分化され多様な姿を持つ、という性格がある。それは、「をのづからの姿」たる「序」を「破り」、「和して注」したことによって生じる。すなわち「破る」とは、「序」の持つ凝縮した一性が拡散してゆく、具体化・展開の様子を表すものであった。言い換えれば、根源からの無限の働きかけを受容した「即心」は、その働きを有限で時間的なこの世に現出させようとする際には、ある限定された形を取らざるを得ない。ここで「和して」とは、天の岩戸から発せられ、これが照らし出されたところの当の光を、言ってみれば和光同塵のごとく、諸々の具体的な態を通じて顕現させてゆくことを言うのではなかろうか(11)。

そしてさらに、「舞歌ばかりなるべし」とされていた「序」に比して、「破」においては「物まね」がなされることも、「破」の性質を明らかにしている。「三番目より、能は、細かに手を入《いれ》て、物まねのあらん風体《ふうてい》なるべし」(同九一)と、ここでも「細か」さと多様性が強調されている。物まねによって表されるものは、「上臈《じやうらう》・下《げ》臈《らう》、男・女、僧・俗、田夫《でんぷ》・野人《やじん》、乞食《こつじき》・非人」(同九八)と実にさまざまである。つまり、物まねの素材となる対象の多様性は、そのまま能が態として、具体的に舞台上に顕現して来る際の、その多様な展開をおのずと伴ってくるのだ。

だが、多様な態のそれぞれは、「妙」たる根拠からの働きかけを受け、それを具体化したものであるとはいえ、限定的な姿をとる個々のわざと根拠そのものとの間には、最後まで超えることのできぬ落差が存する。であればこそ、ひとたびさまざまに展開してきた個々の態は、それ自身に閉じられ停止してしまってはならず、かえって相互の異なりを超えてどこまでも一へと収斂してゆくという仕方で、無限なるものの十全な宿りを志向してゆかねばならないであろう。そして、そうした収斂と超出との動きが、「急」と呼ばれるものであった。

三 「急」――一への収斂

「急」の本質を、『花鏡』では次のように述べている。

急と申《まうす》は、挙句《あげく》の義なり。その日の名残《なごり》なれば、限りの風なり。破と申《まうす》は、序を破りて、細やけて、色々を尽くす姿なり。急と申は、又その破を尽くす所の、名残の一体也。（『花鏡』九二）

（「急」というのは、連句の「挙句」から来た言葉で、物事のおしまいの意味である、能の場合、当日の催しの名残であるから、終極を表すような趣の能をするものである。前述のように、「破」は、「序」の在り方を一旦否定し細かな演技に移行させ、多彩なわざを凝らしてみせる演じ方であるが、「急」は、その「破」の在り方を極限まで し尽くした、その終極にある一風体である。）

「挙句の義」であり、「その日の名残なれば、限りの風なり」という。それは、一日の演能というまとまった能の現れの「名残」であるので、終りには、「限りの風」として、能の終極たる目指し行くところを表す能をせねばならない。その急の能を、世阿弥は、「その破を尽くす所の、名残の一体也」と表現し、破でさまざまな態を尽くした上での、急の一性を説いていた。急が「一」を指し示すものであることは、

> 能は、破にて久しかるべし。破にて色々を尽くして、急は、いかにもたゞ一《ひと》きりなるべし。（同九一）
> （能は、「破」の段階で長く演じるのがよい。「破」の段階で多彩な態を演じてみせ、「急」はなんとしてもただ一曲でなくてはならない。）

という、一を強調した表現にも窺い知られよう。

ただ、「破」においてさまざまな差別相を持っていた態が、異なりを超えて根源の一に収斂してゆくとは、いかなることなのか。第三章で改めて論じるごとく、そこでは、「万能綰一心《まんのうをいつしんにつなぐ》」（『花鏡』一〇〇）という言葉からも明らかなように、無限なるものへと眼差しを向ける「一心」の介在が、極めて大きな意味を担ってくるのである。

四　態の成立と「序破急」

だが、右のように通常の時間的経過を伴って語り出されてきた事柄は、さらに一歩踏み込んで反省するならば、その時その時、一つの態が成り立って来た瞬間に、いわば同時的に見出されて来るものであった。それはすなわち、

> 又、一舞《いちぶ》・一音《いちおん》の内にも、面白きは、序破急成就《じやうじゆ》也。舞袖《ぶしう》の一指《ひとさし》、足踏《そくたふ》の一響《いつきやう》にも、序破急あり。（『拾玉得花』一九二）
>
> （一つの舞、一つの謡においても、面白いと感じるのは、その内に序破急成就があるからである。さらにまた、袖を指す舞の動き一つ、足踏みの響き一つにも序破急がある。）

との表現からも窺えよう。また驚くべきことに、次のようにも喝破されている。

> 能々安見《よくよくあんけん》するに、万象《まんざう》・森羅、是非・大小、有生《うじやう》・非生《ひじやう》、ことごとく、おの〱序破急をそなへたり。鳥のさへずり、虫の鳴く音に至るまで、其分《そのぶん》〱の理《ことわり》を鳴くは、序破急也。（同）
>
> （よくよく考えてみると、この宇宙の一切の存在や現象は、是非・大小を問わず、また命あるものとなきものとの区別もなく、すべてみな「序破急」を備えている。鳥の囀りや虫の鳴く声に至るまで、もろもろのものがそれぞれの分に相応して鳴くのは、「序破急」の秩序を体現しているのである。）

これによれば、この世のあらゆるもの、あらゆることは、その生成の多様な姿のうちに、いわば「妙」の働きを何ほどか体現しているのであり、それはまさに世阿弥の語る「序破急」の本質と深く関わる事態であるといえよう。(12)

ここに見られるように、「序破急」とは本来的には、単にふつうの時間的な先後を示すものではない。というのも、ある一つの態がこの世に現出したとき、そこにはいわば「根拠の宿り」と、「終極への志向」とが同時的に現成しているからである。つまり、よき態は、ある根源的なものの働きを演者の心が能う限り受け容れる、その出会いのときに成立し得るであろう。が、それぞれの有限な態は超越的な根源の働きを一挙に十全に宿してしまうことができない。それゆえ、そこに顕れた態が、態として充実したものであればあるほど、演者は究極のものとの落差を埋めるべく、己れの態をよしとする心をしもその都度否定するという形で、自ずと無限なる根源へと向かって、これを超え出てゆかざるを得ない。この意味で演者が真に目指しゆくべき終極（まことの花）は、他ならぬ能の端緒において、それを成立させた「根拠の働きの現前」として何らかの形で見出され感知されるのだ。世阿弥の言う「序破急」とは、こうした驚くべき自己還帰的構造をいみじくも指し示していると考えられよう。

かくして、たった一つの態の成立は、容易ならざる問題を秘めたものとして、改めて立ち現れてくる。すなわち普段、それだけで完結したものとして捉えられがちな個々の態は、その本質においては、無限なるものに徹して披かれた「動きあるもの」として捉えられる。つまり、それぞれの態とは、その都度根源の働きを何ほどか宿しつつも、有限なる態に閉じて止まってしまう「心の悪しき傾き」を否定するという形で、「花」を開花させてゆくのだ。この、態の成立と花の顕現という事態にみられる「根源の受動性」と「不断の否定性」については、第三章で改めて論じてゆくこととする。

しかし、こうした根源的なものとの出会いと、そこに顕現してくる「花」の姿は、決して頭の中で神代のことを想像するといった、観念的なものに留まるものではない。無限なるものに貫かれるその経験は、現実には常に、ある一人の優れた「師」との出会いによって可能となるであろう。世阿弥にとって、それはほかならぬ父観阿弥その人であった。

第三節　観阿弥の意味

観阿弥とは何者か。辞典類や研究書・論文の類を幡けば、「能の基礎を確立した観世座の初代棟梁」としての事跡は、かなり詳細に知ることができよう。しかし、いまわれわれがもっとも生き生きとした観阿弥に出会うことができるのは、何といっても世阿弥の著作の中においてである。では、世阿弥の中で、つまり世阿弥が生涯にわたり記し続けた能楽論の中で、観阿弥はどのような存在として描かれているだろうか。世阿弥の言葉によって、観阿弥はどのような姿で以てわれわれの前に甦ってくるのであろうか。「幽玄無上の風体」（『風姿花伝』四三）を得たという観阿弥の姿を探究してゆくことは、世阿弥がその姿を通じて見出していった、花・心の成立の機微を探ることにもつながるであろう。

一　「まことの花」を得た人

まず観阿弥は、初代観世大夫として、世阿弥に能楽の要諦を口伝した人であった。

凡《およそ》、家を守り、芸を重んずるによて、亡父の申置《もうしおき》し事どもを、心底にさしはさみて、大概を録する所、世の誇《そし》りを忘れて、道の廃《すた》れん事を思ふによりて、全《まったく》他人の才学《さいかく》に及ぼさんとにはあらず。たゞ子孫の庭訓《ていきん》を残すのみなり。（『風姿花伝』三七）

（以上は、我が観世の家を守り、芸道を尊重するがゆえに、亡父観阿弥が自分に言い残した教えの数々を心の底に留めて置き、その大要を書き留めたのであるが、それというのも、今の芸人たちが、世間の非難をもかえりみずに修行を怠り、このままでは芸道が断絶しはしないかと心配したためだ。むろん他人の学識に影響を及ぼそうとするのではなく、我が子孫に庭訓を残すことだけを目的としている。）

また、『花鏡』の結語にも、次のように語られている。

風姿花伝、年来稽古より別紙至迄《べつしにいたるまで》は、此《この》道を顕花《はなにあらはして》智《しる》秘伝也。是ハ、亡父芸能《ばうふのげいのうの》色々ヲ、廿余年間《にじふよねんがあひだ》悉《ことごとく》為書《かきたる》習得《しゆとくの》条々也。此《この》花鏡一巻、世《ぜ》、私《わたくし》に、四十有余より老後至《にいたる》まで、時々浮所芸得《ときどきうかむところのげいとく》、題目六ヶ条、事書《ことがき》十二ヶ条、連続《れんぞくして》為書《しよとなし》、芸跡《げいせきを》残所《のこすところ》也。（『花鏡』一〇九）

（『風姿花伝』の「年来稽古」から「別紙口伝」までは、能の道を「花」の一語に顕して、その本質を究め知る秘伝である。それは、亡父の芸能の数々を二十数年間にすべて書き留め、父から習得した事どもである。一方この『花鏡』一巻は、四十過ぎから老後までの間に時々心にひらめいた私自身の芸道の悟りを、題目六ヶ条・事書十二ヶ条に分け、まとめて書き連ね、自分の芸道の形見として子孫に残しておくのである。）

しかし、この記述から、「『風姿花伝』は観阿弥から受けた教えであり〈観阿弥の能楽論〉の性格が強いが、『花鏡』はその影響から離れ、世阿弥独自の論を形成している」などと、二つの作品を分断して評価するのは多分に早計である。『風姿花伝』には、凡《およそ》、花伝の中、年来稽古より始めて、この条々を注《しる》す所、全自力《まつたくじりき》より出づる才学《さいかく》ならず。幼少より以来《このかた》、亡父の力を得て人と成りしより、廿《にじふ》余年が間、目に触れ、耳に聞き置《おき》しま丶、その風を受けて、道のため、家のため、是《これ》を作する所、私《わたくし》あらむものか。（『風姿花伝』四六）

（およそ、『風姿花伝』の中の、第一年来稽古をはじめとして、この奥義篇までに書き記してきた諸説は、決して自分の力から生まれ出た理論ではない。幼少の頃以来、亡父の力を受けて一人前になってから二十数年の間に、実際に目で見、耳に聞いたとおりを書き留め、父の遺風を正しく継承して、能の道のため、また我が観世の家のために本書を著述したのであって、そこに何の私意があろうか。）

ともあった。「耳に聞き置《おき》し」教え、口伝が観阿弥のことばであるならば、「目に触れ」た観阿弥の芸・その姿、立ち居振る舞いも、世阿弥に語りかける「ことば」であり、世阿弥に能楽論を書かせる原動力となった「教え」であろう。その意味からすれば、『花鏡』の記述も、自らの心に「時々浮所芸得《ときどきうかむところのげいとく》」をも含め、それらは観阿弥との出会いに支えられて初めて成り立つものであった。その出会いは、「かつて」自らの全体が心貫かれ、それゆえその都度の「今」、絶えず新たに甦り、心に現前するものであったと思われる。とすれば、世阿弥ならば、『花鏡』についても「全《まつたく》自力より出づる才学ならず」と語ったであろう。[13]

それはさておき、世阿弥能楽論において、観阿弥は教えの（狭い意味での）述者であるという以上に、どのような意味を持っているだろうか。

「花」、「幽玄」といった重要な言葉を語り出すとき、世阿弥は必ずといっていいほど、それらの概念を一身に体現した人物として観阿弥のエピソードを紹介する。

たとえば、『風姿花伝』「年来稽古条々」は、演者のあるべき姿について年代別に説いたものであるが、その中で「まことの花」は演者が生涯において目指すべき第一のものとして挙げられている。それはたとえば、次のような一連の表現からも十分に窺い知られよう。

これもまことの花にはあらず。年の盛りと、見る人の一旦の心のめづらしき花なり。(『風姿花伝』一七)

(これも決して真実の花ではない。本人がもっとも身体的に恵まれた年であるのと、観客の心に一時的に珍しく感じるのとで現れ出た花であるに過ぎない。)

時分の花をまことの花と知る心が、真実《しんじち》の花に猶《なほ》遠ざかる心也。(同)

(一時的に現れ出る有限な花を、真実の花と思い込む心こそが、真実の花にいっそう遠ざかる心なのだ。)

もし此頃《このころ》まで失せざらん花こそ、まことの花にてはあるべけれ。(同一九)

(もしも、この時期になっても消え失せない花があるなら、それこそ真実の花なのであろう。)

そして、最後の五十有余歳の条において、観阿弥が五十二歳の年に駿河国浅間での法楽能において一同の褒美を得たことを紹介し、こう述べている。

これ、まことに得たりし花なるがゆへに、能は、枝葉《えだは》も少なく、老木《おいき》になるまで、花は散らで残《のこり》しなり。これ、眼のあたり、老骨《らうこつ》に残りし花の証拠なり。(同一九—二〇)

(これは、真にその身に現出させ得た花であったがために、その能は、枝葉の少なくなった老木に花が咲き残るように、態の種類も少なくなった老年になっても花が散らずに残っていたのである。これこそ、目前に確かに見た、老骨の身に残った花の証拠なのだ。）

『風姿花伝』冒頭に位置する「年来稽古条々」で、「まことの花」の体現者として観阿弥を語ったことの意義は大きい。それは、「まことの花」という理念を案出し、その一例として観阿弥を挙げた、などということではない。否むしろ、すべての言表に先んじて、父であり師である観阿弥との出会いがあり、その驚きの内実を言語によって抽出しようとしたとき、「花」という言葉が語り出されてきたのだと思われる。つまり、『風姿花伝』を初めとする能楽論において世阿弥が試みたあらゆる探究・道行きの端緒には、観阿弥が確かな存在感を持って現前していたのである。「眼のあたり」の証拠、という言葉には、世阿弥の「何者かに確かに出会った」という確信が込められていよう。

二 「妙」の顕現の証として

同じことは、『風姿花伝』奥義篇の二つの文章からも見てとれる。まず、和州（大和申楽）と江州（近江申楽）では能の風体が異なり、江州では幽玄を重視し、観世座の属する和州では「先物《まづ》まねを取り立て、物数《ものかず》を尽くして、しかも幽玄の風体ならんと」（『風姿花伝』四二）する、とした上で、次のように述べている。

然《しかれ》ども、真実の上手は、いづれの風体なりとも、洩《も》れたる所あるまじきなり。一向《ひとむ》きの風体斗《ばかり》をせん物は、まこと得ぬ人の態《わざ》なるべし。（中略）亡父の名を得《え》し盛り、静《しづか》が舞の能、嵯峨の大念仏の女物狂《ものぐるひ》の物まね、殊々《ことにことに》得たりし風体なれば、天下《てんが》の褒美・名望を得し事、世以《よも》て隠れなし。是《これ》、幽玄無上の風体なり。（『風姿花伝』四二―四三）

（しかしながら、真実の上手は、どのような風体であっても、欠けているところがある、ということはあるまい。ある一方面の風体ばかりを演じているようなのは、真実の花を現出させ得ない人の態に相違あるまい。……亡父観阿弥が名声を獲得した絶頂期には、「静が舞の能」や、「嵯峨の大念仏の女物狂の物まね」などが、ことに得意な芸であった。だからこそ天下の人々の賞賛を博し、名声を獲得できたのであり、それは世間に知らぬ者のない事実である。これは、近江の申楽が目指した幽玄を極め尽くした風体なのだ。）

このように、観阿弥が「洩れたる所」のない「真実の上手」であり、「幽玄無上の風体」を得た「まことの花」の体現者であることが強調される。また、「抑《そもそも》、芸能とは、諸人《しよにん》の心を和《やは》らげて、上下《じやうげ》の感をなさむ事、寿福増長の基《もとひ》、遐齢《かれい》延年の方《ほう》なるべし」（同四五）と、芸能の要諦が観客の心を和することにあるとした上で、

しかれば、亡父は、いかなる田舎・山里の片辺《かたほとり》にても、その心を受けて、所の風義を一大事にかけて、芸をせしなり。（同）

（それゆえ、亡父観阿弥は、どのような田舎や山里の辺鄙な場所で能をしても、そこの観客の気持ちを受け止め、その土地の風俗を最重要視して、芸をしたものである。）

と述べ、演者がまことの花を得る上で不可欠な「衆人愛敬」（同）を、観阿弥が完全に備えていたとするのである。これらの記述は、単に師観阿弥を盲目的に奉り、他座に対する観世座の優位性を誇ろうとした、というようなものではあるまい。全体の文脈に虚心に接すれば、世阿弥が「まことの花」を得るという険しい道を模索しつつ、その道行きが成立する根拠として、すなわち自らの能楽論全体を支える根拠の顕現した者として、観阿弥の存在を語り出していることに気づかされるであろう。さて、観阿弥の芸境が語られる時には、その境に至ることがいかに至難のわざであるか（または不可能であるか）が語られることが多い。たとえば、『風姿花伝』第七別紙口伝では、幼少の時より死後までの芸をいちどきに持つ「年々去来の花」の重要性を説くが、

臈《らふ》タケタル風体、タヾシ、コノ位ニ至レル為手、上代・末代ニ、見モ聞キモ及バズ。亡父ノ若盛リノ能コソ、コトニ得タリケルナド、聞キ及ビシカ。（同五九）

（しかしながら、この年々去来の花を体得する芸位に到達した演者は、昔にも今の世にも、見たことも聞いたこともない。ただ一人、亡父観阿弥の若い盛りの頃の能は、品格高い風体が特に得意だったと聞き及んでいる。）

とある。年々去来の花を体現し得たのは、過去現在未来にわたって観阿弥ただ一人であるというのである。同様に、次のようにも語られている。

爰《ここ》に、中初《ちゆうしよ》・上中《じやうちゆう》・下後《げご》までを悉《ことごとくなし》成し事、亡父の芸風にならでは見えざりしなり。（『九位』一七六—

一七七）
（ここにおいて、中位から始めて上位に至り、さらに下位の態までをことごとく為し得たのは、亡父観阿弥の芸風をおいて他には見られなかったのである。）

上花《じやうくわ》に上りても山を崩し、中上《ちゆうじやう》に上りても山を崩し、又、下三位《げさんゐ》に下り、塵にも交《まじ》はりしこと、たゞ観阿一人のみ也。（『申楽談儀』二六四）
（「九位」の上位三花に相当する芸でも、そこに到達した後で、山を切り崩すかのようにその芸域を踏み越えてゆき、中三位の芸域をも踏み越えてゆき、また下三位に却来して、あたかも「和光同塵」のごとく、下位の芸に生命を与える、そのような芸が可能であったのは、観阿弥ただ一人であった。）

この、「たゞ観阿一人のみ」が大事なのである。くり返して言うなら、それは、他座に対して自らの優位性を誇るという次元の問題ではなかった。かえって、花を説き、幽玄を説く中で、それらを可能ならしめる根拠の現前とその確かさとを証する存在として、観阿弥の完全性がくり返し語られる必要があったと考えられよう。そこで改めて、次のことに注意しておこう。ここでいう観阿弥の「完全性」とは、「まことの花・幽玄を何らかの形で宿し、それを指し示している」ということにほかなるまい。そして「完全性」とは世阿弥が確かに見出した、その「確かさ」に支えられた言表であったのだ。すなわち、観阿弥が歴史上の人物として、「幽玄」、「花」をそれ自体として完全に体現している、ということはあり得まい。なぜなら、この時間的な世界に生きる有限なわれわれにとって、主体として担う「花」は、「その都度何ほどか成就しつつ、しかし絶えず完全性への途上にあるもの」という性格を有するからだ。

従って、世阿弥が観阿弥を「完全だ」というとき、そこに現れる「まことの花」は、観阿弥自身が自ら能動的に所持している花である以上に、徹底した受動性に貫かれたものであろう。少なくともそれは単に完結し停止したものではない。それはむしろ、かの無限なる力をどこまでも受容し得るもの、すなわち「まことの花」の開花に向けてどこまでも変容し得るものであったろう。そうした能の可能性そのものを豊かに象徴するものとして、観阿弥が在ったのだ。その意味において、観阿弥はまさに世阿弥にとって、「たゞ一人」の師であったのだろう。してみれば、従来言われるように、「世阿弥は『花鏡』以後、観阿弥の影響から離れ、独自の理論を形成していった」のではあるまい。『風姿花伝』から晩年の『申楽談儀』に至るまで、世阿弥を能楽論執筆に駆り立てていたものは、観阿弥という一人のすぐれた演者・師にあいまみえた原初的驚きそのものだったのではあるまいか。では次に、演者がさまざまな態を具体化してゆく様と、そのときの心の在り方について、主として『花鏡』の具体的な文脈に即して見てゆくことにしたい。その過程で、ここに少しく見定めた「序破急」の全体として一なる動的構造が、個々の場面にいかに息づいているかが、何ほどか浮彫りにされてくるであろう。

註

（1）　世阿弥能楽論において「妙」とは、「有無を離れて有無に亙《わた》る。無の体見風に顕はる」「言語道断、不思議、心行所滅」（『五位』一七〇）と定義されている。そこで、本書では、世阿弥はあらゆる人知を超えゆくもの、有・無の差別を超え有・無のすべてを含み込むような根源的なものを「妙」と呼んだと捉え、論を展開していく。もとより「妙」は人知で捉えられざるもの、客体化できないものであり、その捉えられないものを「あるもの」として名づけるということそのものに矛盾がある。だが、世阿弥はその捉えられない何者かに支えられ、その力に貫かれるという確信があったからこそ、「花」の成立の機微を語り得たのであり、「妙」の語に「花の成立の根拠」という語り得ざるものを語ろうとした世阿弥の苦闘の跡を見るべきであろう。

なお、本書では「「妙」の働きに貫かれた受動性」を花の成立の端緒（「序」）であるとする。もとより、語り得ざるもの、人知の把捉を超えゆくものに名づけるという点では「天」「如来」等も同じ問題をはらんでおり、「天之命謂二之性一（天の命ずるを性と謂ひ）」（『五音曲条々』）といい、「妙」を「天照大神」が岩戸に隠れた「諒闇」であるとする世阿弥にあって、把捉し得ざるものの働きに貫かれることが己れの心・態の成立を支えているという意識はむしろ自然のことであったろう。「妙音」「妙花」「妙果」「妙花風」「妙感」「妙見」「妙声」「妙体」「妙得」「妙風」「妙文」「妙聞」「妙力」と、世阿弥の能楽論に「妙」を冠した熟語が多用されているのも、世阿弥が常に語り得ざるものの力の宿りを感じ、それを言語化しようとしていたことの表れであると考える。

（2）先行研究における「花」の位置づけについて、代表的なものに次のようなものがある。

古くは、安倍能成「世阿弥の『ものまね』論」（『安倍能成選集　第3巻』小山書店、一九四九年）では、「花」を「演伎に於ける芸術的な美しさ、又は芸術的魅力ともいふ可きもの」とする。

また、『世阿弥 禅竹』頭注では、花は「能芸の魅力の比喩」とする。さらに当該書の解説において、加藤周一「世阿弥の戦術または能楽論」では、「「花」の概念は、観客に対する効果、あるいは、見物人の側における特定の反応を意味し、その他の何ものも意味しない。役者の側からみれば、役者の見せ場、さわり、見物人をわかせるところという意味になるだろう。」とする。

そして、新川哲雄『人間世阿弥――ある申楽者の思念』（芸立出版、一九七七年）では、「花」を「演者が舞台での演技により観客に与える演劇的効果」であるとする。

これらの諸注釈では、「花」はすべて「芸術的効果、その魅力」という解釈がなされている。

本書は、これらの研究を踏まえつつ、そもそもその魅力が生じる機微はどこにあるのか、ということを、演者自身の変容の問題と関連させながら探究してゆく。

またちなみに、「世阿弥の伝書とその芸論」（『岩波講座　能・狂言　Ⅱ能楽の伝書と芸論』岩波書店、一九八八年）では、「花」が世阿弥の芸論の主題であることは終生変らなかった、としている。本書ではその説を支持しつつ、ここで述べられる「花」が「観客を感動させる能芸の魅力の比喩的表現」である、との理解をさらに深め、無限なるものの宿り来った、演者の心と身体の総体として「花」を捉えるものである。

（3）　亀谷敬三「『花鏡』の文芸理論――その詩的発想の中世的構造に就いて」（『九州女子大学紀要』四号、一九六八年）では、花の現出が人の行的体験を通じてのみ見出されることを論じている。
　また、観世寿夫「心より心に伝ふる花」（『観世寿夫著作集二』平凡社、一九八一年）では、「自然に咲いたり散ったりする草木の花。その美しさを舞台上で演ずる芸の魅力にたとえて、心と技の両面から深め、極めようとする。これが世阿弥の「花」論である」とした上で、「世阿弥は「花」というものを、演技者の生き方、というか舞台での生き方、舞台での美しさのあらわれとして捉えようとしたと思う」と述べる。本書は観世氏の演者の生き方と「花」と密接に関連させて捉える解釈を支持しつつ、その内的連関を問うてゆくものである。

（4）　たとえば、『世阿弥　禅竹』頭注では、「時分の花」は「肉体的好条件などで一時的にのみ発現する魅力」であり、「まことの花」は「能を極めた演者が自由自在に常に咲かせ得る」魅力だとする。

（5）　『風姿花伝』と一般的に称される伝書は、複雑な経過を経て成立したことが知られている。『新編日本古典文学全集88　連歌論集・能楽論集・俳論集』の解題によれば、全七篇のうち、第一年来稽古条々と第二物学条々、第三問答条々の三篇までは応永七（一四〇〇）年に成立したが、第四神儀篇ははじめ別にまとめられたものが後に『花伝』の一篇としての位置を与えられたものであるという。また、応永九（一四〇二）年の奥書を持つ奥義篇は第四までの別紙的な扱いで書かれた可能性が高く、第六花修は第三まではかなり隔たった年次に成立したものと考えられ、第七別紙口伝は弟四郎への第一次相伝本（応永十年代中頃成立か）と元次への第二次相伝本（応永二十五年成立）とが存在する。
　観阿弥の没年は至徳元（一三八四）年である。それに対し、もっとも早い成立の第一〜第三も父の死後十数年経っての著述であり、右のように長年にわたり書き継いだものを一緒にまとめた経緯もあることから、『風姿花伝』の著述すべてが観阿弥の言の祖述であるとはむろん考えにくい。しかし本書では、世阿弥の「花」をめぐる思想を支え根拠づけるものとして、観阿弥の芸と言葉との出会いがあったとして論を展開している。

（6）　横田淑子「序破急論序説――世阿弥伝書にみる「序」の本体に関する覚書」（『梁塵　研究と資料』第九号、一九九一年）では、二条良基の『筑波問答』が世阿弥の序破急論に与えた影響について考察しつつ、「両者が根本的にその内容を異にしているのは一切の序破急という視点の有無」であると説く。なお、日本における「序破急」理念の変遷については、丹波明『序破急という美学――現代によみがえる日本音楽の思考型』（音楽の友社、二〇〇四年）に詳しい。

（7） 脇能が持つ祝言性の意味については、大谷節子「世阿弥の「脇の能」」（『国語国文』五十七巻・十号、一九八八年）参照。

（8） 脇能の「祝言」に見られる「直《すぐ》さ」が、「宇宙の根源」「この世の存在の根源（本）」へのまなざしを現すものとしてあるということは、相良亨『世阿弥の宇宙』（ぺりかん社、一九九〇年）に詳しい。氏は、「宇宙の根源への端的なまなざしは、単なる認識にとどまらず、その地上における実現の願望とな」り、その願望が「伝承的様式にしたがい予祝芸能として謡われるとき」、「神の影向」が実現すると説く。本書では、この根源的なものに向かう「願望」を、終極（急）へ向かいゆく意志的運動として捉え、「序破急（成就）」の論を展開するものである。

（9） 西尾実『中世的なものとその展開』（岩波書店、一九六一年）では、「世阿弥の芸道の出発点は、風姿花伝第四神儀に語られているように、神代から伝わり、仏在所に起源があると考え、神事や法会に参加する聖職だと自負しているように、宗教の展開としての芸道であると任じている」としている。

（10） 高島元洋「世阿弥における「道」とその世界像」（『日本思想Ⅰ』岩波講座第一五巻・東洋思想、岩波書店、一九八九年）では、この文脈が「演能の根源的な光景」を表したものであると指摘している。

（11） 「和する」について、相良亨『世阿弥の宇宙』（ぺりかん社、一九九〇年）では、『五音曲条々』の「此性を和してかゝりとなす体を、幽玄と云」と併せ考え、「直に正しき体」「をのづからの姿」それ自体、つまり「宇宙の根源的あり様」を「それ自体としてではなく、物まねの中に現す」ことが「和して」の意味であるとしている。

また、横田淑子「序破急論序説――世阿弥伝書にみる「序」の本体に関する覚書」（『梁塵　研究と資料』第九号、一九九一年）では、「和して」の意味を、『礼記』の記述に「琴の調子をととのえる」「こえを合わせる」という意味の「和」があることをもとに、前提となる基準（序）に応じてそこに秩序づけを行うのが「破」であるとして、「をのづからの姿、自然の姿に応じ、ととのえ、調子を合わせて、わかり易くする意義があるのが破である」と解釈している。

（12） ちなみに、山崎正和「変身の美学――世阿弥の芸術論」（日本の名著10『世阿弥』中央公論社、一九六九年）では、芸術の「生きて動く「完結性」」の論理構造を明らかにしたのが「序破急」であり、「この三種のリズムはたんに現象に変化をつける要素ではなく、その発展秩序が行動を内側から完結させる力として考えられている」と説く。

（13） 落合博志「『花伝』奥義篇再考」（『文学』第1巻・第6号、岩波書店、二〇〇〇年十一―十二月）では、表章の「（奥義篇は――筆者注）観阿弥の遺訓からの超越を目指した」とする説（「世阿弥――その能芸論展開の時期的区分を中心に」（『講座日本文学6　中世篇Ⅱ』一九六九年）に異見を呈し、「発想の根本を観阿弥の言行に負っているという意味で、客観的にはともかく世阿弥としては観阿弥を超えるものではなく、その示した方向を継承したものという意識があったのではないか」としており、首肯される。本書では、世阿弥の各伝書は（根本的には）すべての内容が有機的な連関をもっており、それらすべての著述の端緒に、観阿弥の言行に宿った「花」を問い究めたいという動機が存していたと考える。

第二章　能の展開と心

第一節　物まねと舞歌――「妙」の働きの宿る場として

一　先能其物成《まづよくそのものになり》　去能其態似《さてよくそのわざににせよ》

「物まねの品々を、能々《よくよく》心中にあゝて分《わか》ち覚えて」（『風姿花伝』三七）、工夫を極めた後に、「この花の失せぬ所をば知るべし」（同）とあるように、舞台での花の現出にはむろん物まねが不可欠である。そうした「此《この》道の肝要」（同二〇）たる物まねの要諦を、世阿弥は「先《ま》ず能《よ》く其《そ》の物に成り、去《さ》て能《よ》く其《そ》の態《わざ》を似せよ」（『花鏡』八六）と表した。では、そもそも「其の物に成る」とはどのような事態を言うのであろうか。世阿弥はその例として、尉になるときの心得を説く。

尉《ぜう》にならば、老《らう》したる形なれば、腰を折り、足弱くて、手をも短か〱と指し引くべし。その姿に先《ま》づ成りて、舞をも舞ひ、立《たち》はたらきをも、音曲をも、その形《かたち》の内よりすべし。（同）

（老翁に扮するならば、老いた形になるのであるから、腰を折り足元も弱々しくおぼつかないようにし、手もあまり伸び伸びと振る舞えぬように短め短めに差し引くべきである。まずその老翁の基本的な姿になって、然る後に舞をも舞い、演劇的な動きも謡もその形の内部から出るようにすべきである。)

老翁の物まねをするためには、「腰を折り、足弱くて、手をも短か〳〵と指し引く」といった老翁の基本的な型を示し、「その姿に先づ成りて」、然る後に舞・立ちはたらき・音曲といった態を為すのだ、としている。また女になる場合も、「五体をも弱々と、心に力を持たずして、しな〳〵と身を扱ふべし」(同)と説いた上で、「さて、その姿の内より」(同)、舞や音曲を為すのだという。

能におけるこうした「姿」の重視については、『花鏡』「幽玄之入堺事《いうげんのさかいにいること》」に、次のように言われている。

たゞ、やゝもすれば、その物〳〵の物まねばかりをし分《わけ》たるを至極《しごく》と心得て、姿を忘るゝゆへに、左右《さう》なく幽玄の堺《さかひ》に入らず。(『花鏡』九八)

(ただ、ややもすると、物まねの対象ごとにそれらしく演じ分けることを至高の芸だと独り合点して、姿というものを忘れているから、なんとしても幽玄の境地に分け入ってゆくことができないのである。)

つまり、姿を能くすることは、幽玄を現成させるために不可欠の要素であり、姿を省みずに単に物まねをし分けることとは否定されなければならない。そしてさらに、「姿をよく見するは心なり」(同)とあるように、よい姿となるためにはそこに心の支えが必要なのである。[1] そして、世阿弥にあって「心」とは、「瑞風」すなわち「妙」なる働きを受けて初めて顕現してくる何者かであった。

とすれば、物まねとは、通常理解されているような、いわゆる「写実に徹する」ということではあり得まい。

むしろそれは、捨象・抽象の極みとも呼び得るものであった。すなわち、もののさまざまな外形、外なる現れを受容し表現しつつも、ある意味でその都度それらを無みし、一旦否定してゆくことが必要であろう。そうして否定の調べを介してこそ、それらはいわば「妙」と呼ばれる無限なるものへと立ち帰らされ、新たに再現され甦ってくるであろう。そして、そこには、心という「無限性に触れた場・器の媒介」が必ずや存した。すなわち、個々のもの、自然の諸事象の根拠に心を抜き、「其の物」の「自然の自然たる原型」の場に帰ること、そのことがあって初めて、個々のものはその原型を象徴として指し示すものとなるのである。このようにみたとき、「その形の内よりすべし」「その姿のうちより」という「内」とは、形（それぞれの物まねの基礎、すなわち三体）の本源への還帰とも言い得よう。これはまた、次のような境位にも通じるものであった。

物マネニ、似セヌ位アルベシ。物マネヲ極メテ、ソノ物にマコトニ成リ入リヌレバ、似セント思フ心ナシ。
（『風姿花伝』五八）
（物まねには、「似せよう」という意識を捨て去った、「似せぬ位」というものがあるものである。物まねを極めて、物まねの対象の本質、すなわち「形なき姿」に真実成り入ったならば、「似せよう」と思う心はなくなる。）

とすれば、「其の物に能く成る」とは、自然の本源の境、その働きの全体に心抜くことによって、物（存在物）の本来的姿を観ずることであろう。そこには、「個々の複合的な要素に執着することを否定し、そのものを根拠づける原初の場、源泉に帰るという超出の動き」と、「そこから個々の有限なる態が現出するという還帰の動き」との、一種円環的な動的構造が見られる。そしてそれは、第一章で述べたように、「序破急」の論理として展開され得るものであった。
しかし、物まねにはなぜそうした超出（否定）と還帰（甦り）の道を必要とするのだろうか。それは、現実の時間的世界にある人、すなわち「三体」（老体・女体・軍体）のそれぞれは、そのままではある複合であり、「それ自体として在るもの」、「一なるもの」ではないからだ。このことは有限なるもの、広義の身体性を抱えるものの宿命と言えよう。ちなみに、複合たる身体が覆われた複合たるある物（対象）をそれぞれの仕方で模倣するがゆえに、そこでは多様な「型」ということが重要になってくるのだ。ただ、三体の物まねでそれぞれ示される「型」は、逆に言えば「それ以外の特徴を捨てる」ことに他ならない。それゆえ、その徹底した捨象・否定は能面の持つ「表情の否定」に通じるものがあろう。

しかし他方、具体的なあるものに出会い、その根源的な働きに心貫かれたとき、そのあるものA（老人なり女性なり）は、われわれのうちでその原型・範型としての形たる「Aそのもの」を何らか想起させるであろう。そのとき、Aは「Aそのもの」の具現象徴として、改めて驚きとともに受容されるのだ。それは、「心にも覚えず「あつ」と云重《いふぢゆう》あるべし。是は感なり。」（『花鏡』「上手之知感事」九五）と語られた境地である。それゆえ、あるものに「能く成る」、すなわちあるものと真に出会うとは、具体的なあるもの「A」を、「Aそのもの」という本源の形を宿したものとして、無限性への披けにおいて再発見することにつながるのであろう。(2) この点、くり返し強調するならば、そこには根源の働きへの心の披き、つまり信が不可欠な契機として介在している。つまり、心がかく万物の根源たる「妙」の働きそのものに貫かれたとき——それはあくまで眼前の「この人」、「このもの」との出会いの中に現れ出ることなのだが——そこで初めて、諸々の態が「Aそのもの」の象徴として、「型」というそのものに相応しい姿で獲得されてくるのだ。第三章で改めて論じるが、「万能《まんのう》を一心に綰《つな》ぐ」とは、「無限なるものへと披かれた心」と「そうした心によって支えられ統べられる諸々の態」との、全体として一なる姿を表す言葉であったと思われる。つまり、諸々の態の現出は、「根源の働きへの心の還帰」、「信」あってこそ、それぞれの生命を与えられてくるのであった。「此《この》糸切れん時は落ち崩れなんとの心也」（『花鏡』一〇〇）と言われるゆえんである。

このように、「其の物に能く成る」とは、個々の形を限りなく超え出た境への心の披きがあってこそ成り立つものであった。しかし注意すべきは、個々の態を離れては、花も、当然ながら能そのものもあり得ないということである。歴史上の外道と呼ばれるものに見られる、「心が一気に真理に合致する」という類の教説が、何か奇妙な胡散臭さと傲りとを含むのは、この自明な点にあえて目をつぶるからであろう。ここにおいて、演者が「まことの花」を現出させゆく道が多少とも明らかになってくる。すなわち、よき態には、その都度の確かな「花」の成立がある。しかしそれはあくまでも、いわば超越的な「まことの花」に披かれ心貫かれた構造の中で、その都度奇しくも現成してくる「花」なのである。それゆえ、それが切り取られ、「絶対の花」であるかのように客体化されれば、そのことはただちに「住劫《ぢゆうこふ》」（年功への執着）へと頽落してしまう。「いま自分は幽玄な態をなした、完全な花を現出させた」とし、自己の姿を完成されたある対象として分離し、「知って」しまった途端に、それは根源の働きから離れた生命なきものとなってしまうのだ。「時分の花をまことの花と知る心が、真実の花に猶遠ざかる心也」（『風姿花伝』一七）とされるのは、「花」を知ることを単なる対象知とみなす危うさを余すところなく伝えていよう。かくして、「まことの花」への道行きには、「少々《すくなすくな》と悪しき事の去る」（『花鏡』九九）という絶えざる否定性が際立ってくるのである。

このように見てゆけば、現実に成立する「花」は、諸々のわざとそれらを一につなぐ心によって、その都度成り立ってくるものゆえ、広義の時間性と身体性とを孕んでいる。それゆえ、心が無限なるものに披かれた度合に応じて、そこにはいわば「幽玄度」ともいうべき、充実の度合いの段階が見られよう。後年、世阿弥が示したわざの階級を示した『九位』なども、そのような姿勢から捉えなおすべきであろう。それは、態に殊更に上下をつけるというよりも、それぞれの態が、その局面局面に「相応」しい幽玄の度合いを宿すものとして現れるという能〈存在可能性〉の本質を指し示すものであった。つまり、現実の「花」は舞台上の具体的な態に、あくまでも何かしら限定された仕方で顕現してくるのだが、すぐれた態であればあるほど、それをなす演者の心は無限なるものに徹底して披かれ、その結果いきいきとした生命を、すなわち「花」を得てくるのである。

かくして、「其の物に能く成る」とは、物まねの対象となる諸々の自然のうちに、それらの個別相を否定し透過して、それらの根源たる働きを見出してゆくとき、そこへと披かれた心が、同時にまたそれぞれの態に漲っている事態を指すものであった。そしてこのことは、心そして演者自身の存在が持つ可能性、「演者という自己は、そもそも何で在り得るのか」ということへの、一つの基本的視座をもたらすであろう。さしあたって言えば、ここに心・自己とは、「妙」の働きをもっとも豊かに受容し、宿し得る何ものかとして、新しく発見されてくるのである。ただ、この「花の成就の場・器としての演者」の在り方という重要な事柄については、第三章「花の成就と自己変容」で改めて言及することにしたい。

二　動十分心《どうじふぶんしん》　動七分身《どうしちぶんしん》

以上見てきたような、能の成立そのものに関わる基本構造は、前項の物まねの論以外にも、「動十分心動七分身《どうじふぶんしんどうしちぶんしん》」という身体の動きに関する世阿弥特有の表現ともなって説き明かされている。

まず、「動十分心動七分身」という習道の過程における心身の在り方について、世阿弥は次のように述べる。

「心を十分に動かして身を七分《しちぶ》に動かせ」とは、習う所の、手を指し、足を動かす事、師の教へのまゝに動かして、その分をよく〳〵し極めて後、指し引く手を、ち、と、心ほどには動かさで、心より内に控ふる也。

（『花鏡』八四―八五）

（「心を十分に動かして身を七分に動かせ」とは、師について習う、手を指したり足を動かしたりする基本的な態を、まずは師の教えるとおりに動かして、その段階をよくよくし尽くした後に、指したり引いたりする手を、十分にはたらいている心ほどには動かさずに、ほんの少し、心の働きより内輪に控える演じ方である。）

これによれば、師より習う際には、その教えのままに心も身も十分に動かした後、「指し引く手を、ち、と、心ほどには動かさで、心より内に控ふる」べきだという。だが、ここでいう「心の十分」と「身の七分」とは、心の内で予想している動きの七割程度を実際に動かすというような、単純な十対七の比率ではあるまい。(3) およそ「十」という数字は、完全なもの、極まりなきものを表す数として用いられることが多い。それは世阿弥の能楽論においても同様であり、「能の十体」（『申楽談儀』二七四）といえばそれはあらゆる風体を指し、物まねを極めた者のことは、「十方へわたるべし」（『風姿花伝』二二三）と表現される。また、天下の名望を得ている為手も、「十分に足らぬ所あれば」（『風姿花伝』四三）、世の褒貶は免れない。ここでは、完全ではあり得ない現実の世の為手を語ることで、逆に「十分」ということの完全性を間接的に指し示している。

とすれば、この「動十分心」とは、心というものが、どこまでも超越的なものへと披かれるべきことを示しており、「無心の感」と呼応する言葉だと解されよう。つまり、「心を十分に動かせ」とは、先の「能く其の物に成る」と同じく、個々の態をそれ自身に閉じた固定したものと捉えず、それらの求めゆくべき究極の目的であり、かつ現出の根拠でもある根底で支える無限なる境位に、絶えず心抜いてゆくべきことを示すものだと思われる。

そのことは、『花鏡』「知習道事《しゆだうをしること》」で、次のように言われていることからも窺えるであろう。

上手は、はや、年来、心も身も十分に習ひ至過《いたりすぎ》て、さて、動七分身《どうしちぶんしん》に身を惜しみて、安くする所を、初心の人、習《ならひ》もせで似すれば、心も身も七分になる也。さるほどに詰まる也。(同九三)

(上手は、すでに、長い年月、心も身も十分にはたらかす基本を習い極め、さてその後に、「動七分」と言われるごとく、その場その場に相応する動きになるよう身の動きを控えて、安らかに演じている。それを、初心者が、師に習いもせずに似せては、身どころか、心も十分にはたらかず、己れのうちに閉じられた状態になってしまう。それゆえ芸が窮屈なものとなってしまうのである。)

師の「動七分身」を十分に習いもせずに似せたときに、その演者は「心も身も七分」という状態になる。「動七分身」という態を、それだけで完結したものとして単に外的に似せようとするとき、心はいわば万物の「根拠=目的」として現存し働いている根源の働きを、個々の態のうちに生き生きと受容し漲らせかつ再現させることはできまい。それゆえにこそ、そうした閉じられた心の在り様が、「さるほどに詰まる也」と言い表されていたのである。そして、同じく「知習道事」では、心が無限なるものへと虚心に披かれ、その絶えざる自己超越を実践してゆくなら、「次第〱に上手」になり、同時に、「をのづから身七分動」になるという。

然者《しかれば》、習ふ時には、師は、我が当時する様には教えずして、初心なりし時のやうに、弟子を、身も心も十分に教うる也。教へすまして後、次第〳〵に上手になる所にて、安き位に成《なり》て、身を少々《すくなすくな》と惜しめば、をのづから身七分動になる也。(『花鏡』九三)

(そうした訳で、稽古に際しては、師は、弟子に自分が現在演じているようには教えずに、自分の初心であったときのように、心も身も十分にはたらかせるよう弟子に教えるのである。よくその態を教え込んだ後に、弟子がだんだん上達してゆき、その結果、その都度ある態の「安き位」に到達して、身の動きを控えめにするようにすれば、ひとりでに身七分動の芸になるのだ。)

が、ここで七分とは、不完全性を表すものとして単に悪く捉えられているのではあるまい。もとよりおよそ身体というものは有限なものとして、ある欠如の面を否応なく抱えている。が、能う限りよき態を択び取ってゆくとき、その態は「身七分動の芸」として相応しい秩序、すなわち「相応」をもって現出してくるであろう。

この「知習道事」に見られるように、態の成立・完成には、よき師に学び、絶えずこれを戒めながら研鑽を重ねるという、厳しい習道の道が不可欠であった。それでは、その稽古は、具体的にはどのような段階で進んでゆき、最終的にはどのような境位に到達しようとするのであろうか。否、そもそも、稽古とは、一直線に階段を登りゆけば完全性に到達できるような、単純なものであるのか。そのことについて、以下、主に「有主風」と「安き位」という二つの言葉に着目しつつ探ってゆくことにしよう。

第二節　到達と途上——成就と否定の道行き

一　有主風

演者が、舞台において、これを貫いてくるような何ものか（「妙」）に心を抜き、態・働きを為したとき、「為手一人《いちにん》へ諸人の目《もく》・心《しん》を引き入《いれ》て、其連声《そのれんじやう》より風姿に移る遠見をなして」、結果「万人《ばんにん》一同の感応」が生じるという（『拾玉得花』一八五）。このように、「花」の成立には演者・観客がともに無限なるものからの働きかけに応じ、与りゆくという形が不可欠である。

ではこのとき、舞台上において、演者はどのような仕方でもって態を為しているのか。そのことを表す言葉として、『至花道』『拾玉得花』に「有主風《うしゆふう》」という言い方がある。

従来、有主風は「芸の主になり得た」様子、「主になりきった芸」などと解されてきた。その解釈を尊重しつつも、しかし習道論に見られる「心の自己還帰的な在り方」を考えるならば、「主になる」ということの内実がさらに問われるべきであろう。それは、現今言われるような、「主体的な」演技、全ての態を自己の意識の元に把握し統制するといったこととは対極のところにあった[4]。

否むしろ、己れを無限なるものに披き、根源の不知に晒して、絶えず今の自己の態を否定し超出してゆくとき、そこにはじめて「有主風」という演者の在り方が現成してくるであろう。とすれば、おそらく「主」とは、いわゆる個我を超えた「万人一同の感応」の中にこそ見出され得る、何か超越的で不可知なものなのではあるまいか。

さらに言えば、そこでは演者が「主になり入る」ことと、「主」なるものが演者に何ほどで顕現してくることとが同時的に生起していると考えられる。そして、

舞・はたらきは態《わざ》也。主に成る物は心なり。（『花鏡』九五）

（舞や立ち働きは諸々の態である。他方、それらを統べ、「主」へと成ってゆくものこそが、心なのである。）

とあるように、そのことは当然、演者自身の心と態との関係を改めて虚心に問い直すことへとつながってゆくのである。

以上の見通しを踏まえ、ここでは「有主風」という語の意味とその射程を捉えることで、演者の態と心の在るべき姿について考えてゆく。(5)

二　有主風と無主風

まず『至花道』「二曲三体事」では、稽古においては舞歌の二曲と老・女・軍の三体が大事であるとされるが、その本道を忘れて変則的な物まねばかりを習うと「無主」になるのだと説く。

こゝに、当世の申楽の稽古を見るに、みな〳〵、二曲三体の本道よりは入門せずして、あらゆる物まね、異相の風をのみ習へば、無主の風体に成《なり》て、能弱く、見劣りして、名を得る芸人、さらに無し。（『至花道』一一三）

（その点、現代の猿楽の演者の稽古ぶりを見ると、誰も彼もみな、二曲三体の本道から入門することをせずに、細々としたすべての物まねをばらばらに学んだり、変則的な芸ばかりを習ったりしている。それゆえ、「主」に成り入ることのない風体となり、能が弱く見劣りがして、その結果、名声を獲得できる芸人が一人もいないということになってしまう。）

そして、その本道をおろそかにすることを、

はしぐ〳〵の物まねをのみたしなむ事、無体枝葉の稽古なるべし。（同）

（二曲三体の基本を外れた、変則的な物まねのみを心がけるなどということは、ものの本質を捉えない、枝葉のみの稽古だといえよう。）

と戒めている。もちろんここでは、個々の物まね「のみ」に執着する姿勢を否定しているのだ。すなわち、「あらゆる物まね」「はしばしの物まね」は単に切り捨てらるべきものではなく、有限な態への執着の心を否定し、虚心に「有主」の風体を得た暁には、それぞれが相応の「花」を現出させる要素・素材として生かしなおされてくるのである。

実際、この文脈に続き、その名も「無主風事」では、まず

此芸に、無主風とて、嫌ふべき事あり。（同）

（能の芸には、無主風といって、演者が忌み嫌い避けなければならないことがある。）

として、否定されるべき姿が明確に語られている。ここで興味深いのは、条目に「有主風事」ではなく「無主風事」との題を掲げている点である。真の「有主」とは心が無限なるものに披かれてはじめて現出してくるものであろうが、それは決して一足飛びに到達して完成（停止）するものではない。むしろ、演者は絶えず「無主」に転落する危険を抱えながら、そうした逸脱の傾きを絶えず否定してゆくことで、間接的に「有主」を目指しゆくほかないであろう。とすれば、具体的な習道の階梯を論ずる本書においては、「無主」という演者が陥りやすい逸脱と分散の状態を見定めてゆくことによって、「有主」を浮彫りにしてゆくことが自ずと強調されるのである。

ともあれ、先の文に続き、「まづ、生得《しやうとく》の下地に得たらん所あらむは、主《ぬし》なるべし」（同）と世阿弥は言う。すなわち、「主」になるには生来の素質が必要とされる。が、その後で、「習道《しゆどう》の劫入《こふいり》て、下地も又、をのづから出来《いでく》べきやらん」（同）と、潜在的に与えられている能力を稽古によって引き出すという、習道の重要性が語られているのだ。

そしてさらに、こう言われる。

まづ、舞歌に於《お》いても、習似《ならひに》するまでは、いまだ無主風なり。これは、一旦似るやうなれども、我物《わがもの》にいまだならで、風力不足にて、能の上《あが》らぬは、是《これ》、無主風の士手《して》なるべし。（同一一四）

（ともあれ、舞や謡においても、師に一通り習い似せるという段階までは、いまだ「無主」の風体である。そうした芸は、一時的には師によく似ているようではあるが、まだその物まねが自分のものにならず、根源からの働きかけを身に宿すことが不足しているので、能が上達しない。このような状態にいるのが、いわゆる「無主風」の演者である。）

ここに注目すべきは、舞歌という態が「我物にいまだならぬ」ということを、「風力」の不足と捉えていることだ。現に、世阿弥能楽論に「風姿」、「風道」、「風得」など風を含む熟語が多く見られることは周知の事実であるが、『風姿花伝』に「源」を忘れず「私なく」してこそ初めて「その風を得て、心より心に」「花」が伝わる（『風姿花伝』奥義篇、四二）とあるように、世阿弥にとって「風」とは「源」、すなわち「天」「妙」といった根源的なものから受け取り得るものであった。すなわち、諸々の態は、無限なるものの力、何か永遠なるものの働きかけを虚心に受容し、しかもそれが有限な形として現れ出るとき、はじめて「我物」となるのである。

また、「風力」を十全に体現しゆく具体的な方法として、

師によく似せ習い、見取りて、我物《わが》になりて、身心に覚え入《いり》て、安き位の達人に至るは、是、主《ぬし》也。是、生きたる能なるべし。（『至花道』一一四）

（他方、師によく習い似せ、学びとって、それが自分のものになりきり、心で理解し、身体で覚え込んで、態のある完成・成就を体現する達人となる、こうした状態を「主」という。これこそが、生命ある能というものである。）

のごとく、師の重要性が指摘されている。(6) このように、「我物になる」とは、初めに固定した変わらない自

己が措定されて、そこに師の芸を付与してゆくのではない（単に「似する」ことの否定）。そこでは逆に、身心に「覚え入る」こと、つまり師が体現している境、言い換えれば「師が目指しゆく究極のもの（まことの花）」、そして同時に「そうした師の存在そのものを根拠づけている何ものか」へと身心を差し出し、その結果、自らの態が変容してゆくことが肝要なのだ。してみれば、このような姿勢を生きたとき、演者は初めて「主」たり得るのであり、また、「生きたる能」を顕現させ得るのであろう。この「主＝生きたる能」という言表には、「有主」という在り方にこそ、すぐれて「能の命」が宿ることを証示しているだろう。それゆえ、いみじくも次のように喝破されている。

此《この》道はたゞ花が能の命なるを、（『風姿花伝』三一）
（この能の道は、ただただ、「花」の顕現が能の成立そのものであるのだが、）

返々《かへすがへす》、心を糸にして、人に知らせずして、万能《まんのう》を綰《つな》ぐべし。如此《かくのごとく》ならば、能の命あるべし。（『花鏡』「万能綰一心」一〇〇）
（あくまでも、心を糸、すなわち紐帯にして、人にそのことを悟らせぬようにして、あらゆる態をつなぐべきである。このように演技すれば、その演者の態には生き生きとした生命が宿るであろう。）

こうした文に明らかなように、真に「有主たること」と、「花の（ひいては心の）十全な開花」とは、まさに不可分の事態として捉えられているのである。その際、「心を糸にして万能を綰ぐべし」とは、まさに「能の成立」

の中心的位相に関わることであろう。改めて言うなら、「妙」すなわち無限なるものの働きに対して心が虚心に披かれ、その働きを能う限り受容してゆく限りで、有限な個々の能が生命を得てゆく。そこに、いわば多様にして一なる全一的な形が成り立ってくるであろう。「心が万能を綰ぐ」とは、そうした動的構造を端的に指し示していると思われる。

ちなみに、『至花道』における「有主風」の考察として、最後に「其物になる」ということとの関わりを見ておこう。世阿弥は、有主風の為手となる階梯について、

下地の芸力によりて、習い稽古しつる分力《ぶんりき》をはやく得て、其《その》物になる所、則《すなはち》有主風の士手《して》なるべし。(『至花道』一一四)

(素質としての芸力にもとづいて、師に習い、稽古した諸段階の力を次々に獲得して、「そのもの」に成りゆくこと、それすなわち「有主風」の演者ということになる。)

と述べる。この「其物になる」は、『花鏡』「知習道事」において次のように語られている。

抑《そもそも》、その物に成る事、三《みつ》そろはねばかなはず。下地のかなふべき器量、一。心に好きありて、此《この》道に一行《いちぎやう》三昧《ざんまい》になるべき心、一。又、此《この》道を教ふべき師、一也。此《この》三そろはねば、その物にはなるまじき也。其物と者《いつぱ》、上手の位に至りて、師と許さるゝ位なり。(『花鏡』九四)

（いったい、「そのもの」になる事は、三つの条件が揃わなければ不可能である。まず、それに相応しい芸力を備えるだけの素質があることが第一であり、芸を好む意欲があり、能の道に没入し精進しゆく精神が第二であり、また、この道を正しく指導する師がいることが第三である。この三つの条件が揃わなければ、「そのもの」には到底なり得ないであろう。ここでいう「そのもの」とは、上手と呼ばれる芸位に達し、師として印可を与えられる境位のことである。）

そこにあって、師そのものに対してではなく、むしろ、師の目指した境位へと己れを差し出すことによって、「其物に成る」ということが成就してくるであろう。

ここで改めて想起されるのは、第一節で見た、「先能其物成《まづよくそのものになり》 去能其態似《さてよくそのわざににせよ》」（『花鏡』八六）の「其物に能く成る」という言葉である。そこでは、

その姿に先《ま》づ成りて、舞をも舞ひ、立《たち》はたらきをも、音曲をも、その形《かたち》の内よりすべし。（同八六、訳前出）

とあった。「其物になる」という際には、それは「物まねの対象（老人なり女なり）」になることであるとともに、「師の芸風」にならうことであり、師は「似せる（同じように演じられるよう目指す）べき対象」であると一応は意味づけることができよう。しかし、ここでそれぞれの「其物」を限定された別個の対象として区別することは、やや平板な解釈といえよう。なぜなら、「其の形の内より」する、すなわち個々の対象を生かしめる根源の働きに心を抜きゆくことが肝要だからである。つまりそれは、師に似せることによって、師の内に何らかの形

で顕現している無限なるものを志向しゆくことである。その意味で、「其物に成る」事とは、いずれもすぐれて演者の「有主」たる在り方を勝義には表しているのである。

次に、『拾玉得花』中の有主風・無主風の用例を見てゆこう。ここでは、「安き位とは、無心の感、妙花の示す位と同じであるか」との問いを受け、次のように述べる。

答《こたふ》。是は安心也。たゞ、無心の感、妙花《めうくわ》、同意也。さりながら、其《その》位の有主風を得《え》てこそ、真実の安き位なるべけれ。無位真人《むゐしんにん》と云文《いふもん》あり。形なき位と云《いふ》。たゞ無位を誠の位とす。是、安位。（『拾玉得花』一八九）

（これはよくよく工夫すべき問題である。基本的には、無心の感や妙花と同意である。しかしながら、無心・妙花の境地をわが物として体得しきってこそ、真実の「安き位」と言い得よう。禅宗に「無位真人」という言葉があり、「無位」とは一定の形を持たない自在の境地であると言われる。この無位こそが真の位であり、これすなわち安位なのである。）

このように、一旦は安位と無心・妙が同意であるとしつつも、続いてこう言われている。

当道も、花伝年来稽古《くわでんねんらいけいこ》より、物覚《ものまね》・問答《もんだう》・別紙《べつし》、至花道《しくわだう》・花鏡《くわきやう》〈是は当芸道ヲ誌《しるせ》ル帖々外題《げだい》之数々也〉、如此《かくのごとき》の条々を習道《しゆだう》して、奥蔵《おうざう》を極め、達人になりて、何とも心のまゝなるは、安き位なるべし。然云《しかい》へ共、猶《なほ》も是は、稽古を習道したる成功の安位也。しからば、無心とはなをも申《まうし》がたし。（同）

（能の道においても、『花伝』の年来稽古をはじめ、物覚・問答・別紙、あるいは『至花道』や『花鏡』〈これらは、能の在り方を書き記した書物の題名の数々である〉等の諸書に説いた数々の教えを学習し実践して、その奥底まで極め尽くし、達人になって、何をどう演じようと思いのままになる境地は、「安き位」と言い得よう。しかしながら、やはりこれは、稽古・修行を重ねた結果の安位である。とすれば、無心の境地とはまだ言えないわけである。）

つまり、「成功による安位」と「真の安位」という安位の二相性が語られている。そして、「真実の安き位」を体得した者を、「無位真人」という禅語で表現している。ここに無位真人とは、たとえば『臨済録』において、

赤肉団上《しゃくにくだんじゃう》に一無位の真人《しんにん》有り。常に汝等諸人の面門より出入す。未だ証拠せざる者は看《み》よ看《み》よ。

とあるように、[7] 肉体を持ちつつ、感覚器官（かつ通常の知見）を超えゆく存在として捉えられていた。このように、実際の能の場面においては、一つ一つの態を修得してゆくとともに、さらにはそれを無みし超えゆくという習道の過程が必要なのだ。真の安位を「無位」「形なき」「無心」という否定的言辞で語り、それが「有主風」を得た姿だとくり返し強調されているゆえんである。そしてそこには、その都度の否定（無化）を介して、無限なるもの（まことの花）へと絶えず己れを超えゆくような動的構造が存しているのである。

同時にまた、女体の物まねの要諦を説く件りでは、「体心捨力」を形木とし、「其心人《そのしんじん》になりかへる風姿」が「女体の我意分」（『拾玉得花』一九四）であるという。そして、「その宛てがいはなくて」、ただ女に似せようとばかり思うのは、「女体の我意分」ではないとする。それを受けて、改めて次のように述べられている。

女を似するは女ならず。さるほどに、女姿《によし》の有主風に真実なりてこそ〈似スル位ハ無主風、ニ得ル位ハ有主風也。又、甦位《そゐ》却来シテ無主風可至《にいたるべし》〉、女の我意分《がいぶん》にてはあるべけれ。（同）

〈女を女たらしめている本質に思いをいたさず、ただ女の外面を真似しているようでは、それは女ではないのだ。したがって、女の姿のうちに成り入り、「有主風」に真実なってこそ〈意識的に似せている段階は無主風であり、意識せず自ずとその本質を捉え得る境地が有主風である。また、至高の芸位からあえて下位へ逆戻りして、無主風を演じることもあるであろう〉、女体の分をよく宿し得た芸であるはずだ。〉

別の箇所で「悟々同二未子一」（悟り〳〵て未悟に同じ）（同一八九）とあったのと同じく、悟りでも態でも、なべてのものは、根源の受動性という確かさに支えられており、固定されたかたちと場に留まることはあり得ない。従って「有主風」という状態の中で得られた態すらも、また次の瞬間にはひとたび否定され超えられてゆかねばならない。だが、そのような厳しい否定と超越の道行きがあってこそ、逆に個々のわざは「一心」を通じて各々の分に相応した命を与えられるのだ。かくして、一旦は否定された「無主風」のわざは、その都度新たな意味を付与されてくるであろう。

以上のことから結論づけるならば、『花鏡』でいうところの「其物に能く成ること」、すなわち「もの・人に本来宿り来たっているはずの本源の働きに心貫かれ、直接の外形が一旦否定・捨象されて、態の中にその本源の姿が現れ出ること」こそが、「有主風」に真実なることなのだと言えよう。それゆえ、二曲三体の基本を抑えることの重要性を説いて、次のように言われる。

大学云《にいはく》、「其本乱末不治《そのもとみだれてすゑおさまらず》」云《といふ》。物覚《ものまね》の其人体《そのじんたい》によりて、能々似《よくよくにせ》おさむるは、是《これ》、其本《そのもと》也。それが誠におさまらずして、似事《にせごと》の曲体ゆるかせならば、有主風にはあるべからず。然者《しかれば》、其本乱也《そのもとみだる、なり》。末不可治《すゑおさまるべからず》。（『拾玉得花』一九五）

（『大学』には、「その根本が乱れていては、末が治まるはずがない」と説かれている。物まねの対象とする人物ごとに、完全にそれに似せきるのは、右の格言の「基本」にあたる。根本である似せきることが不完全で、物まねの芸曲がいいかげんであっては、体得しきった有主風の芸ではとうていあり得ない。これはつまり、「其本」が乱れているのだから、「末が治まる」はずもないのである。）

右の言葉は、物まねにおいて「其物に能く成る」ことが有主風を得ることとまさに不可分の関係にあることを示していよう。

三　主に「成る」「成り入る」

さて、ここでやや視点を変えて、「成る」「成り入る」という表現から改めて「有主風」の意味を明らかにしてゆこう。

此《この》有主風〈此有主、無主風の位、至花道に有り〉に真実成入ならば、似《にせん》と思ふ心、又不可有《あるべからず》。是を、誠の物まね、有主風とは云《いふ》べきなり。此曲堺《このきよくけい》の態風《たいふう》に入《いり》ふしたらんをこそ、定位本風《ぢやうゐほんぷう》の我意分とは申《まうす》べけれ。（同）

（この有主風の芸境〈有主風と無主風の境地については、『至花道』に説いてある〉に本当になりゆくことができるならば、対象に似せようとする意識すらなくなってしまうはずだ。そのような芸こそ、真の物まねであり、真の有主風であるというべきであろう。このような芸曲の境地に絶えず分け入ってゆくことこそ、あるべき根本の芸風に基づく、その都度その都度の態の成就を意味するということができよう。）

孟子云《まうじにいはく》、「為不固《することのかたきにあらず》、能為固《よくすることのかたきなり》」云《といふ》。習似《ならひにす》る事は、大かた子細もなくて、見風なだらかなるは、する事の難《かた》きにあらぬ分也。真実其物に成入て名を得る事は少なし。是、能《よく》する事の難きなるべし。（同一九五）

（『孟子』に、「する事が困難なのではない。完全にやりとげる事が困難なのだ」と説かれている。習い似せている芸にはさしたる難点もなく、目に映る実際の演技の効果もまずまずなのは、「する事が困難なのではない」という段階である。完全に似せる対象になりきっていて、観客から賞讃されるという例は、ごく稀であるが、これは「完全にやりとげる事が困難である」ことを示していよう。）

これらの表現にあって注目すべきは、「真実」、「誠に」、「能《よく》」物まねをするための在り方として、「成り入る」、「入ふす」という動きが強調されているということである。ここから、「有主風」とは一旦得れば固定され定着する芸風などではなく、その都度新たに絶えざる研鑽を必要とすることが窺える。

次に「主に成る」「主に成り入る」という表現に注目してみよう。まず、『花鏡』「知習道事」では、若き為手が段階的な稽古を踏まないことを戒め、

又、当時の若為《わかき》手の芸態風を見るに、転読になる事あり。（『花鏡』九四）

（また、近年の若い役者の芸風を観察してみると、要所要所を飛び飛びに読む「転読」という読経法にも似た、基本をしっかりと押さえぬやり方になっていることがある。）

という。またさらに、転読が起こる原因は年々の段階に応じて順に二曲三体を習うのではなく、一度にすべての事を似せようとするためであるという。世阿弥は、そのようなやり方では「一旦の花」はあっても、年を重ねるうちに「能は下《さが》る」と堅く戒めているのだ。そしてさらに、こう言われる。

又、此《この》転読に付《つき》て、心得べき事あり。あまりにめづらしき能ばかりを好みて、古き能をし捨て〳〵、能の主にならぬも、又能の転読なり。（同）

（また、この転読について別に注意すべきことがある。あまりに目新しい能ばかりを好んで、以前に演じた古い能を次々と捨て去って、能の「主」になりゆくことがないのも、これまた能の転読である。）

ここでは、「めづらしき」＝目新しい能ばかりを好んで以前演じた能を捨てていくと「能の主にな」ることはできないと説く。

もともと、「めづらしき」は『風姿花伝』において、

花ト、面白キト、メヅラシキト、コレ三ツハ同ジ心ナリ。（『風姿花伝』五五）

（「花」と「面白き」と「珍しき」、この三つは同じことを指し示している。）

とされ、「花」「面白き」と同義であるとされていた。また、『拾玉得花』では、

以前申《まうし》つる、面白《をもしろき》と云《いひ》、花と云《いひ》、めづらしきと云《いふ》、此三《このみつ》は一体異名《みやう》也。是、妙・花・面白《めんぱく》、三《みつ》也と云へども、一色にて、又、上・中・下の差別《しやべつ》あり。（『拾玉得花』一八八）

（以前『風姿花伝』でも述べたように、「面白き」というのも「花」というのも「めづらしき」というのも、この三つは同じことをそれぞれの捉え方から名づけたものである。これは「妙」「花」「面白き」が同じことを指し示しつつ、その捉え方の位相に上・中・下の別があるというのと同じことである。）

と改めて定義づけたうえで、演者が「妙」（根源の働き）との出会いにおいて驚きに貫かれ、そこで態が生じるという事態を、すでに言及した「天の岩戸の神話」を引きつつ説明している。それによれば、「めづらしき」とは、かかる根源からの働きに貫かれた演者の驚きの表現であり、さらには、そこに立ち会い演者とともに無限なるものに触れた観客の感応の在り方を表現したものであった。

　そうした本来の意の「めづらしき」を、つまり「根源の出会いの驚き」を忘れ、ただ目先の新奇さをもって「めづらしき」とした姿を、先の転読の件りでは次のように述べる。

めづらしきばかりに移りて、もとの能を忘るれば、是又《これまた》、能の位、大《おほき》なる転読なり。めづらしきばかりをすれば、又めづらしからず。（『花鏡』九四―九五）

（新奇な工夫をこらした能ばかりを追いかけて、以前の能を忘れ捨ててしまっては、それも能の芸位の面での大きな

転読なのだ、新奇な能ばかりをしていては、それは真実の「珍しさ」から遠ざかってしまう。）

このように、目先の新奇さをもってよしとし、それに執着したとき、それは真の「めづらしき」、すなわち「出会いの驚き」から離れ、「まことの花」への動きのない閉じたものとなってゆく。それが、「めづらしきばかりをすれば、まためづらしからず」の意味であった。

この条目の最後に、「孔子云《いはく》、『温故知新《ふるきをたづねてあたらしきをしる》。可以為師《もつてしとなすべしと》』。」（同九五）とあるのも、同様の姿を示すものと解されよう。つまり、常に自分のなすわざを生かしめ支えている根本に立ち帰りゆくことこそを「真の師」とすべきなのだ。それゆえ、師に就き学ぶのも、師に何らかの仕方で顕現している根源を見据え、それを志向してゆくためであることになろう。

四　幽玄と「主になり入る」

次に、「幽玄之入堺事《いうげんのさかひにいること》」では、まず諸道・諸事においては「幽玄なるを以て上果とせり」とし、言葉・音曲・舞・物まね、それぞれに幽玄があるとする。そしてとりわけ注目すべきは、この条目の最後をしめくくる文として、いみじくもこう語られていることである。

見る姿の数々、聞く姿の数々の、おしなめて美しからんを以《も》て、幽玄と知るべし。この理《ことはり》を我と工夫して、其主になり入るを、幽玄の堺《さかひ》に入る者とは申也。此《この》品々を工夫もせず、ましてそれにもならで、たゞ幽玄な

らんとばかり思はば、生涯、幽玄はあるまじきなり。（同九八）

（結局、目に見るどんな姿でも、耳に聞くどんな謡でも、美しいのはすべて幽玄であると理解してよかろう。こうした幽玄の道理を自身でよく研究し、あらゆる事象の指し示すもの、すなわち「主」にどこまでも成りゆく人を、幽玄の境地に分け入ってゆく為手というのだ。その具体的な物まねの品々に関する諸条件の工夫もせず、まして「そのもの」になり入ることもしないで、むやみに「幽玄であろう」とのみ思っているのでは、生涯、幽玄は獲得できないだろう。）

従来この「其主になり入る」とは、「幽玄風を完全に我が物に体得しきること」と解されてきた。その解釈を尊重しつつも、それならば、その「幽玄」を「完全に体得する」とはどういうことなのか、「幽玄の堺に入る」ことの内実をさらに問うてゆかねばなるまい。

同じ条では、またこう言われている。

たゞ、やゝもすれば、その物〳〵の物まねばかりをし分《わけ》たるを至極と心得て、姿を忘るゝゆへに、左右《さう》なく幽玄の堺に入らず。幽玄の堺に入らざれば、上果に至らず。（中略）此上果と申は、姿かゝりの美しき也。（同九八）

（しかるに、多くの演者は、ややもすると、物まねの対象ごとにそれらしく演じ分けるのを、至高の芸だと独り合点し、姿というものを忘れているから、なんとしても幽玄の境地へ分け入ってゆくことができないのである。幽玄の境地へ入っていかなくては、上果に至り得ない。……右に上果と言ったのは、姿かたちが美しいことである。）

「幽玄の堺に入る」とは確かに具体的な姿を重視することであるとされている。しかし、その姿の重視とは、「上臈・下臈・男・女……」などさまざまな物まねの対象を扱いながらも、それらの個別相をいわば否定し透過して、その根底に宿り来る無限なるものの働きに心を扱いてゆくことであった。

それゆえ、物まねの品々は変わりつつも、皆が「花の枝を一房づゝかざしたらん」（同）ように見えるとき、「その花は人ないなり（人ないとは「人内」と思われ、形の内・姿の内、すなわち形を形たらしめている本源たるものに通じる）」と言われる。また、だからこそその後に続けて、「姿をよく見するは心なり」（同）と、諸々の態を統べ、一なるものを志向しゆく心の介在が不可欠の契機として語られるのである。

すなわち、「幽玄の堺に入る」とは、個々の物まねの対象のうちに、その自然を根底で支えている無限なるもの（「妙」）の働きかけを見出した演者が、その境位へと心を抜くとき、同時にその抜かれた心がそれぞれの態に紐帯として漲っている事態を指すと思われる。それゆえ、そうした個々の態を無視し、単なる思いなしによって「幽玄ならんとばかり」思うとき、真の幽玄の堺へと成り入ることはできないのである。

三の「めづらしき」と「主になる」、および四の「幽玄の堺に入る」と「主になる」との関係からも明らかなように、「主に成り入る」とは、個々の態をそれ自体完結したものとして捉えることを否定し、それらの態に宿る「妙」なる力に思いを致してゆくことであった。そこで次に、このことをより如実に表すものとして、改めて「主」と「無心」との関わりを吟味してゆくことにしよう。

五　「主」に成る心

『花鏡』「上手之知感事《じやうずのかんをしること》」では、声が悪く舞歌があまり達者でない演者でも上手と認められることがあるといい、その理由として、「是則《これすなはち》、舞・はたらきは態《わざ》也。主に成る物は心なり。又正位《しやうゐ》也」（同九五）と述べる。それゆえ、「面白き味わいを知りて、心にてする能」（同）は、上手と認められるのだ。

従来、「主」は「中心・もっとも肝要なところ」と捉えられ、「主に成る物」とは「態を支配するもの・能芸の主体」と解釈されてきた。その解釈はもちろん一理あるのだが、さらには「心」が「主に成ること」でもあるとされていることに着目すべきであろう。すなわち、「主に成る物」が他ならぬ「心」であるという言表は、これまでの論を踏まえるならば「己れが己れである、そのことを成り立たせている無限なるものへと向かいゆくもの、それこそを心と呼ぶのだ」と読むべきではあるまいか。「心」というものは自明の客体化された対象としてあるのではない。心とはむしろ、「主に成り入るもの」として、すなわち無限なるものをどこまでも志向し、それを宿し得るものとして、新たに再発見されてくるものであろう。

もちろんそれが結果的には、演者の「中心・根本」となって「舞・はたらき」という態（万能）を綰いでゆくわけで、その意味でこの読みは従来の解釈と対立するものではない。だが、それにしても、ここで世阿弥が「主」というとき、それはいままでいう個我としての主体ではなく、人知を超えた何か永遠なるものに与りゆくものを意味していたことは押さえておくべきであろう。

このことを何ほどか裏づけるのが、「正位」という言葉である。それは「主に成る物」が心であり、同時にそうした在り方こそが、直《すぐ》なる「正しい位」であることを示している。そして、そのすぐ後に「為手の正位心にて、瑞風より出る感」（同）という言表でもって、この「正位」なる「心」が、瑞風、つまり無限なるものからの働きかけに対する直《すぐ》なる応答であることを明示しているのだ。

そしてこの条ではさらに、「面白き」よりもさらに上の位として、「心にも覚えず「あつ」と云重《いふぢゆう》」（同）つまり「無心の感」（同九六）が語られる。すなわち、心が無限なるものの働きに披かれるとき、心はいわば瑞風の顕現し宿り来る場とも器ともなるであろう。この意味で、無心とは単なる状態ではなく、「心を無みしゆく」という絶えざる動きを示すものであった。そして、そのような「無心」の在り方にあっては、その披かれの度合に応じて、よき態が現出してくると言ってよい。そうした事態を、世阿弥はまさに「主に成る」と呼び、「有主風」と呼んだ。

ちなみに参考として、藤原定家の歌論の鍵語の一つである「有心」という理念についても触れておこう。『毎月抄』（承久元（一二一九）成立）には、「有心体」を説明して、次のように語られている。[8]

さても、この十躰《じつてい》の中に、いづれも有心《うしん》体に過ぎて歌の本意と存ずる姿は侍らず。きはめて思ひ得難う候。とざまかうざまにてはつやつや続けらるべからず。よくよく心を澄まして、その一境に入りふしてこそ稀にもよまるる事は侍れ。

（さて、この十の歌体のうち、有心体ほど歌の本意を表しているものはない。これは、極めて会得しにくいものである。あれこれと詠んだりする程度では、さっぱり、詠み続けることはできない。心をふかく清澄にして、有心たる境位に深く成り入ってこそ、ごくまれに詠み得るものなのである。）

しかし、いたずらにあれこれの思いなしをして、作為が過ぎたときには、その歌は「正体なき事」になるという。

「有主」「有心」に共通するのは、「主がある」「心が有る」ということが単なる状態ではなく、己れの生み出した態・歌をその都度否定し超え出てゆくことである。それは、絶えず己れ自身を新たにしてゆくという事態なのだ。その意味で、「有主」、主が有るとは、「主に成る、成りゆく」ことに他ならないのである。してみれば、世阿弥が「主に成り入る」「入りふす」とくり返し語ったのは、「有主」という言葉が孕む動的な構造を伝えようとしたものであったろう。

ここに、『風姿花伝』の有名な言葉が想起される。

サルホドニ、我ガ家《いへ》ノ秘事トテ、人ニ知ラセヌヲ以《も》テ、生涯ノ主ニナル花トス。秘スレバ花、秘セネバ花ナルベカラズ。（『風姿花伝』六二）

（それゆえ、我が家の秘事として一つを残し、その秘事を人に知らせることがなければ、生涯にわたって、その秘事をなすごとに、「主」に成り入り、「花」を現出させることができるであろう。「秘する」がゆえにそれは「花」となるのであり、「秘する」ことがなければ、そこに「花」は成立しない。）

この言葉も、「有主風」の意味を捉えなおすことによって、従来とは違った解釈が可能になると思われる。ここで、「主に成る」のはほかならぬ「花」である。右に述べきたった論に添う形で解釈するならば、この「秘事」とは、「他人には知らせず、自分だけが知っているあること」といった通常の意味を超えてくるであろう。否むしろ、そうした「自分だけが知っている」と言った閉じた心を否定し、根源の働きをどこまでも宿す器となりゆくという、その在り方こそが「主」なのだ。そして、そうした絶えざる否定と上昇の道によって初めて、舞台上の演者は、心と態とが真に充実した「花」ある姿となるのではあるまいか。なお、この「秘すれば花」については、第三章で改めて吟味してゆくことにしたい。

六　安き位

さて、それでは、師に就き学ぶ演者は、己れの態に花を宿すべく、具体的にはどのような道を歩むのであろうか。そのことを「安き位」、「安位」という言葉の考察を通して別の角度から明らかにしてゆこう。

先に見た『花鏡』「知習道事《しゆだうをしること》」冒頭では、師に学ぶ要諦を「至りたる上手の能をば、師によく習ひては似すべし。習はでは似すべからず。」（『花鏡』九三）と端的に述べる。では、「よく習う」とはどのような在り方をいうのか。そのことを、世阿弥は悪しき例を用いて説明している。

　上手は、はや極め覚え終りて、さて、安き位に至る風体の、見る人のため面白きを、たゞ面白きとばかり心得て、初心是を似すれば、似せたりとは見ゆれ共《ども》、面白き感なし。（同）
（いったい、上手の場合は、すでにあらゆる稽古をし尽くして、「安き位」に至り得た風体のゆえに、その芸が観客にとって面白いのだ。しかるに、それを単に面白い芸とのみ理解して、初心の演者がそれを似せると、一見似せているとは見えるものの、面白さは全く感じられない。）

つまり、「安き位に至」っている師の態を見た演者が、その外に現れた面白さのみに目を奪われ、外形のみを真似しようとしたとき、そこに面白さは生じ得ないとしている。そして、演者は、師に就き「身も心も十分に教えられて「次第〳〵に上手になる」。そのとき、初めて「身を少々《すくなすくな》と惜しめば、をのづから身七分動になる」という形で、「安き位」になるという。このいささか逆説的な修行の道を踏まえ、世阿弥は「そうじて、安き位を似する道理あるべからず」（同）と喝破している。

従来の解釈では、この安き位は「修行を重ねた後に到達する、至難な芸をもやすやすと演じる芸位(9)」であるとされてきた。ここでは、「やすやすと演じる」という部分が「安き」の直接の訳となろうか。確かに、「動七分身に身を惜しみて、安くする所を」などとも言われ、その境位にある演者の心が、ある種の平安（＝一つの成就、面白き）にあることを考えれば、「やすやすと演じている」という言表はあながち間違いとは言えない。だが果たして、「やすやすと」ということのみが、「安き位」の本質的な意味なのであろうか。またそれは、「修行を重ねた後に」のみ到達し得る芸域なのか。もしくは、修行を重ねたその先に必ず到達し得る、保証された芸域であるのか(10)。

先に見通しを述べておくならば、この「安き位」という言葉が持つ意味を吟味してゆくとき、そこには「その都度の成就・完成」と「絶えざる伸展・展開」という二つの位相が浮かび上がってくるのである。それは、第一章で確認した、花の、そして心の成立における「根拠への自己還帰的な構造」、すなわち「序破急」の構造にいみじくも呼応していると思われる。

ちなみに、先の引用にあった「極め覚え終りて」もそうだが、「安き位」は、まずは演者が目指すべき終極を語った文脈で多く用いられる。この点、たとえば以下のような用例が挙げられよう。

文字《もんじ》の正《しやう》をよく〳〵極めて、曲聞《きよくもん》美しく、闌《た》けて、無曲音《むきよくおん》に聞ゆるは、事を尽くし〳〵て、安き位に至る妙声《めうせい》也。（『曲付次第』一四九）

（謡の文句のアクセントに合わせ、適宜フシを当て嵌めてゆく方法を極め、音曲の聞こえも美しく、それが極まって、却ってあやもない無文の音に聞こえるのは、あらゆる態を尽くし、「安き位」に至った、「妙」の働きが宿り来った声である。）

無曲・無文に聞えて、声《こわ》がかりの面白き斗《ばかり》と知る所の、その面白き感とは、曲を尽くし、文正を磨きて後、安き位の妙聞《めうもん》になりかへる劫《こふ》の感なり。（『風曲集』一五九）

（無文の曲にと聞こえ、ただただ声の調子の面白さのみが感じられるという境地の、その面白き感とは、あらゆるフシを謡い尽くし、言葉のアクセントに合わせたフシづけを洗練させた後、その年功によって生じる声、すなわち「安き位」という、根源たる「妙」の働きを宿し、そこに還帰してゆくかのような声、そこから生まれる感である。）

如此《かくのごとき》の稽古の条々を習極め尽くして、四声《ししやう》・呂律《りよりつ》の句移り・文字移り、ことごとく覚得して、安き位になりかへりて、（同一五九）

（これらの稽古の一つ一つの条目を習い尽くし、その奥義を極めて、四声・呂律の、句から句への、また文字から文字への美しい移りゆきをことごとく会得して、「安き位」へと還帰してゆき、）

苗・秀・実の三段終りて、安き位に至りて、万曲ことごとく意中の景に満風する所、色則是空にてやあるべき。(『遊学習道風見』一六五)

(〔上述の〕苗の時期、出穂の時期、結実の時期が終わって、「安き位」に至って、あらゆる曲において、演者の心に収斂した対象が根源の働きを宿したものとして新たに顕現してくる境地、それこそが『般若心経』にいう「色がすなわち空である」という境地であるといえようか。)

ところで、もともと「安」という字には、「安定」「安静」などの熟語からも明らかなように、常住、静止の意味が含まれる。「やすやすと」した、安らかな境地というのも、心が外なるものに徒らに動かされないということに由来しよう。先に見たように、演者の習道には、完全な「妙力」の宿りを目指し絶えず己れの態を無みしゆくという動的な構造が存していた。とすれば、「事を尽くし」「条々を極め尽くし」て至った「安き位」、静止とは、確かに態の完成、能の目指すべき終極・目的を表していよう。この語が「修行を重ねた後に到達する」芸境と解されるゆえんである。

ただしかし、この安き位とは、習道の長い階梯の最終段階、最上の位をのみ示すものなのだろうか。また、習道の果てにひとたび昇り詰め獲得した暁には、常にそこに留まれるような境位なのだろうか。むろん、世阿弥は二曲三体に始まる地道な習道を重視してはいた。だが、習道の階梯を、「十学べば十だけ力がつき、それが積み重なった果てにあるのが安き位だ」というように、単なる直線的な道行きと捉えるならば、そうした把握は世阿弥の能楽論全体に見られる「否定の調べ」と矛盾した、弛緩したものになってしまうだろう。そもそも、一歩一歩積み重ねた結果必ず到達できる類の境位であるならば、「安き位を似する道理あるべからず」（『花鏡』九三）といった言葉は語り出されてこないはずである。

　そこで注目されるのは、『拾玉得花』の「安き位」についての条である。それは「安き位」という言葉が持つ二相性を余すところなく説き記したものとなっている。すなわち、そこにおいては「一つ一つの態・修行の成就・完成」と「それらが否応なく持つ欠如感」という二つの相の緊張が描き出されているのである。

　まず、「二　有主風と無主風」で見たように、「安位」は「無心の感」「妙花」と同意である、と明言されている。それはまた、「無位真人」（形なき位）とも通じる境位であるとされ、「たゞ無位を誠の位とす」（『拾玉得花』一八九）と改めて言われているように、「安き位」、安位という言葉の持つ否定性がくり返し強調されているのである。「真実の安き位」、すなわち安位の本質は、「どこそこの境地に至ることである」といった肯定的言辞で定義づけられるものではなく、むしろそのような固定した境位をどこまでも否定し超え出てゆくところに見出されてくるものなのだ。

　もちろん、このことは、一つ一つの態の修得を、そして稽古の階梯をないがしろにするものではない。

> 当道も、花伝年来稽古《くわでんねんらいけいこ》より、物覚《ものまね》・問答《もんだう》・別紙《べつし》、至花道《しくわだう》・花鏡《くわきやう》〈是は当芸道ヲ誌《しるせ》ル帖々外題《げだい》之数々也〉、如此《かくのごとく》の条々を習道《しゆだう》して、奥蔵《あうざう》を極め、達人になりて、何とも心のまゝなるは、安き位なるべし。然云《しかい》へ共、猶《なほ》も是は、稽古を習道したる成功の安位也。しからば、無心とはなをも申がたし。（同訳前出）

諸々の書に細かに記された具体的な稽古の心得、「如此の条々を習道して」、初めて無限なる「妙」の働きを受けた花、「妙花」は為手の身に現成してくる。「此品々を工夫もせず、ましてそれにもならで、たゞ幽玄ならんとばかり思はゞ、生涯、幽玄はあるまじきなり」（「『花鏡』幽玄之入堺事」九八）と言われるゆえんである。

だが、ここにおいて「然云へ共」と、経験の集積たる「成功の安位」の限界を指摘する言葉が続くのである。むろん一つ一つの修行の積み重ねは尊い。しかし、それらは有限な態である以上、それをいくら重ね、技術的に進歩していっても、無限なる「妙」の完全な宿りにはなり得ない。ある経験を身に積めば積むだけ、今度はそのように身に着けられるものの限界を了解し、いつでも脱ぎ捨てられるような状態への変容と上昇が求められよう。否、さもなければそれは単なる慢心に他ならない。自己肯定の段階に留まっている限り、それは「無心の位」とは言えず、ひいては「真実の」安き位にもなり得ないのである。「稽古は強かれ、情識は無かれ」（『風姿花伝』一四）といわれるゆえんである。

それゆえ、次のように語られている。

抑《そもそも》、安位者《といつぱ》、意景・態相《たいさう》に全くかゝはらぬ所あるべし。〈是者《これは》、其の態を成す当心ニハ習功意安の位也〉。其《その》時は、稽古・習道を尽くしつる条々、心中に一物《いちもつ》もなし。一物もなきと云《いふ》も、又習道《しゆだう》の成功力《せいこうりき》也。（『拾玉得花』一八九）

（いったい、真の安位というものは、演者の意図やその場に現出した演技とは全く関わらぬところがあるものだ。〈つまり、演じるその場での心持ちは、修行の年功で得たその段階段階での「安き位」に至っている。〉そのときは、長年稽古し、学んできたもろもろの態のことは、何一つ意識されてはいない。しかしながら、この、心中に何も意識していないという状態も、実は修行の結果として獲得された芸力なのである。）

ここでも、安位の持つ否定性が説かれる。どれだけ態を磨き、修行を積んだか。そして今どの段階にまで達しているのか。「安位」にはそういったいわば足し算の論理とは「全くか丶はらぬ」境位という特徴が存する。すなわち、技術的にどの段階にいようとも、その経験の集積に捉われず、いままでに身につけた「稽古・習道を尽くしつる条々」が「心中に一物もな」い状態に己れを差し出してゆくのである。その否定の動きによってはじめて「安き位」が我が身に現成してくるのだ。「身に着けるものは捨て去られるもの、否、捨て去るべきものである」と放下しゆくこと、逆説的に言えば一定の「安き位」を絶えず否定して、その都度いわば無の前に立つことが「真実の」安位なのだと言えよう。

だがここで注目すべきは、そのような否定の道行きを歩めるのも、「又習道の成功力也」修行を積んでこそだと、一旦は否定し去った経験の集積が、改めて意味あるものとして甦ってくるということである。ここに世阿弥の論全体を貫く、成就と欠如、否定と超越との緊張した構造を見てとることができよう。つまり、その都度の態を成就させてゆく経験は、有限なものである限りにおいて、より十全な「妙」の宿りにむけて否定されるべきものである。というのは、身体をかかえるわれわれにとって、一気に「無位の位」に達し、「妙花」を完全に開花させることはできないからである。従って、習道というものはあくまでも、「成功」への道のりの中において、個々の態の絶えざる否定という形で、間接的に安位の境位に与りゆくほかはないであろう。なればこそ、為手は「万曲をなすとも、心中《しんぢう》に「安し」とだにも思ふべからず」（同一九〇）といわれるのだ。が、むしろ「安し（やすやすと完成に達し得る）」と思わない、「安し」という思いのその都度の否定こそが、「安き位」の要諦だと言えるのではなかろうか。

こうした解釈を踏まえれば、次に見るように、先の記述と一見矛盾するかのような「安位」の意味も理解されよう。

然《しかれ》ば、堪能・妙花の芸人の此《この》安曲をなすを見て、初心の為手、安き所を学ばん事、天に手を挙げて月を打たんとせんがごとし。なをし、中・下三位等《とう》の為手までも心得べし。さりながら、九位においては、中三位等を習得《しゆとく》したらん為手は、其分〳〵の安位に至り、下三位の分芸は、又その分力の安位をなさん事、是又《これまた》子細あるべからず。たゞその一体一体を得たらん曲芸は、又その分〳〵によりて、安曲の風体・遠見《えんけん》をなさん事、芸道の感用たるべし。（同）

（ところで、妙花を極めた熟達の名人が、この安位の芸を演じるのを見て、初心の為手が、その「安き」位を表面的に模倣しようとするのは、空に手を挙げて月を打とうとするようなものだ。初心者に限らず、中三位や下三位の役者もまた、その点をよくよく思い知るべきだ。ただし、「九位」において、中三位を習い極めた演者が、各自の芸位相応の安位に到達し、下三位の程度の演者が、また分際に応じた安位の芸を演じることは、これもまた望ましいことである。そもそも、芸曲の一つ一つの型を習得する際には、その段階段階に応じて、その都度の「安位」に達した風体、「妙」の働きを宿した態をなすべきであり、それこそが芸道の要諦であるに違いない。）

「安位」というのが、単純な階段状の修行の最高位に位置するものならば、「中三位等を習得し」た為手が安き位にいるということもあり得ないし、そもそも「其分〳〵の安位」といった発想そのものが起こり得ないだろう。だが、先に述べたように、我が身の限界を心に染みて自覚し、自分の到達した芸位をその都度否定しゆく「無心の感」があれば、逆にあらゆる態・経験は、永遠なるものを何らかの形でそれぞれに宿した、「その分力の安位」

を体現させることになるのである。これは、「妙」の宿る場について、「あらゆる所に此妙所はあるべし。（中略）又、生得《しやうとく》、初心よりもこの妙体のおもかげのある事もあり」（『花鏡』「妙所之事」一〇二）と述べるのと、いみじくも呼応していよう。

かくして、「安き位」とは、決して固定されたある芸域なのではなく、むしろその「到達し得た」という自覚を捨て去り、無限なるものをどこまでも宿しゆくという絶えざる動きを表す言葉であった。そうした動きの中にあって初めて、為手の個々の態に「妙花」の完全な姿が何ほどか顕現してくるのである。

第三節　離見の見——観客との一座成就

ところで、こうした「成就・完成」を目指しゆく演者の道行きとは、決して己れのうちにのみ閉じられたものではなく、観客（広義の他者）との交わりの中で具体化してくるものであった。その意味で、「観客」という存在は、「無心の感」ないし「妙花」という無限なるものに与りゆく心の具体的な習道に不可欠なものとして、能楽論の中で何度も言及されている。

では、「花」の成立に、観客という他者はいかなる機微をもって関わり得るのであろうか。世阿弥はそのことを、「離見の見」という印象深い表現を通じて洞察している。

一　離見と我見

「離見」という言葉が初めて現れるのは、『花鏡』「舞声為根《まいはこゑをねとなす》」においてである（『花鏡』八六—八九）。この条では、舞を舞うときの心得として「目前心後」が挙げられるが、これは「目を前に見て、心を後《うしろ》に置け」（同八八）ということであった。そして、その心得をより具体的に表そうとする中で、かの「離見」という言葉が語り出されてくるのである。

すなわち、「見所より見る所の風姿は、我が離見也」（同）として、客席からの眼差しに映ずる姿が「離見」であった。それは、「我が眼の見る所」たる「我見」とは対照的なものであるとされる。そして、演者自身が「離見」でもってものを見ること、つまり「離見の見」を獲得したときには、それは「見所同心の見」「見所同見」を得たことになるという。そのようなとき初めて、演者は、自分の後姿をも含めた「不及目《ふぎふもく》の身所まで見智して」、「五体相応の幽姿《いうし》」（同）を成立させ得る、とされるのである。

通常、この「離見」とは、見物の側からの視点を意味し、従って「離見の見」とは、演者が「自己の目を離れて客観的に見ること」と捉えられている。(11) しかし、それにしても「離見」というそのままではなし得ないような事態を、世阿弥はなぜ語り出したのか、語り出さざるを得なかったのか。「我が眼《まなこ》の見る所は我見也。離見の見にはあらず」（同）という表現からすれば、「離見」とはまずは「我見」を離れることだと言えよう。「我見」という言葉は、本来「我執に捉われたものの見方」という意味を持つ仏教語であった。(12) その「我見」を離れるという「離見」は、「後姿を含めた自己の全体を見る」といった、単なる身体的問題以上のことを語っていると考えられよう。

その際、忘れてはならないことは、世阿弥があくまでも演者の立場から、演者がいかに舞台上に「花」を現出させるかを追究しているのだという事実である。この意味では、「離見」という語も、「不及目の身所」、無限なる「妙所」にどこまでも抜かれゆく演者の心と、その心に統べられて現出する多様な態との、微妙な関わりを指し示すものとして捉えられなければなるまい。とすれば、離見を単に「主観を離れて」といい、また「見所同心」を「主観と客観との一体化」と言おうとも、かえってそれらの解釈は、何か一気に悟りの境地に達してしまったような、気楽な印象を与えかねない。(13) 少なくとも、世阿弥の言は、「主観」「客観」を対峙させる西欧近代風の枠組を単に否定してみせるといった方式では、十分に覆い切れぬ深みと射程を有しているのである。(14)

二　「妙力」の現前

さて、離見の見が語られる条、「舞声為根《まひはこゑをねとなす》」で、世阿弥は次のように語っている。

舞は、音声《おんじやう》より出でずば感あるべからず。一声の匂ひより舞へ移る堺《さかひ》にて、妙力《めうりき》あるべし。(同八六)

(舞は、音声から出たのでなくてはその感興は得られない。演者が声を発し、その余韻から自然と舞へ移る、その瞬間に玄妙な力が生じるのである。)

舞が成立するためには、謡の音楽的要素が重要であり、謡の一声から舞に移る瞬間(堺)には、「妙力」が働いているのである。「妙」という言葉が持つ意味については後述するが、右の一文は、不可知なるもの、人知では測り知れぬような妙なる力が、能のうちに宿り来たっていることを意味しよう。

さらにはまた、「抑《そもそも》、舞歌と者《いつぱ》、根本《こんぽん》、如来蔵《によらいざう》より出来《しゆつたい》せり」、「天人の舞歌の時節、天の調感爰《てうかんここ》に移りて通ずる折を、時の調子とは申《まうす》なり」(同八七)とある。そのように、世阿弥は、舞歌に代表される舞台上のさまざまな態の成立のうちに、「如来蔵」「天人」など、人の智を超えた存在からの働きかけを強く意識していた。それはたとえば、『風姿花伝』において、能の源・起源を、仏在所や神代といった、いわば超越的な時空に求めることからも窺えよう。このことは、能の成立の根源を探究してゆく中で、重要な意味を持つと考えられる。

すなわち、能が成立する端緒において、一つ一つの限りある態を支えるものとして、不可知なるもの、超越的なるものの働きかけを受容する心が介在しているのだ。とすれば、舞台という時間的な場を生きる演者にとって、その都度生まれる個々の態とは、絶えずその完結性を否定しながらも、その不連続の連続の全体をもって、「妙」なる力の十全な宿りをどこまでも目指してゆかねばならないものとなるであろう。

ここに押さえておくべきは、そうした「無限なる働きの受容」と「有限なる個々の態の現出」という、いわば次元を異にする二つの事態の結合によって舞が成立すること、そしてそこにこそ「感」が生じるとされていることである。次に見るように、「時節当感《じせつかんにあたる》」（『花鏡』）とは、まさにその間の機微を言い当てた言葉であった。(15)

三　時節当感《じせつかんにあたる》

「時節当感事」のくだりでは、演者が一声を上げるときの、その間合いの取り方について語られている。それによれば、演者は「「すは声を出だすよ」と、諸人一同に待ち受くるすなはちに」（同八九）、つまり観客すべての心が演者に向けて披かれているその瞬間に、声を出すべきだという。それは「諸人の心を受けて」、観客の心を受けて声を出すということであり、それを「時節感当《かんたう》」——時節が感に当たる——と呼ぶのである。「感」とは、さしあたって、感興、感動の意味であろう。

ここでは、態の成立する「時」が、観客の感に当たることの大切さが説かれている。が、重要なのは、それに続いて、「此《この》時節は、たゞ見物の人の機にあり」とあり、しかもその「人の機にある時節」とは「為手《して》の感《かん》より見《けん》する際《きは》」（同）にほかならない、とされている点である。

そこにあって、観客の「機」と為手の「感」とは、単に並存しているのではなく、また平板な因果関係においてあるのでもあるまい。すなわち、見所の感ずる機が「為手の感より見する際」であるということについて、一般には「観客の機に存する歌い出しの時機は、演者が直感でその決定的瞬間を察知する他はない」[16]と説明されよう。だがそのことは、さらに一歩踏み込んで言うなら、同時性の機微を含んでいると思われる。その際、観客と為手とは、単に有限な場にあって対峙しているのではなく、むしろ為手がいわば「妙所」という無限なる境に披かれることを介して、ときに為手の「感」と見所の「感」とが同時的に成立し得ると考えられよう。

従ってまた、「万人《まんにん》の見心《けんしん》を為手ひとりの眼精《がんぜい》へと引き入る、際」（同）であるとされるゆえんもそこに存しよう。なぜなら、「引き入る、」とは、万人の見る心を、為手の見る心（眼精）へと収斂してゆくということと捉えられるからである。ここで、「万人」という表現をとったところに、個々の見物人の集合を超えた「見心」、つまり、あらゆる人に働き、その心に宿り来るような、絶対の「見心」が見てとれよう。言い換えれば、そのとき、観客の見心は、目利であれ目利かずであれ、かかる「絶対の見」を何ほどか宿し、それを指し示す象徴として新たに甦ってくるのである。

このことを別の角度から裏づけるものとして、たとえば『風曲集』における稽古のときの心構えを説いたくだりが挙げられる。

かやうに稽古・習道《しゆだう》を尽くしく〳〵て、以前申《まうし》つるごとく、いかなる私《わたくし》にても、又は山野・旅路《りよぢ》などの音曲をも、貴人の御前の心に安座して、さて、貴所参勤の即座《そくざ》にては、御前とは心にかけずして、只、習得《しゆとく》しつる

曲心の分力《ぶんりき》に定意《ぢやうい》して、万人《まんにん》の見聞《けんもん》も眼《まなこ》はひとりと安全《あんせん》して、一調・二機・三声と歌出《うたひいだ》すべし。（『風曲集』一五八―一五九）

（このように、あらゆる稽古・修行をし尽くして、先に述べたように、どのような私的な場であっても、もしくは山野や旅の途次で演じる能であっても、貴人の御前にて行う能である、と心を研ぎ澄まして、他方実際に貴人のおいでになる場に参じて、即興で能を演じるときにも、御前であることを気にかけず、ただ稽古によって獲得したところの、心を媒介にしてそれぞれの曲に宿り来る「妙」なる力を発揮すべく集中し、「万人の目や耳も、結局はただ一人の絶対の見に集約されるのだ」と思い定めて、一調・二機・三声と謡い出すがよい。）

ここでは、内々でする稽古や山野・旅路でする能においても、「貴人の御前の心に安座して」、つまり貴人の御前での能であると思いなして行え、とあり、一見貴人重視の文脈であるかに見受けられる。しかし、そうした見方は、その直後に「さて、貴所参勤の即座にては、御前とは心にかけずして」行え、とあることから、ただちに打ち消されよう。すなわち、演者が心にかけるべきは、決して具体的な貴人の誰それの見ということではなく、貴人によって印づけられるところの、目利きの眼差し、さらには、そこに宿る絶対的な見なのだ。

ちなみに、その後に「万人《まんにん》の見聞《けんもん》も眼《まなこ》はひとりと安全《あんせん》して、一調・二機・三声と歌出《うたひいだ》すべし」とある。それは、それぞれに異なる個々の眼差しが、「為手も見所も、その分〳〵の心眼也」（『拾玉得花』一八六―一八七）と言われるごとく、各々の分に応じて一なる眼差しを志向し体現していることを示していよう。かかる「ひとりの眼」、絶対の見に貫かれたとき、そこに演者の感が生じるのだ。が、それは同時に、観客の「感」と相俟って、一つの花の現出となると考えられよう。

しかし、それにしても、そうしたいわば「絶対の見」に晒された演者の「感」の内実とは、いかなるものであるのか。ここにおいてわれわれは、能の成立のすべての場面に漲り、それらを一に統べている「心」の働きを、改めて問い披いてゆかねばならないのである。

四　「無心の感」と瑞風

さて、世阿弥は態と心との関係について、端的にこう述べている。

舞・はたらきは態《わざ》也。主《しゆ》に成る物は心なり。又正位《しやうゐ》也。さるほどに、面白き味わいを知りて、心にてする能は、さのみの達者になけれ共、上手の名を取る也。（『花鏡』「上手之知感事《じやうずのかんをしること》」九五）

（舞や立ちはたらきといったものは態である。他方、それらを統べる「主」となるものこそが、心と呼ばれ得るものである。そして、そうした心の在り方こそが、演者の正しい位、あるべき姿なのだ。[17] それゆえ、真の面白い味わいを知って、そうした「主に成り入る」心にて演じる能は、技術的にはそれほどたいした上手でなくとも上手との評判を得るのである。）

この一文で、「舞・はたらきが態であり、心が主となる」とあるのは、むろん、態とは所詮副次的なものだといった、態を軽視した表現ではない。両者はそのように分離され得るものではなく、充実した態が成立する際には、その一つ一つの態に心が浸透し、かつそれらが全体として一なる姿へとつながれているのである。

ここに注目されるべきは、そうした心の働きの高次の位について、さらに次のように喝破されていることである。「是はたゞ、為手の正《しやう》位《ゐ》心《しん》にて、瑞風《ずゐふう》より出《いづ》る感かと覚えたり」（同）。すなわち、人知を超えたものの働き（瑞風）に心が貫かれるところに「感」が生じると改めて強調されている。(18)

ところで、この感について見落とし得ないのは、瑞風より出る感というものが、次の一文に示されているごとく、いわば「心なき感」、すなわち「無心の感」という、多分に逆説的な内実を有していることである。(19)

又、面白き位より上に、心にも覚えず「あつ」と云重《いふぢゆう》あるべし。是は感なり。これは、心にも覚えねば、面白しとだに思はぬ感なり。（同）

（また、面白いと感じる段階より上に、意識を超えて、「あっ」と驚く段階がある。それは感である。これは、意識することを超えているので、「面白い」とすら思わない感動である。）

そして、その「無心の感を持つ事」が「天下の名望《めいばう》を得《う》る位」（同九六）であるというのだが、これは、前の「面白き」の段階と、「あつと云重《いふぢゆう》」の段階とのいたずらな差別を言うものではあるまい。現に『拾玉得花』では、次のようにある。

面白《おもしろき》は見所《けんじよ》一見の序破急、成《なす》ところの一風は芸人の序破急也。見所人の「あつ」と感ずる一音にも、成就有《あり》。

（『拾玉得花』一九一）

（面白いと感じるのは、見る観客の心に序破急が成就するからであり、それを引き出す演技は、芸をする者の序破急が成就するのである。観客が「あっ」と驚く一声にも、序破急の成就がある。）

この一文によれば、「面白」が成就するときと、見所が「あつ」と感ずる機は、まさに同一のものなのだ。つまり、「面白」が成立する姿は、とりも直さず、「あつ」という、根源的な出会いの驚きの姿なのである。そしてそれは、「心もなき際」、すなわち「無心の感」という在り方がそこに現出していると考えられよう。(20)

この多分に逆説的な事態は、すでに触れたごとく、次のような構造を有するであろう。心が無限なるものの働き（瑞風）に披かれるとき、心はいわば瑞風の顕現し宿り来たる場とも器ともなる。それは徹底した受動に貫かれた姿であり、それゆえ「無心」と言うほかないであろう。が、心があれこれの知見や執着を砕かれ、無限なるものの顕現の場となったならば、その度合に応じて、そこによき態が現出してくる。そのとき、有限な個々の態は、かの無限なるものを指し示すしるしとして働くのである。観客のうちに「面白」という感動が生じるのは、まさにそのときであろう。

こうした事態をこそ、世阿弥は「万人の見心を為手ひとりの眼精へ引き入る、際」（『花鏡』八九）と呼んだ。これらのことは、このように分節化して語らざるを得ないものであるが、本来は同時的に成立しているのだ。つまり為手が自ら心をなみし、無限なるものの働きへと心を披くとき、そのことは同時に、為手の見に観客全体の眼差しが集約されてゆくことを意味しよう。

このことは、やや観点を変えれば、演者の態の位として「皮・肉・骨」の三つが語られる『至花道』の文脈においても同じく見て取れる。

抑《そもそも》、此芸態《このげいたい》に、皮《ひ》・肉《にく》・骨《こつ》の在所《ざいしよ》をさゝば、まづ、下地《したぢ》の生得《しやうとく》ありて、をのづから上手に出生《しゆつしやう》したる瑞力《ずいりき》の見所《けんじよ》を、骨《こつ》とや申べき。舞歌《ぶが》の習力《しゆりき》の満風《まんぷう》、見《けん》にあらはるゝ所、肉《にく》とや申《まうす》べき。この品々を長じて、安く美しく極まる風姿を、皮《ひ》とや申べき。（『至花道』一一六）

（そもそも、芸の各様相に「皮」「肉」「骨」のありようを指摘するならば、まず、芸の下地としての生まれもっての素質があり、「妙」からの働きかけとしての瑞風が力となって顕現したものを、「骨」と呼ぶべきだろうか。また、舞や歌を我執を捨てて学び行くことでその瑞風がいっぱいにその身に現れたところを「肉」と呼ぶべきであろうか。そして、舞曲や物まねの稽古の品々を積み重ね、それぞれに「妙」の働きを宿し行く中で美しく極まった姿を、「皮」と呼ぶべきであろうか。）

つまり、「皮」「肉」「骨」は、ともかくもそれぞれの芸の様相を指し示す言葉である。しかし、その三つが揃った位においては、各々の位のうちに何らかの仕方で宿る「瑞風」が「ことごとく極め」られるという。そして、「すでに至上にて、安く、無風の位になりて」、一見したところの風体は、ただただ面白いと感じるとされ、その結果、ついには「見所も妙見に亡じて」しまう（同一一六—一一七）。

そして、そのとき演者にあっては、「皮」「肉」「骨」のそれぞれの位が遺憾なく発揮されるのだ。さらにその三つの位は、「離見の見にあらはる」ことが、つまり離見の見という演者の在り方でもって支えられていることが、十分に感得されるであろう。そうした演者こそが、「皮・肉・骨そろひたる為手」（同）と言われるのだ。

また「無風の位」は、「無心無風の位に至る見風」（『花鏡』一〇二）などと言われることから、無心の位に通ずる境位であることが窺える。そのように、演者が心を無限なるものに披きゆくときには、観客も、「妙見に亡じる」、すなわち個々の思いなしを無みしてゆくことで、一なる「妙見」へと和してゆくのである。とすれば、妙見ないし妙所とは、瑞風を宿し顕現する場としての「無心」――心を無みするということ――が、為手と観客とに見出される時、その一座を貫く何者かを指し示している言葉であろう。

五　「妙所」の知と不知

そこでさらに、「妙見」について見定めておこう。『拾玉得花』において、「序破急成就」という道理を真に理解できるのか、という文脈で、「妙見」という言葉が語り出される。

> 恐らくは、なを此心《この》、得事如何《うることいかん》。奥蔵心性《あうざうしんしやう》を極めて、妙見に至《いたり》なば、是《これ》を得べき歟《か》。」（『拾玉得花』一九二）
> （〔以上のように序破急の道理を述べただけで、〕その序破急成就の要諦を会得することができるかどうか。心の奥に蔵する性を極めて、「妙」なる力を宿したいわば絶対の見に至るならば、この道理も理解できようか。）

このように、「妙見」とは「心性」を極めたときに現れ出るものであった。

ここで、本書で繰り返し言及する「妙」について再説する。「有無を離れて有無に亙《わた》る」（『五位』一七〇）、すなわち有・無の境を超えて万物の根底に漲るものとしての「妙」は、他方では「妙とは「たへなり」」となり。「たへなる」と云ぱ、形なき姿也」（『花鏡』「妙所之事」一〇二）とも言表される。つまり「妙」とは、有限な形を否定し超越するものであった。これは、後期の著作である『遊学習道風見』（成立年未詳）において、

天台妙釈《てんだいめうしやく》にも、『言語道断《ごんごだうだん》、不思議《ふしぎ》、心行所滅之処《しんぎやうしよめつのところ》、是妙也《これめうなり》』と云《いへ》り。[21]（『遊学習道風見』一六六）

（天台宗の教えにも、「言語的な表現を無みし、あれこれの思いなしを捨て、心の働きを超えたところ、これすなわち妙である」とある。）

とあるのに通ずるであろう。

では、「妙」とはそもそもどこに存するのか。この点、注目されるべきは、能芸において、舞歌の二曲を初めとして、「あらゆる所に此妙所はあるべし」（『花鏡』「妙所之事」一〇二）とされていることである。してみれば、どんなささいな態であっても、そこには、能を成り立たせている「妙」の力が何ほどか宿っているであろう。しかしそれは、「さて、言はんとすればなし」（同）という表現によって示されているように、言語によって限定しようとしても、決して完全には捉えられず、対象化され得ぬものであった。すなわち、妙所の働き（瑞風）は、「常に」現存しているであろうが、それ自体は限定・把握されざる無限性の場にあると言わざるを得ない。[22]しかし、その働きは、その都度の「あるとき」、すぐれた演者の態に現前してくるのだ。

それゆえ、ある意味では、「生得《しやうとく》、初心よりもこの妙体のおもかげのある事もあり」（同）とされる。また逆に、この「妙」の実体そのものは、たとえ「極めたる為手」であっても、最後まで捉えることは叶わず、かろうじて「我風体《わがふうてい》にありと知るまで」（同）である。そこで、「妙所」の核心として、端的にこう言われる。

知らぬを以《も》て妙所と云《いふ》。少しも言はるゝ所有《あら》ば、妙にてはあるまじき也。（同）

（「知らぬ」ということが妙所の要諦である。少しでも「これだ」と言葉によって把握・限定できるのであれば、それは決して妙ではないのである。）

もとより、このことは単なる不知の表明ではなく、また不完全な境地に安住した姿でもない。「知らぬを以て妙所と云」とは、固定した態の一つ一つがひとたび無みされてゆくとき、そこに否定的な仕方でかろうじて現成してくるのが「妙所」であることを示していよう。このとき、「知らぬ」とは単なる状態としての無知ではなく、己れが捉われがちな我執をその都度否定してゆくという極めて意志的な行為を意味することとなる。

しかし、忘れてはならないのは、そのことが可能なのは、「妙所」からの働きかけが心に現前しているからこそだ、ということである。すなわち、ここに一方で「「妙所」からの働きを受容した確かさ」と、他方「無限なる「妙所」へと披かれゆく姿」とは、まさに同時的に現出していると考えられよう。かくして、心が「妙」の働きを確かに受容しつつ、しかも無限なる不知の堺に自らを委ねてゆくことが、ひいては観客の「妙見に亡ずる」ことへと繋がってゆくのである。

であればこそ、世阿弥は、「しかれ共、よく〳〵是を工夫して見るに」（同）、と「妙所」に至る演者の歩みを説いている。そして、能を極め、真の「堪能」の演者となり、「なす所の態《わざ》に少しもかゝわらで、無心無風の位に至る」、その在り方が「妙所に近き所にてやあるべき」（同）としているのだ。この、「妙所に近き所」という表現に、世阿弥の論の精確さを見てとることができよう。「妙」の働きが心に現前していればこそ、演者はその無限なるものにどこまでも心を抜き、近づいてゆく。そして「今、ここに」成立した態を完全なものと見る心の傾きが絶えず否定されゆくことによって、あるいはむしろ、そのように絶えず己れを超えて成りゆく姿として、演者は現に「妙」を自らに宿すことができよう。しかし、個々の態はどこまでも有限なものである以上、決して

「妙所」そのものに至りつくことはできず、能は全体として〈否定〉と〈超越〉という動的性格を帯びることになるのである。[23]

「離見の見」の成立、ひいては「花」の成立は、かくして、「有限な態を完結したものとみなしてしまう心をその都度無みしゆく」という、絶えざる自己否定の中でこそ見出されるべきものであった。この、「花」の成立における「絶えざる否定の道行き」については、第三章において、「花の成就と自己変容」という主題のもとに改めて吟味・探究してゆくことにしたい。

六 「離見」における「妙花」の開花

さて、振り返って言えば、すでに言及した「離見の見」ということの意味が、即物的なものの見方に留まらないことは、もはや明らかであろう。「不及目《ふぎふもく》の身所まで見智《けんち》して」（同八八）というとき、「目の及ばぬ」とは、単なる肉眼という意味以上に、われわれの知のすべての力をもってしても把握できない妙所を指し示しているからである。その際「身所」とは、いわば「妙」の働きを一杯に宿した姿そのものとして語られているのだ。もとより演者は、己れに宿った無限なるものの実体を完全には把握できないとしても、その宿り・現前そのものは確かな経験としてある。しかし、であればこそ、有限な態に執着する「我見」を絶えず否定してゆくことによって、はじめて「不及目の身所」を間接的な仕方で宿し、「幽姿」を舞台上に現出させることができると考えられよう。

こうしたことを踏まえると、「妙所」と「離見」との関わりも自ずと明らかになろう。『九位』の「妙花風」の記述において、妙と云《いつ》ぱ、言語道断《ごんごだうだん》、心行所滅《しんぎやうしよめつ》なり。（中略）然《しかれ》ば、当道の堪能の幽風《いうふう》、褒美も及ばず、無心の感、無位の位風の離見こそ、妙花にや有べき。（『九位』一七四）

（〔妙花風の〕妙というのは、言語による表現を超え、心の働きを無みしたところの何者かである。（中略）それゆえ、この能の道においても、もっとも深遠な奥義に至り着いた達人の幽玄な風体は、これを賞讃しようと思っても言葉によって表すことができないのであり、そうした、固定化された心をどこまでも無みしゆくかのような感、一度到達した位をさらに否定し超えゆくような位――すなわち「離見」という演者の在り方において生じる「花」こそ、「妙」の働きが十全に宿った妙花といえよう。）

とある。ここでの「離見」については、従来「無意識のうちに外に匂い出る見風」「見風を離れた見風（見風の如くはっきりとは発現しない演技効果）[24]」などと捉えられてきた。だが、本章で見定めたことから改めて考え直すとすれば、ここでは、「離見という方法によって妙花が成立する」というのではなく、むしろ「離見そのものにおいて妙花が成立する」のであり、また同時に「離見」ということを担う演者の態と心の在り方全体が「妙花」なのだ。『遊学習道風見』における、「無感の感、離見の見にあらはれて、家名広聞ならんをや、遊学の妙風の達人とも申べき。」（『遊楽習道風見』一六六）という記述も、同様のことを示していよう。「妙」の働きを一杯に宿した演者の姿とは、ひとたび生じた有限な態を、そしてそこに生ずる「感」を絶えず否定する、「離見」という在り方においてのみ、見出され得るものなのである。

あるいはまた、『六義』には「寵深花風」という風体を説明して、「〔深《しん》〕者《は》、離見之見《りけんのけん》」（『六義』一八〇）というくだりがある。この点、世阿弥は『九位』における「寵深花風」の説明で、ある人が「富士山高うして」と言ったのに対し、唐人がそれを難じて、「深して《ふかう》」と改めた、という故事を引いて次のように言う。「至りて高きは深き也。高《たかき》は限りあり。深《ふかき》は測るべからず」(『九位』一七四)と。こうした文脈は、「妙」が人知では測ることのできぬ、不可知なるものでありつつも、それに与りゆく演者の絶えざる道行きをも指し示す語であることを表したものであった。

従来、「離見」及び「離見の見」という言葉は、『花鏡』と、後期の著作である『九位』・『遊学習道風見』・『六義』とでは、意味の深浅に差があるとされてきた。しかし、世阿弥の著作全体が志向するところを見定めれば、各著作の「離見」に意味の断絶はなく、同一の根源に立ちつつ、それぞれの文脈に応じて「花」の成立の機微を語っていることと理解されるであろう(25)。

ともあれ、「妙所」という一語に秘められた全体としての意味の広がりからすれば、他者・観客とは、有限な個々の存在でありながら、いわば「絶対の見の象徴」としての新たな役割を担ってくるのではあるまいか。そのように、観客のうちに「絶対の見のしるし」を見た演者は、己れの「我見」を戒め、絶えず「妙所」へと心を披いてゆくことになる。かくも厳しい自己否定の道を歩むことのうちにこそ、為手と観客とが相俟って、「見所同心」となり、無限なる「妙」の働きを宿すものへと、ともに成り就く。そうした機微を示したのが、「離見の見」という言葉であり、それはそのまま、舞台に「妙花」が花開く瞬間を意味しているのだ。そしてそこには、根源的な出会いの経験から、多様なる一としての能がゆたかに展開し開花してきた姿が存しよう。

以上のように、能の成立そのものにあっては、無限なる「妙」の働きを受容する心を媒介として、それぞれの態が舞台に現出し、ひいてはそうした心と態とが、全体として花の顕現へと披かれていると考えられる。そこで次に、その動的かつ全一的な形を見定めるべく、個々の態の現出の内に潜んでいる、「花の成就と展開」の姿を、改めて全体として吟味してゆくことにしよう。

註

（1）今道友信『東洋の美学』（TBSブリタニカ、一九八〇年）によれば、歌論・能楽論における「姿」には、「心に何らかの用意のある体の美しい様子、有様」「或る方向を持った意識のにじみ出たたたずまひ、心構へによる体の見事な構へ」の意味があるという。

（2）松岡心平・渡辺守章対談「「花」と「風」の戦略」（松岡心平編『世阿弥を語れば』（岩波書店、二〇〇三年）では、「風姿」という言葉に着目し、「姿」だけではスタティックな意味合いしか持たないものが、「「風」を付けることで表象は動的となり、目に見えないものまで暗示できる」と述べている。「風」にそうした意味が込められていることは首肯されるが、元来「姿」にも「ある方向性をもった人の形」、「無限なるものを宿しゆく演者の在り方」といった含みを持つ語であり、「風」はその性質をより強調するものと捉え得るであろう。

（3）能勢朝次『世阿弥十六部集評釈』上（岩波書店、一九四〇年）では、「安き位」の注に、「動七分身に身を惜しんで安らかに演じ得る位である。十の力を七までしか用ひず、三分の余裕がある芸であるから、絶対に危げのない芸位である。この危げの無いといふ点よりは、強き位とも言ひ得る。又七分に身を惜しんで演じながら、十分にもまさる芸を出し得るのは動十分心の芸である点による故に、心位の芸境とも言ひ得るであろう。実際の演能でいへば、「動き」は少いけれど、底光りのする芸であり、含蓄味の豊かな芸である」と述べる。

（4）たとえば、『世阿弥 禅竹』頭注では、「有主風」を「芸の主（ぬし）になり得ている」とし、「無主風」を「似せているだけで体得しきっていない芸」とする。

（5）上野太祐『花伝う花』（晃洋書房、二〇一七年）では、「有主」と「無主」の差を「物まね《になる》」、と「物まね《をする》」との差だとし、「「有主風」の為手とは、生まれ持った芸力（「下地の芸力」）に基づき、稽古を積み「其物に、なる所」の為手」であるとする。また、世阿弥が禅の影響を受ける以前の『花伝』第七篇別紙口伝第三条に「物マネニ、似セヌ位アルベシ」

と、《になる》の思想の萌芽がみえていると指摘しており、首肯される（「第二章　世阿弥の禅語が捉えていたもの」）。
（6）『世阿弥 禅竹』頭注には、「有主・無主は、師の有無について言う禅林用語の転用か」とある。「有主」に師を持つこと、という意味合いが含まれているとすれば、それは「真の師を持つこと」、すなわち師の姿に何らかの形で顕現している「まことの花」を自らもまた志向してゆく、ということであろう。
（7）引用は入矢義高校注『臨済録』（岩波文庫、一九八九年）による。
（8）本文の引用は橋本不美男・有吉保・藤平春夫『新編日本古典文学全集87　歌論集』（小学館、二〇〇一年）による。
（9）『世阿弥　禅竹』頭注。
（10）先行研究では、「安き位」をそれぞれ次のように定義づけている。
まず、西尾実『道元と世阿弥』（岩波書店、一九六五年）では、「安き位」を、「稽古の対象を主体的なものとして生かし、対象に対する緊張も我が物にする努力もなくなった、主体の立場が安き位であ」るとしている。

そして、新川哲雄『人間世阿弥――ある申楽者の思念』（芸立出版、一九七七年）では、「無主風」を「わざを師に習い似せている段階」、「有主風」を「師に似せた結果わざを心身に覚えこみ、自在に演じうる「安き位」のこと」としている。

また、梅若猶彦『能楽への招待』（岩波新書、二〇〇三年）では、「安き位」を説明して、「長い年月の修練で勝ちとった心と身体の特殊な状態のこと」だとし、安位に達したものは、季節・観客層・体調などの「外的な要因さえも超越する存在となり」得、「どんな状況においてもかならず人の心を打つ」のだと述べる。

さらに、八嶌正治『世阿弥の能と芸論』（三弥井書店、一九八三年）では、『九位』の記述などと合わせ、「安位の中に闌位・妙位があるという、三者の包括概念の相違を前提として、三者は便宜上序列化しても差し支えないと思う」とし、「安位は上花そのものに当たり」、他方それを細分化するならば、妙花風＝妙位、寵深花風＝闌位、閑花風＝安位である、とする。

以上のように、諸書では、「安き位」を、稽古の末の最終段階と捉えたり、またある固定した芸位として、他の芸位とその高低を論じたりしている。しかし、本書では、「花」が「時分の花」と、この世には存在し得ないが、「時分の花」のうちに何らかの形で望見され得る「まことの花」があるのに相応して、「安き位」にも「その分の安位」と「真実の安位」との両義性があるものと捉える。
（11）例えば、能勢朝次『世阿弥十六部集評釈』（岩波書店、一九四〇年）では、「我離見」に「自己から離れた立場に立って、客観的に見た自己の姿」という口語訳をあてており、また『世阿弥　禅竹』の頭注には、「離見の見」を説明して「心眼で客観的に自己の姿を見る見方」とある。

(12)　小西甚一『墒選書10 能楽論研究』(墒書房、一九六一年)では、我見が禅の用語であり、『正法眼蔵随聞記』に「学人の第一の用心は、まづ我見を離るべし。我見を離るといふは、この身を執すべからず。」という文が見られることを指摘している。

(13)　新川哲雄『人間世阿弥——ある申楽者の思念』(芸立出版、一九七七年)では、「離見の見」を「わざを全く隙のないものとするために、我見(自己の思惟による自らのわざへの判断)だけでなく、離見(観客の思惟による自己のわざへの判断)をも把握すること」と説明した上で、「しかし、自己と他者の思惟を把握できる自己とは何か、自己を超越する我であるのか。世阿弥はこうした問いに答えていない。」と疑問を投げかけている。

(14)　高野敏夫『世阿弥——〈まなざし〉の超克』(河出書房新社、一九八六年)では、「〈花〉とは、徹底した観客中心主義を前提として、観客の心の動きに演能者が対応する、観客と演能者との間の動的な関係を通して求められる世界であった」とする。本書では、この「観客中心主義」の観客に、絶対の見の宿りとしての意味を見出し、その見に貫かれそこへ向かいゆくものとしての、能の動的構造を明らかにするものである。

(15)　芳澤鶴彦「離見の見」(『武蔵野女子大学紀要』二九号、一九九四年)では、「離見の見」とそこにおいて生じる「感」との関わりを論じている。

(16)　『世阿弥　禅竹』頭注。

(17)　西尾実『中世的なものとその展開』(岩波書店、一九六一年)では、「正位」が禅でいう「正偏五位」の「正位」にあたり、「絶対の立場に立つことである」と指摘している。

(18)　小島順子「『花鏡』芸論考(二)——続「かん(感・勘)」について」(『星美学園短期大学研究論叢』二九号、一九九七年)では、「瑞風」を説明して、「「瑞」とは「天から下るしるし」「めでたいしるし」などの意味を持つ言葉であるから、「瑞風」とは天性のめでたい風体、または芸風と解釈するのが妥当である」としている。

(19)　鈴木文孝「世阿弥の「離見の見」」(『愛知教育大学研究報告』(人文科学編)第二十八輯、一九七九年)では、「離見の見」の本質が「無心の感」にあると述べており、首肯される。氏は「蓋し、「存在」という、凡ての「現存在」に共通の存在論的基盤があればこそ、「離見の見」も成立可能であるのである。「離見の見」は、「存在」という、人間存在にとって本源的な共人間的基盤へ向かっての、美的超越である」とするが、本書ではこれを大筋において継承しつつ、そのいわゆる「美的超越」が、演者の身体を通していかに行われ得るのかということを、「無心の感」という言葉が持つ否定性に注目しつつ、「花と自己変容」という構造の中で考察したものである。

なお、松本孝造「世阿弥の方法――「離見の見」とその能芸意識をめぐって」(『国語国文』三十九巻・四号、一九七〇年)では、「離見」と「無心」「妙」との関係を考察した上で、その思考法が為兼歌論や正徹の連歌論など、中世の文芸論に共通したものであることを指摘している。

(20) 西平直『世阿弥の稽古哲学』(東京大学出版会、二〇〇九年)では、「世阿弥は無心において生じる問題を、無心の問題としては語ら」ず、「離見の見」、「見所同心」、あるいは「有主風」の問題として語」っており、「その意味で無心は多様な「動詞」の交差点なのである」と指摘する。そのうえで、「無心」において生じている動きについて「離れる」「生じる」「(「一心」で表されるような)新たな心の働き」とともに「(何かが)顕れる」という事態について論じ、無心においては「もはや演者の意識作用ではない。何らか超越なるものが到来する。何ものかが演者を通して顕れる(現成する・顕現する)。」と述べる。西平はさらに、「世阿弥はその「何ものか」に特定の名前をつけることはなかった」としながらも、その超越的実在を語った場面として、『五位』の一節「妙とは、有無を離れて、有無に亙る。無の体、見風に顕はる」を挙げる。

本書では、「世阿弥が「何ものか」に特定の名前をつけることはなかった」という西平の指摘に賛同しつつ、世阿弥が能楽論を通じて見据えていた根源なるものを思索していくため、世阿弥が能楽論で繰り返し言及した「妙」を「根源なるもの・無限なるもの」の呼び名として論を展開している。もとより、「妙」、根源なるものは名づけ得ないもの、人知では把捉し得ないものであり、名づけ得ないものに名を与えているという矛盾があることは言うまでもない。世阿弥は根源なるものをあるいは「天」、あるいは「如来」と称しており、さまざまな異なる呼称の先に、自らの心・態を成り立たせている根拠を見つめていたものと考えられる。

(21) 「妙」を「言語道断(もしくは「言語を絶て」)」「心行所滅」と定義する記述は『遊楽習道風見』以外『五位』『九位』『六義』『拾玉得花』に見られ、「妙」が人知で把捉できないものであるとの説明が、世阿弥の能楽論において重要なものであったことが窺える。出典とされる『天台妙釈』は現存せず、『世阿弥 禅竹』補注には、「『摩訶止観』五の「言語道断、心行所滅、故名二不可思議境一」と、『妙法蓮華経』の「妙」とをつないだ文句のようであり、天台系の書に出ていそうな文句ではある」と説明されている。

(22) 筒井佐和子「世阿弥伝書における「無心」——『花鏡』『拾玉得花』を中心として」(『美学』一五六号、一九八九年)では、「妙」という言葉の考察から、「彼の考える「最高・最上」が「言表不能」なものであることが見てとれよう。」と指摘している。

(23) 山崎正和「変身の美学——世阿弥の芸術論」(日本の名著10『世阿弥』中央公論社、一九六九年)では、世阿弥が求めたものが「人間の変身の自由」であるとし、「演戯者みずからの自意識を捨て去ること」が演者の自由に繋がるとして、「離見」をその自意識からの脱却の方法とする立場で論じている。

(24) 『世阿弥　禅竹』頭注。

(25) この点について、観世寿夫「幽玄な美と芸」(『観世寿夫著作集一』平凡社、一九八〇年)では、「たとえば有名な『離見《りけん》の見《けん》』ということばについても、『花鏡』『至花道』『遊学習道風見』『九位』『六義《りくぎ》』等に散見されるが、そのそれぞれで、字句の上での内容が異なっていて、統一的に理解するには矛盾があるとされている。だが、実際に舞台に立って演じる者の観点からこれらを読んだ場合には、観客と演者とが共存せねばならぬ舞台芸術のもっとも切実で困難な問題を、さまざまな角度から追求したみごとな理論として、根底としては一貫した内容と受け取れるように思う」とある。

第三章　花の成就と自己変容

第一節　根源の受動性と「成就」

一　花の二つの位相

第一章第二節「能の成立と「序破急」」において見たように、能のあるべき姿を表した言葉には、「花」の他に「面白」、「無心の感」、「妙」などがある。これらの言葉は、大方の解釈では低位から上位への段階を示すものとして捉えられているが、むしろ、ある同一の「語り得ざるもの」、「無限なるもの」をそれぞれの仕方で指し示しているものと考えられる。すなわち、具体的な態が現出してきたとき、それら有限なものがどのように無限なるものに関わりゆくのか、という観点ないし説明方式の差異によって、それぞれの言葉が異なる意味合いを担ってくるのだ。

たとえば、「妙」と「無心の感」は、どちらも「言語絶」したものとして「面白」、「花」に先立つと語られているが、これらは、能の端緒が人の言語的把握をどこまでも超えた不可知なるものに晒されている、という面を強調した表現であろう。他方、「花」という言葉は、心が可変性と時間性を担いつつ、無限なるものへと披かれゆくとき、諸々の態が心を紐帯として生命を得てくる、その「全体として一なる姿」を表していると思われる。

では、能の完成した姿たる「まことの花」は、どこに、いかなる形で現出するのであろうか。こう問うとき注意しなければならないのは、以下に示すように、花という言葉が常に両義性を担っているということである。すなわち、一方で、花とはある無限なるものが、それに披かれゆく心に宿り、諸々の態として現出したものであって、そこには根源の働きに貫かれたということの確かさがある。そのことを、世阿弥は「成就」という言葉で表したのだ。

『風姿花伝』ではまず、

抑《そもそも》、一切は、陰陽《いんやう》の和《くわ》する所の堺《さかひ》を、成就とは知るべし。（中略）陽気の時分に陰気を生ずる事、陰陽和する心也。これ、能のよく出《い》で来《く》る成就の始め也。これ、面白しと見る心也。（『風姿花伝』二八—二九訳前出）

とある。これによれば、あらゆる事象の根源に「陰陽」二つの気のはたらきがあり、それらが調和したとき、「一切」が姿を現す、つまり「成就」する、という。そして、能が「よく出で来ること」、すなわち能の「成就」（完成）も陰陽という根源的な力に支えられているという。

また、『拾玉得花』では、この「成就」の意味合いが詳しく述べられている。そして当然ながら、それはものが現出してくる基本構造たる「序破急」（第一章参照）との関係において説かれているのであった(1)。まず、

問。一切万道《いつさいばんだう》、成就云《じやうじゆいふ》。是《これ》は、たゞ自面《じめん》のごとくか。又深義有《しんぎある》か。故如何《ゆゑいかん》。（『拾玉得花』一九〇）

（問。あらゆる道において成就ということが言われる。これは単に文字通りの意味だろうか。それとも深い意味があるのだろうか。深い意味があるとすれば、それは何故だろうか。）

という問いに対して、次のような答えが述べられる。

答《こたふ》。成就とは「成《な》り就《つ》く」也。然《しかれ》ば、当道においては、是《これ》も面白き心かと見えたり。この成就、序破急に当《あたれ》り。故如何《ゆゑいかん》となれば、「成り就く」は落居《らつきよ》なり。落居なくては、心々成就あるべからず。見風成就する、面《おも》白切《しろきせつ》也。序破急流連《りうれん》は成就也。（同一九〇）

（答。成就とは「成り就く」ということである。とすれば、能の道において、〔先の記述で、「妙」「面白」「珍しき」と「花」が同根源的なものであると説明したように、〕成就もまた「面白き」ということかと思われる。この成就はちょうど「序破急」と同じ事態を指し示している。なぜかと言えば、「成り就く」とは落居する、すなわちある物事が定まり完結することである。その落居がなくてはその都度その都度の心に成就が起こるはずもない。演技が成就するその瞬間が、見るものの心に瑞風が宿りある完結が生じる瞬間、すなわち「面白き」が、生じる瞬間なのだ。このように、序破急が正しく「よきもの」として顕現してくることが成就なのである。）

ここに見て取られるように、「序破急」が「流連」と流れるように、すなわち秩序正しく成立することこそが「成就」なのだ。ここで第一章の叙述を思い起こせば、「序破急」とは、「能の成立の機微」を表したものであった。すなわち「序」とは、根源なるものとの確かな出会いに貫かれた端緒である。次に「破」とは、演者が、そこからの働きかけを心で受け止めた限りにおいて、舞台上に諸々の「よき態」を顕現させることであろう。そして「急」とは、演者が目指しゆくべき終極、すなわち完全な一性が、いわば同時的に何らかの形で宿っていることである。ここでは、その「成就」が「落居」という性質をもつものであることが強調されている。これはつまり、この世に諸々の態が顕現し、「花」が開花するとき、そこには無限なる「妙」の力を何ほどか宿し得たという「充実・完成」が見出されることを示していよう。

この間の事情を具体的に見るならば、一日の演能において、「番数《ばんかず》満ちて、諸人一同の褒美を得る」（同一九二）のは、その一日の序破急の「成就」であった。さらにはまた、「其番数《そのばんかず》の次第〲、一番づつ」（同）の能の内にも序破急成就があり、さらには「一舞《いちぶ》・一音《いちおん》の内にも」（同）序破急成就があるという。そうしたその都度の態の「成就」（完成）あってこそ、見る者に「面白さ」を感じさせもしよう。それゆえ世阿弥は、いみじくも言う。「ただ、万曲《ばんきよく》の面白さは、序破急成就の故と知《しる》べし」（同一九二）と。

ところで他方、この世の個々の態はどこまでも限定されたものである以上、無限なるものを十全に宿した、いわゆる「まことの花」は、この現実の世ではあり得まい。つまり、現実の「花」には、根源的なものに出会い、それを宿したという「完成」の側面があると同時に、無限なるものとの断絶から来る「欠如」の側面を抱えざるを得ないのだ。

従って、われわれにとって具体的な花とは、その都度一つの完成・成就を示しつつも、さらに上の境地を目指して披かれゆくのだ。そして、かく心が披かれゆく度合いに応じて、現にある花はその都度絶えず変容してゆくべきものとなる。その意味では、舞台上の花とは、常に「花の変容」という姿でもって、己れ自身の否定を介して、いわば逆説的な仕方で現出してくるものと考えられよう。ちなみに、そのことが、同じく『拾玉得花』では次のように説明されている。

荘子云《そうじにいはく》、「鴨《かも》の脛《はぎ》短くとも、次《つ》がば憂へなん。鶴の脛《はぎ》長くとも、切らば悲しみなん」云《といふ》。長短・大小、平同《へいとう》にして、おの〳〵序破急同《おなじ》。此意《このこころ》を所得《しよどく》せば、我意《がい》も序破急成就なるべし。同《おなじく》、我《わ》が曲風の是非をも、分《ふん》明《みやう》に知るべし。しからば、是《ぜ》は相足《さうそく》、非《ひ》を知《しり》て是《これ》を去らば、一芸無上の堪能なるべし。（同）

（『荘子』に、「鴨の足は短いけれど、継ぎ足してやれば嫌がるに違いない。鶴の足は長いけれど、切って短くしてやれば悲しむに違いない」と言っている。長いのも短いのも、大きいのも小さいのも、みな平等に調和を保っており、それぞれに序破急を成就している点では同様なのである。この道理を悟得すれば、「妙」の働きを受け止めた己れ自身の心の序破急も成就するであろうし、同時に、自分の芸風の善悪をも明確に自覚できよう。そうなれば、長所はいっそう充実し、短所は深く思い知ってこれを除き去るようになり、一道における無上の堪能となり得るであろう。）

これによれば、現実の舞台で「序破急」が「流連」し、「花」が成立してくるためには、「非を知《しり》て是を去る」という、厳しい自己否定が必要なのであった。

以上のように、「序破急」というものは、きわめて含蓄のあるものとして捉えられている。すなわち、そこにおける全体としての秩序（調和）は、個々の態のそれぞれ固定した把握を突き抜けており、著しく動的かつ全一的な構造を有していると考えられよう。

二　花と種

以上のことに密接に呼応するものとして、「花は心、種は態なるべし」という有名なくだりの意味するところを見定めておこう。これは、『風姿花伝』第三問答条々の、最後に位置する条に見られる表現であり、「能に花を知る事、（中略）是、いかにとして心得べきや」（『風姿花伝』三六）という、まさに世阿弥能楽論の根幹に関わる問いに答える形で語りだされてきたものであった。

先《まづ》、七歳よりこのかた、年来稽古の条々、物まねの品々を、能々《よくよく》心中にあて、分《わか》ち覚えて、能を尽くし、工夫を極めて後、この花の失せぬ所をば知るべし。この物数を極むる心、則《すなはち》花の種なるべし。されば、花を知らんと思はゞ、先《まづ》種を知るべし。花は心、種は態なるべし。（『風姿花伝』三六―三七）

（まず、七歳から始まる一生涯の稽古の数々や、種々の物まねを、よくよく分別して心に刻みつけ、態の稽古をし尽くし、それを生かす工夫をし尽くした後に、「花」が失せぬということ、すなわち「まことの花」の意味を思い知るであろう。この態の数々を極め尽くす心こそが、そのまま花の種であるはずだ。つまり、花を知ろうと思うのならば、それ以前に種を知らなければならない。これがすなわち、「花は心、種は態」だ、ということであろう。）

普通、この表現は「心の工夫によって花が咲く」というふうに解釈されている。(2) しかし、この文章の少し前に、「まことの花は、咲く道理も散る道理も、心のまゝなるべし」（同三六）とある。してみれば、「花は心」とはむしろ、後に述べるように、「花の開花そのものが心の本義である」と解すべきではあるまいか。その表現は、心の工夫を手段として花を咲かせるという意味以上の、花と心との本質的な関わりを語り出していると思われる。

とすれば、「花は心、種は態なるべし」とは、まずは「諸々の態が素材・場となって、心そのものが生き生きとした生命を生きる、それこそが花である」という意味になろう。また、「この物数を極むる心、則花の種なるべし」という表現と併せ考えれば、そこには演者の心の自己超越的かつ自己還帰的構造が浮かび上がってくる。それは、仮に図式化すれば次のようになるであろう。

心（原初の「花」・根源との出会いの心）→諸々の態（多様なる形としての種）→心（心の、つまり「一なる花」の開花）

それゆえ、「妙」の働きに何らかの形でまみえ、貫かれた心が、われわれにとって、諸々の態に先行するのである。これは、むろん、序破急の構造に密接に関わっている。とすれば、右の図はそのまま、舞台における「根拠たるものの展開・顕現の構造」であると言えよう。

これを、単に心の工夫が花を生む、とのみ解するのは、心の自己還帰的性格をやや平板に捉えることになろう。なぜなら、「妙」が「花」として（それを世阿弥は「妙花」という緊張をはらんだ表現でもって表すが）展開するとき、時間性を自ずと有した動的な構造が存しているからである。

もとより、すでに述べたように、「根拠たるもの」「無限なるもの」は、「それ自体としては」（実体としては）この世には決して完結したもの（まことの花）としては現れない。しかしそれは、現存の「働きとしては」、万物を存立させ、またすべての態に漲っている。言い方を変えれば、そのことなくしては、眼前の一つの態も、またわずかの「花」の現出もあり得ないのであろう。

とすれば、「花は心」という際の花とは、正確にはその時々の開花、「時分の花」ということになろう。もちろんそれは、「いま・ここ」なる現実の場に確かに現出したものである、しかしそれゆえにこそ、現に花開いたその「時分の花」は、それを根底で支え成り立たせている「妙花」の働きを遥かに指し示し、そのしるし・象徴となっているのだ。

このように、演者（そしてわれわれ）にとって、すなわち演者と観客にとって、「花」はその都度確かな現出でありつつ、無限なる「妙」を絶えず志向しゆくという意味で、常に途上のものなのだ。その変容する姿は、一見不確かなものに見えて、実は可変的なこの世で永遠なるものに与りゆく唯一の在り方なのであった。逆に、この「時分の花」を無理に完結した姿と思いなせば、永遠の命から切り離された虚しいものとなるであろう。逆説的表現を用いるならば、花は、そして演者自身は、己れを無みしゆくことによって、初めて己れたり得るという性格を持つのだ。

ここにおいて能の探究は、「心（人間）の持つ可能性の探究」そしてつまり「自己変容による開花についての探究」と重なり合うことになろう。極言すれば、能とは心であり、人間そのものなのだ。そして諸々の態は、人の為すさまざまな行為（それぞれの生の形）に重なる。そこにあって「花」という「生き生きとした心と態との総合の姿」は、「花の自己変容」として現出してくるであろう。

第二節　不断の否定性と超越

一　住劫《ぢゅうこふ》を嫌ふ

さて、現実の花がこうした両義的性格を持つ以上、その成立を目指す演者の在り方は、「有限な態を完結したものと看做してしまう心をしも、絶えず否定してゆく」という道を取るほかないであろう。

そのことを裏づけるかのように、世阿弥はあらゆる箇所で、心の停滞、慢心を厳しく戒めている。たとえば『風姿花伝』では、他の演者の悪い点を見たとき、それを自らを省みる糧としない者を批判して、

「我はあれ体《てい》に悪《わろ》き所をばすまじき物を」と慢心《まんじん》あらば、我《わが》よき所をも、真実《しんじち》知らぬ為手なるべし。（『風姿花伝』三三）

（「自分ならあんな具合にまずくはしないがな」などと慢心するようでは、自分の優れた点をも、真に知ることのない演者に相違あるまい。）

という。慢心ある者は、いわば根源（まことの花）からの呼びかけに絶えず心を披くことがない。「新たな態を選び取ってゆくことにこそよき所がある」ということを思い知ることがないのだ。

こうした「花」の成立を目指しての、否定を介した上昇の道行きを最も端的に示しているのが、『花鏡』の「住劫を嫌ふ」という表現である。(3)

よき事をも忘れじ〳〵とする程に、少々《すくなすくな》と、よき風情《ふぜい》のこくなる所を覚えねば、悪《わる》き劫《こふ》になる也。これを住劫《ぢゆうこふ》と嫌ふなり。（『花鏡』九九）

（よい芸でも、「忘れまい忘れまい」と心がけているうちに、せっかくのよい演技が少しずつあくどくなることに気がつかないから、かえって悪い年功になってゆく。それを、住劫――停滞するがゆえの悪しき劫――といって嫌うのである。）

ここで語られる「よき」「悪き」の別については、「本来ヨリヨキ・悪《あ》シキトハ、ナニヲ以《も》テ定ムベキヤ。タヾ、時ニヨリテ、用足ル物ヲバヨキ物トシ、用足ラヌヲ悪シキ物トス」（『風姿花伝』六四）ともあった。態は、無限なるものとしての妙所が何ほどか宿った、いわば「時の充実」という仕方において「よき」ものとなる。だが、その「時の充実」とは、完結し停止してしまうものではあり得ず、絶えざる自己凝視と自己否定とを通して辛うじて現前してくるものであろう。とすれば、「今自分はよき態をなした、花を完全に体現した」などと慢心し、限りある個々の態に執着することこそが「住劫」であり、それはまことの花の成立を妨げるものとなる。このことに関しては、また次のようにも言われる。

少々《すくなすくな》と悪《あ》しき事の去るを、よき劫とす。よき劫の別に積もるにはあらず。（『花鏡』九九）

（少しずつ悪いところがなくなるのを、よき年功というのである。「よき」というのが別に存在し、それが積み重なってゆくわけではない。）

すなわち、まことの花への道行きは、直接的に「よき」に到達してしまうという仕方では成り立ち得ない。なぜなら、「よき」とは、決していたずらに対象化され得ぬものだからである。「能モ、住《ぢゆう》スル所ナキヲ、マヅ花ト知ルベシ」（『風姿花伝』五五）と言われるゆえんである。かくして、まことの花とは、己れの態と力に執し閉じこもる心を絶えず否定し、一つ一つの態において、「少々と」、これを無みしゆくという姿として、何ほどか間接的に生起してゆくほかないものであろう。

二　能を知る

舞台上において「花」が成立するには、このように為手の絶えざる自己否定・自己超越の絶えざる道行きが不可欠であった。このことは、「能を知る」ということの内実にも密接に関わってくる。

この点、『花鏡』奥《おくの》段では、次のように言われる。

凡《およそ》、此《この》一巻、条々、已上《ゐじやう》。この外《ほか》の習事《ならひごと》あるべからず。たゞ、能を知るより外の事なし。能を知る理《ことわり》をわきまへずば、此《この》条々もいたづら事なるべし。（『花鏡』一〇六）

（およそ、この『花鏡』一巻は、以上で各論を終わる。この外には別に私から習うべきことはないはずだ。要するに、「能を知る」ことが本書の主題であり、それ以外の目的は何もない。「能を知る」という根本の道理を理解しなければ、本書の教えもすべて無意味であろう。）

これまで述べてきたさまざまな習道上の心得も、「能を知る」ということがなければ、「いたづら事」になる、という。ここに、「能を知る」とは、諸々の条目、個別の対象物の差異性を分かち知る通常の知とは何か位相を異にするものであることが窺えよう。
そして、能を知るためには、まずその道に専心することが肝要であると説く。

まことに〳〵、能を知らんと思はゞ、先《まづ》、諸道・諸事をうち置きて、当芸ばかりに入《いり》ふして、連続に習ひ極めて、劫を積む所にて、をのづから心に浮かぶ時、是を知るべし。（同）
（真実、能を知りたいと思うのならば、まず、専門以外のあらゆる芸道や諸々の些事をすべて投げ打ち、専門である能の芸のみに没入し、順序正しく、たゆまず稽古し、修行の年功を積むべきであり、その結果、自然に心に何ものかが宿る、その時はじめて「能を知る」ことができるであろう。）

為手自身は、究極のただ一つの道たる「能」を選び取り、しかも具体的な個々の態・修行の成就を目指してその道に「入ふ」してゆく。そうした「いま・ここなる」現実の態を重んじることが、「能を知る」ことのまずは第一の要件であった。では、そのように個々の態が、確かな命あるものとして現成するためのよりどころはどこにあるのだろうか。世阿弥はそれを「師への信」、すなわち師に宿りきたった無限なるものへの信に置いた。先の文に続け、世阿弥は次のように言う。

先《まづ》、師の云事を深く信じて、心中に持つべし。師の云《いふ》と者《は》、此一巻の条々を、能々覚《よくよくかく》して、定心《ぢやうしん》に覚《おぼえ》て、さて能の当座に至る時、其条々をいたし心みて、其徳あらば、げにもと尊《たうと》みて、いよ〳〵道を崇《あが》めて、年来の劫を積むを、能を智《しる》大用とする也。一切芸道に、習々《ならひならひ》、覚《かく》し〱て、さて行道《おこなふみち》あるべし。中楽《さるがく》も、習覚《ならひかく》して、さて其条々をことごとく行うべし。（同）

（まず、師の教えを深く信じ、常に心中に留めておかなくてはならない。師の教えとは、とりもなおさずこの『花鏡』一巻のことであり、それをよくよく習い覚え、心にいつも刻みつけておき、さて実際に能を演じる際に、その数々の教えを実行し、試してみて、もしもその功徳があったなら、「なるほど」と師を尊んで、いっそう道の伝統を尊敬し、多年にわたる修行の年功を積むのが、「能を知る」ために最も大切なことなのである。一切の芸道において、習い学ぶことを反復した後に、それを実行するという過程があるはずだが、猿楽の演者もまた、まず師の教えを習い学び、その後に教えのすべてを実行すべきである。）

「習々《ならひならひ》、覚《かく》し〱」する地道な階梯、「其条々をことごとく行う」という個々の修行には、その根底に、「師の云事を深く信じ」るという「信の契機」が存するのである。ここでいう「信」とは、一般的に理解されているような「己れの存在が確保された上で、多くの宗派の中からかくかくの教義を選び保持する」といった類のものではない。信とはむしろ、「天の岩戸」の記述に象徴されるように、心がいわば「妙」の根源的働きに貫かれ、自らに刻印された姿そのものであろう。そうした信は、己れの固定した存在がひとたび突破され無にさらされるような経験でもあろう。が、そうであればこそ、信はその根源的なるものに向かって自ずと己れを超え出てゆく力ともなるのである。

ちなみにこの「信」に通ずる事態は、『花鏡』「比判之事」にも窺える。そこでは、能の批判の基準を、「見より出て来る能」「聞より出で来る能」、そして「心より出で来る能」の三種に分けて説くが、とくに「心より出て来る能」に触れて、次のように言う。

心《しん》より出来《いでく》る能とは、無上の上手の申楽《さるがく》に、物数《ものかず》の後、二曲も物まねも義理もさしてなき能の、さびくとしたる中《うち》に、なにとやらん感心のある所あり。是《これ》を、冷《ひえ》たる曲とも申《まうす》也。此《この》位、よきほどの目利《めきき》も見知らぬなり。まして、ゐ中目利などは、思ひも寄るまじきなり。是はたゞ、無上の上手の得たる瑞風かと覚えたり。これを、心《しん》より出来《いでく》る能とも云《いひ》、無心の能とも、又は無文の能とも申《まうす》也。（同一〇三）

（〔第三の〕「心より出で来る能」というのは、無上の上手が演じる猿楽において、幾番かの能を演じた後に、舞歌二曲の面白さも、細かな物まねも、筋の面白さもたいしてない能を演じ、物さびた趣の中に、なんとなく人の心を動かすものがある、そういった芸のことである。これを「冷えたる曲」ともいう。こうした芸位は、よほど目が利く観客でも見て「これだ」と気づくのは困難であるし、まして田舎目利きなどは、想像もできない境地であろう。これはただただ、無上の上手だけが体得している、「妙」の働きが顕れた風体かと思われる。このような、人の心を打って成功する能を、「心より出で来る能」とも言い、「無心の能」とも、または「無文の能」とも言うのである。）

これは見・聞に訴える、さまざまな態の優れた点を述べた後で語られた文章である。興味深いことに、心より出で来る能とは、「よきほどの目利も見知らぬ」、個々の認識を踏み越えた、「なにとやらん感心のある」ものだという。そして、これこそが、「無上の上手が得たる瑞風」すなわち根源からの働きかけをいっぱいに受けた能だとされるのだ。

この、瑞風に貫かれた心（驚き）と「そのものに出会った」「歓喜」とから生じる態が、おそらくは「心より出来る能」なのである。そしてそのときの心は、決してすでに完成した自明のものではなく、むしろ己れの常識や執着を限りなく放下し、根源の働きを宿すべく心を無みしゆく、「無心」という動的な形をとるであろう。おそらくは、そのときに現れ出る能こそが、「無心の能」なのであった。

こうしてみれば、「能を知る」とは、究極的には、個々の対象物を把握し分別するという位相を踏み越え、ついには何か神秘に満ちた「不知の境」に接してくるものであることが窺えよう。そして、いま一度強調するならば、不知の境に自らを差し出してゆくということは、具体的な在り方としては、これが生み出した個々の態とそれに対する知とを、絶えず捨て去ってゆくという、自己否定の道を媒介として取らざるを得ないのであった。そのことは、「比判之事」の末尾の文に端的に示されている。

出来庭《できば》を忘れて能を見よ。能を忘れて為手を見よ。為手を忘れて心を見よ。心を忘れて能を智《し》れ。(4)（同一〇四）

（上手くいった舞台のありようを忘れて、そこで演じられる態の総体を見よ。態の総体を忘れてそれを統べる演者そのものの姿を見よ。演者の姿を忘れてその無限なる力を受け止め得る「心」というものを見よ。そしてその「心」を忘れて能とは何かを知れ。）

ここで、「出来庭《できば》」は具体的な舞台上の成功の姿、「能」はそこで演じられる態の総体、そして為手はそれらを統べる中心への収斂と捉えられよう。ここまでは肉眼でもって見ることのできるものである。さらには、そこに漲る見えざる心にこそ潜心すべきであるというのである。しかしさらに、その見えるもの、見えざるもの（一へと関わるもの・思惟的なもの）のいずれをも突破して、不知の境へと心を抜くべし、という。それこそが、「心を忘れて能を智れ」ということの意味であろう。同じく『花鏡』「音習道之事」に「声を忘れて曲を知れ。曲を忘れて調子を知れ。調子を忘れて拍子を知れ」（同）とある。それもまた、個々の対象知を無みしゆくことの重要性をくり返し述べたものといえよう。

思えば、世阿弥の最初の著作である『風姿花伝』にも、己れの有限性を自覚し、慢心を戒めることが、能を知ることにとって不可欠であることは度々強調されていた。

さやうの上手はことに我身《わがみ》を知るべければ、猶々《なほなほ》脇の為手をたしなみ、さのみに身を砕きて難《なん》の見ゆべき能をばすまじきなり。かやうに我身を知る心、得たる人の心なるべし。（『風姿花伝』一九）

（そうした上手は、ことさら自分自身の限界を知っているはずであるから、人一倍良い若手の為手のことを心がけ、はげしく身を動かして自分の欠点が見えてしまうような能は演じないものである。このように、自分の身の限界を知る心がけが、道に達した人の心だと言えよう。）

能を知りたる為手は、我が手柄《てがら》の足らぬ所をも知るゆへに、大事の能に、かなはぬ事をば斟酌《しんしやく》して、得たる風体《ふうてい》ばかりを先立《さきだ》てゝ、仕立《したて》よければ、見所《けんじよ》の褒美かならずあるべし。（同五四）

（能を真実知っている演者は、自分の腕前のどこが不足であるかをも十分に自覚しているから、重大な能の際には、自分のできない芸はさし控え、得意とする芸ばかりを表に立て、能全体の組み立てが巧みなので、必ずや観客の賞讃を受けるであろう。）

のごとくである。そしてまた、晩年に書かれた『却来華』（永享五（一四三三）年奥書）においても、最期《さいご》近く成《なり》し時分、能々《よくよく》得法して、無用の事をばせぬよし申《まうし》ける也。無用の事をせぬと知る心、すなはち能の得法也。（『却来華』二四七）

（〔長子元雅は、〕死の直前の頃になって、よく能の真髄を会得し、「無用のことはしないものだ」と申していた。この、「無用のことをしない」ということを知る心の在り方こそが、「能を知る」ということなのである。）

このように、己れの一旦得た態を削ぎ落とし削ぎ落としてゆくことが秘伝として説かれる。世阿弥の能楽論は、初めから晩年に至るまで、かくも厳しい否定の調べに貫かれているのである。

第三節　態の全一性と心

一　万能綰一心《まんのうをいつしんにつなぐ》

かくして、「妙」からの働きかけに呼応しこれを無みしてゆく心にあって、個々の態はそれぞれ別個に切り離されたものとしてあるのではない。かえってそれらは、相互に連なりを持ちつつ、全体として「花を宿す素材・器として」生かし直されてくるのだ。言い換えれば、そうした無心の感と切り離された態は、たとい一時的に世に迎えられることがあろうと、結局は花なきもの、命なきものとなるであろう。このことを最も鮮やかに示すのが、これまでもたびたび言及してきた『花鏡』の「万能綰一心事《まんのうをいつしんにつなぐこと》」である。

それによれば、「舞を舞い止《や》む隙《ひま》、音曲《おんぎょく》を謡《うた》ひ止《や》む所、その外、言葉・物まね、あらゆる品々の隙々《ひまひま》」（『花鏡』一〇〇）に、油断無く心を繋いでいく結果、目利に「せぬ所が面白き」などと賞賛されることになる。(5) が、問題はその心の在り様である。

かやうなれども、此内心《このないしん》ありと、よそに見えては悪《わる》かるべし。もし見えば、それは態《わざ》になるべし。せぬにてはあるべからず。無心の位にて、我心《わがこころ》をわれにも隠す安心にて、せぬ隙《ひま》の前後を縄《つな》ぐべし。是則《これすなはち》、万能《まんのう》を一心にて縄《つな》ぐ感力《かんりき》也。（同）

（しかしながら、そうした奥底の心づかいがあると、観客に知られてはならない。もしそうだと見知られるような演技であるならば、それはすでに閉じられた有限な態の一つになり、〔固定的な態を超えたところの〕「せぬ」ではなくなってしまうだろう。無心の境地になり、自分の心に自分にも隠すほどの深い内心での工夫によって、何ものをも無みしている、その「せぬ」ところの前後にある態をつなぐべきである。これがすなわち、すべての態を一心でつなぐということで、内心の感の効果なのだ。）

ここにとりわけ注目すべきは、万能をつなぐ心というものが、実は「無心の位」としての心であるということである。「よそに見せるな」とは、自分だけが知っていて他に知らせせないなどということではない。「無心の位」すなわち「我心をわれにも隠す」境位とは、有限な態に、そして己れ自身に執着しがちな心を否定しつつ、不可知なる無限なものに己れを委ねてゆく姿を表しているであろう。それは、天の岩戸に象徴される「根拠との出会いと驚き」に心を披いてゆくことでもあった。

それゆえ、そうした根源の驚きも葛藤もなく、「住劫」を無みしてゆくことのない態は、根拠から切り離され、死んだものとなってしまう。このことを世阿弥は、あやつりの糸に吊られた人形にたとえ、「此《この》糸切れん時は落ち崩《くず》れなんとの心也」（同）と語る(6)。こうした負の可能性を「少々《すくなすくな》と」（同九九）否定しつつ、無限なるものに心を委ねてゆくことによって、すなわち「心を糸にして」「万能を綰ぐ」ことを介して、はじめて「能の命あるべし」という。そこにおいてこそ、まことの花が現成してくるのである(7)。

ともあれ、以上見てきたように、無限なるものへとその都度披かれゆくものとして花を捉えることは、むろん個々の態の軽視を意味しない。世阿弥はむしろ、絶えず無に晒され超越的なものに披かれゆくような「花の成立」の機微を問うている。そのことを通して、眼前の一つの態の成立にも、どれだけ根源的なものの息吹が宿っているかを凝視している。そして、その驚きを絶えず演じ抜き、言葉に刻んでいったのだ。そのことは、『風姿花伝』で語られる「年々去来の花」という事態に如実に現れている。それは次のように語られる。

年々去来トハ、幼ナカリシ時ノヨソヲイ、初心ノ時分ノ態、手盛《てざか》リノ振舞《ふるまひ》、年寄リテノ風体、コノ、時分時分ノ、ヲノレト身ニアリシ風体ヲ、ミナ当芸ニ一度ニ持ツコトナリ。（『風姿花伝』五九）
（「年々去来」とは、幼少の頃の姿態や、初心だった青年の頃の態、芸に脂の乗っている壮年期の演技、年をとってからの芸風など、各時期ごとに、自然に身についていった年齢相当の芸を、現在の自己の芸に全部備えて持っていることである。）

しかしそれにしても、これまでに為した態を一度に持つとは、いかなる事態を指すのか。それはむろん、一旦成し得た態に執着し、その芸位に留まるということではあり得まい。そのような在り方は、「よき事をも忘れじ〳〵とする程に、少々《すくなすくな》と、よき風情のこくなる所を覚えねば、悪《わる》き劫になる也。これを、住劫と嫌ふなり」（『花鏡』九九）として、厳しく戒められるところであった。

いま一度確認するならば、現実の舞台に現出してきた態は、それがどれだけ優れたものであっても、有限なものである以上、無限なる「妙」の完全な宿りではあり得ない。とすれば、到達し得た態、芸位に甘んじ慢心することなく、絶えず新たな態を選び取っていかなければならない。

ただ、肝心な点は、演者が捨て去らなければならないものとは、「ひとたび為したよき態」そのものではなく、「そのよき態を完全なものとして執着するわれわれ自身の心」なのだ。とすればおそらく、そうした「無心」の位を保ち続けることによって、今度は逆に、それまで現出させてきたあらゆる態が、根源的なものを宿し得る「器・素材」として、演者の「一心」において新たに甦りゆくという事態が生じてくるであろう。

言い換えれば、演者が己れの為してきた一つ一つの態を思い、そこに宿り来たっている無限なるものに心を委ねるならば、それは決して過去のものとはならず、瑞風の宿りたる「花」がその都度新たに開花してくるのであろう。この点、世阿弥はいみじくも次のように述べている。「過ギシ風体ヲシ捨テ〳〵忘ル、コト、ヒタスラ花ノ種ヲ失フナルベシ。ソノ時々ニアリシ花ノマ、ニテ、種ナケレバ、手折《たを》レル枝ノ花ノゴトシ。種アラバ、年々時々ノ頃ニ、ナドカ逢ハザラン」（『風姿花伝』六〇）。このようなとき、演者が生きる「時間」とは、通常考えられている、過去から未来に流れゆく一本の帯のようなものではない。かえって、そこに現出しているのは、すべての「時分の花」が「いま・ここなる」演者の「一心」に収斂され、無限なるものへと向かいゆくような時間、すなわち「永遠」に何ほどか与りゆくような「時間」であると言えよう。(8)

世阿弥の捉えていた「態」とは、「永遠を宿し得るもの」として、かくも驚きに満ちたものであった。とすれば、そうした原初的な驚きに自ら立会い、目の前の演者の態・身体を限りない謎を秘めたものとして受け止めるとき、はじめてわれわれも、態・心へのありきたりの理解を超えて、古人の指し示す「花の絶えざる成就と変容の道」に多少とも与ってゆくことができると考えられよう。

二　秘すれば花

かくして、まことの花の成立の根底には、次の三つの契機が存する。

（ｉ）根源なるものと出会った確かさという「徹底した受動性」。

（ii）己れをよしとする我執を無みしてゆく「絶えざる否定性」。

（iii）そしてその中で生じる、「心を紐帯とした態の全一性」。

右に述べたことを踏まえたとき、世阿弥の言葉として最も人口に膾炙している「秘すれば花」という言葉も、新たな意味を持って甦ってくるであろう。

『風姿花伝』第七別紙口伝で、世阿弥は「秘する花」についてまず次のように述べる。

秘スル花ヲ知ルコト。「秘スレバ花ナリ。秘セズバ花ナルベカラズ」トナリ。コノ分ケ目ヲ知ルコト、肝要ノ花ナリ。（『風姿花伝』六一）

（「秘する花」を知るということ。「花は自他に秘するからこそ花なのである。秘するということがなければ、「花」は成立しない」ということだ。この花になるか否かの境目を知ることが、花の秘訣なのである。）

従来、この「秘すれば花」は、「他の者に花であることを秘してこそ、花たり得るのだ」と解されてきた。(9)しかし、「能を知る」で見たように、世阿弥にとって「何かを知る」とは、究極的には、自己を支え、在らしめている何か無限なる働きに己れを差し出してゆくことを意味した。とすれば、もし為手がある態に関する「知」を一つの限定された所有物のように捉え、「このことは自分は知っているが他人には知らせまい」などと考えるならば、そこに真の花の成立はあり得まい。「秘すれば花」という言葉は、これまで探求してきた、「花とその絶えざる変容」という構造の中で理解しなおす必要があろう。

なお、先の文に続けて、世阿弥は家に伝わる「秘事」というものの本質について語る。

ソモ〱、一サイノ事《じ》、諸道芸《しよだうげい》ニ於《お》イテ、ソノ家々ニ秘事ト申スハ、秘スルニヨリテ大用アルガユヱナリ。シカレバ、秘事トイフコトヲアラハセバ、サセルコトニテモナキモノナリ。コレヲ、「サセルコトニテモナシ」ト言フ人ハ、イマダ秘事トイフコトノ大用ヲ知ラヌガユヱナリ。(同)

(そもそも、世間の一切の諸道・諸芸において、それぞれの専門の家々に秘事と称するものがあるのは、それを秘密にしておくことによって大きな効果があるからである。それゆえ、秘事というものの具体的内容を明らかにしてみると、そうたいしたことではないのが常である。だからといって、それを「たいしたことではない」などという人は、まだ秘事というものの大きな効用を知らぬからそのようなことをいうのである。)

秘事というのは、「秘する」ことによって大きな効用があるのであり、それ自体を「あらはせば」、それはたいした内容ではない。しかし、だからといって、それを「たいしたものではない」と軽視する者は、秘事が持つ大きな意味を理解しないというのだ。ここには、「秘事」、つまりある態なり技能なりに関する知というものが持つ、二つの位相が記されているだろう。

すなわち、ある一つの物事は、あくまで有限なものである以上、不可知なる「妙」の働きを完全には宿し得ない。そしてそれは、次の瞬間には、よりよき態の獲得を目指す為手によって捨て去られるべきものですらある。そうした可変性に、そしてたえざる否定と上昇に晒されている限りにおいて、あらゆる事象は、「させることにてもなきもの」と呼ばれざるを得ない。

しかし他方、為手が無限なるものにどこまでも心を披きゆくときには、その心を紐帯として、あらゆる態が一となって、その「妙」の働きを宿しゆく場とも器ともなるのだ。これこそが「万能を一心に綰ぐ」ということの内実であり、花の成立の機微であった。言い換えれば、一つの足の運び、舞の一さしには、為手がそれまでに為したすべての態が収斂し、しかもまたそれらを通じて目指されてきた終極が、何らかの形で宿り来ってくるのである。

思えば、「能を知る」ということも、個々の態から遠く離れた、何か特別なものを知ることを意味するのではなかった。むしろ「能を知る」とは、個々の態を見据え、真に知りゆくことを通じて、その根底にあって態の成立を支えている何者かを間接的に見つめることに他ならないだろう。とすれば、「秘する」とは、単に「内緒にする、隠す」という意味に留まるものではなく、「一つの態に込められた神秘に深く思いを致す」という意味を担っていると思われる。

以上のことを踏まえれば、次の文で説かれる、観客の「めづらしき感」が起こる契機も理解しやすいだろう。

マヅ、コノ花ノ口伝ニ於キテモ、タヾメヅラシキガ花ゾト皆人《みなひと》知ルナラバ、「サテハメヅラシキコトアルベシ」ト思イ設ケタラン見物衆《しゅ》ノ前ニテハ、タトイメヅラシキコトヲスルトモ、見手《みて》ノ心ニメヅラシキ感ハアルベカラズ。見ル人ノタメ花ゾトモ知ラデコソ、為手ノ花ニハナルベケレ。サレバ、見ル人ハ、タヾ思イノ外ニ面白キ上手トバカリ見テ、コレハ花ゾトモ知ラヌガ、為手ノ花ナリ。サルホドニ、人ノ心ニ思イモ寄ラヌ感ヲ催ス手立《てだて》、コレ花ナリ。（同）

（まず第一に、この花の秘伝の場合も、「要するに珍しさが花なのだ」とみなが知っていては、「きっと何か珍しいことをするだろう」と期待することになり、そうした期待をもっている観客の前では、たとい珍しいことを演じても見る人の心には少しも珍しさは感じられないであろう。観客にとって、花というものがあることを知らずにいてこそ、演者の花となり得るのである。つまり観客は、ただ「意外に面白い上手よ」とばかり感じて、「これは花なのだ」などとは知らずにいてこそ、そのときの芸が演者の花になるのだ。換言すれば、人の心に、予期していないための感動を催さしめるやり方が、花になるのである。）

世阿弥は端的に言う、「花ト、面白キト、メヅラシキト、コレ三ツハ同ジ心ナリ」（同五五）と。今一度強調するなら、花の成立とは、無限なる「妙」の働きかけを心で受け止めたとき、その「瑞風」が演者の身に顕現してくるという事態であった。とすれば、そこで生じる「めづらしき」とは、永遠なるものが「いま・ここに」その姿を現してきたことに対する、瑞々しい驚きを意味しよう。

それゆえ、演者が永遠なるものへの眼差しを忘れ、「秘事」自体を何か完結した自明のものと捉え、演じるときには、その「秘事」は「此糸切れん時は落ち崩れなん」（『花鏡』一〇〇）と言われるごとく、無限なるものから切り離された命なきものになってしまう。また、演者のそうした心の傲りが、観客に「此内心あり」(同)と見えたとき、観客の心にもまた、一つの態・技能がある先入観として植え付けられてしまう。その結果観客は、本来は可変的なものであるべき態を、完結した「めづらしき」ものとして分別してしまうことになる。そのような先入観をもって舞台を見れば、無限なるものの働きかけを受けて、「いま・ここに」態が現れ出て来るという能の成立の機微を、驚きをもって捉えることはできまい。それゆえ、「タトイメヅラシキコトヲスルトモ、「見手ノ心ニメヅラシキ感」は決して生じ得ないのである。

秘事は、己れの完結性を否定することによって秘事たり得る。そのことを深く思い知り、その態を為す己れ自身を絶えず無みしゆく心を介して、為手は初めて、「秘事」を「生涯ノ主ニナル花」(『風姿花伝』六二)へと開花させてゆくことができるであろう。

註

(1)「序破急」に見られる「完成へと成りゆく」という時間把握の在り方については、丹波明「忘れられた思考型――「序破急」と「成る」という概念」(『文学』第1巻・第6号、岩波書店、二〇〇〇年十一―十二月)参照。

(2)「花は心、種は態」には、先行研究に次のような言及がある。

野上豊一郎「世阿弥の花」(『文学』第四巻・第四号、岩波書店、一九三六年)では、「花は心、種は態」を説明して、「技法を自由に操作する心意が「花」を展開させるのであるからその心意は即ち「工夫」の得法であることを意味する」としている。

小林智昭「世阿弥研究――心の論理」(『国語と国文学』第二十九巻第五号、一九五二年)では、「「花は心」の「心」の意味するものが、今更の如く「心に於ける工夫公案」とは限られず、否寧ろ花は、工夫公案の埒外にあるとも考へられ」「劫入りたる為手の自證自得の瑞風が真の花であることを思へば、「心」の語義は当然象徴性を含むものと解すべきであらう」とする。「象徴性」という言葉の指す意味がやや不明確ではあるが、「心」を単なる工夫の意に捉えず、瑞風に貫かれた「不捉の全人的香気」

としている点は注目される。

西尾実「世阿弥における幽玄の美的展開」（『文学』第三十五巻第十二号、岩波書店、一九六七年）では、「花は心、種は態」について、「「花は心」の「心」は「工夫」「公案」などよりも、すなわち心の働きであるよりも、心の質の問題であり、次元の問題である」とし、「「花は心」の「心」は、態の稽古によって鍛えられた位そのものの直接的表現である」とする。同時に、「位」を「仕手の主体的可能力」であると指摘していることを考え併せると、「心」の持つ変容可能性が示唆されており、注目される。

（3）八嶌正治「世阿弥能楽論に於ける年来稽古条々の特質」（『文学』第五十一巻第七号、岩波書店、一九八三年）では、「世阿弥の全生涯を通す原理」として「住せぬ」を挙げており、「この「住せぬ」という思想こそ、世阿弥の思想を躍動的に変えて行った原動力と見てよい」と述べている。

（4）この「忘れて」は、たとえば道元『正法眼蔵』の「仏道をならふといふは、自己をならふ也。自己をならふといふは、自己をわするなり。自己をわする」といふは、万法に証せらるゝなり。」（「現成公案」、本文は岩波文庫による）の「わする」に通じるものがあろう。

なお、小西甚一『塙選書10　能楽論研究』（塙書房、一九六一年）では、「出来場を忘れて……」の件りについて、「以上の論は、けっして、どれかの種類の批評を不要だとしているわけでない。「忘れて」とは、拘泥せずといった程度の意味であり、ほんとうの批評は、それらがすべて総合されたものでなくてはならないと、世阿弥は考えた」と述べており、首肯される。

（5）「万能綰一心」の「せぬ」演技における演者の心と身体の関係については、松岡心平「世阿弥の身体」（『文学・語学』第1巻第1号、岩波書店、一九九〇年）参照。

なお、小林康夫・松岡心平【対談】〈特集〉能―歴史と身体「世阿弥の身と心と体――存在と時間」（『文学』第五十巻第七号学燈社、二〇〇五年）において、世阿弥のいう「心」には、感情・気持ちの意味がある一方で、「内的集中あるいは身体のあり方」のような「心」、「力にからめ取られるような心」という意味がある、という指摘がなされている。そして、「「心」という言葉が、いろいろなぶれをもちながら、ある種のエネルギー体のような状態をつかまえていた」とある。本書では、こうした、〈心をからめ取っていくような力、「シテのエネルギー体」を「バックアップする巨大な装置」〉と松岡が表現されているものの内実を、世阿弥のいう「妙」「妙力」「瑞（風）」といった言葉を通してさらに探究するものである。

（6）石黒吉次郎『中世芸道論の思想――兼好・世阿弥・心敬』（国書刊行会、一九九三年）では、「万能を一心に綰ぐ」の理を比喩的に説明するのに用いた、「生死去来、棚頭傀儡、一線断時、落々磊々」という禅林の句について、『無門関』や『夢窓国師語録』、『狂雲集』などを引きつつ解説し、「傀儡の如き人間を糸を操るように動かす宇宙的な、本質的な存在を指し示す意味」があることを指摘している。『花鏡』本文で、人形が態、糸が心であったことを思い合わせると、態を綰ぐ心が、結局はここでいう「宇宙的な、本質的な存在」に支えられてあることが窺えよう。

（7）観世寿夫「せぬひま」（『観世寿夫著作集 二』平凡社、一九八〇年）では、世阿弥能楽論中に用いられる「無」を説明して、「単なる「無」ではなく、すべての「有」を包含したところの「無」」であるとしている。また、「夢幻能と中世の心」（同）では、「無心の能」と同義に用いられる「無文の能」について、「何もない無からはじまり、あらゆる修業を重ねて自分の芸を確立した後に、ふたたび自己を放擲する。単なる無学の無ではなく、すべてを内包している無、「無文」、それは、きびしい自己否定を通過したあげくに得られた「真実《まこと》の花」を身につけた芸位ということになろう」と述べている。

　また、「万能を一心に綰ぐ」演者のあり方と時間性との関わりについて、観世寿夫「演技者から見た世阿弥の作品」（同）では、「我《わが》心をわれにもかくす安心」といった無心の境地に至ることで、舞は「常識的な劇の進行では処理できない、非連続の連続ともいうべき時の流れに乗って舞われる」のであり、「このような能の時間は、たとえ「序ノ舞」が実際に十数分であったとしても、それは一瞬間とも、また一生ともいえる不思議な時を創り出すことができるのである。演技者とすれば、自己の全生命がその一瞬一瞬に舞台の上で華をひらくということにならなければ創れないものといえる」と述べている。

（8）戸井田道三「老後の初心」（『文学』第五十一巻第七号、岩波書店、一九八三年）では、「おのずから形となる。それが始源だ。この始源は幾年まえの何月何日というデジタルな時間ではない。「昔あるところで」という神話的な時間である。「昔」はデジタルでないから人によって違う。しかし、すべての人が「昔」というとき「今」に立っている。つまり「今は昔」なのであり、今において始源ははじめてなりたつ。」として、〈今・ここ〉に宿る端緒について指摘している。

（9）「秘すれば花」の解釈について、先行研究を見てみると、たとえば、野上豊一郎「世阿弥の花」（『文学』第四巻・第四号、岩波書店、一九三六年）では、「秘することが「花」であるといふ意味で、別に秘すべき特殊の「花」があるわけではない。言ひ換へれば、「花」を「花」だと知らせないこと、それが「花」である。」とする。また「世阿弥は常にいかにして見物人を「ばかす」べきかを考へた。」とある。また、能勢朝次『世阿弥十六部集評釈』上（岩波書店、一九四〇年）では、戦における名将と同じく、「見物を油断させる人間でなくては、真の花を体得した者とはいへない。「思の外なる感を催させる」とは、結局、相手に油断させて、その虚を衝く所からのみ生れるからである」とあり、金井清光『風姿花伝詳解』（明治書院、一九八三年）にも、「秘する花」の注として、「他人に知らせないこと自体が花、の意」とし、「秘事の内容は問題でない、秘する事自体が肝要なのである」と説く。

以上の解釈に共通するのは、（1）「秘する」とは自分が知っていることを観客に隠す、ということであり、また（2）隠すこと自体が重要であり、隠す内容は問題ではない、ということである。本章ではそれに対し、「秘する」とは、演者自身にとっても決して十全には知り得ない、一つの態に宿り得る不可知なものを見据えてゆくことだとし、その不可知なるものを宿し得るという意味において、秘事という一つの態は、大きな意味をもって甦ってくるのだと解釈する。なお、「秘する花」について、観世寿夫「心より心に伝ふる花」『観世寿夫著作集二』平凡社、一九八〇年）では、「役者が演技上の「何か」を体得するには、表面的な理屈で身につくものでないことは当然で、自分でいろいろ苦労して、そのあげくに、はっと開眼するからこそからだとしてつかまえられる」とし、「他人には何の足しにもならぬかに見えることに長い年月をかける。それは、発見したこと以上に、その裏側にかくされた長い苦悩が大事であるといえよう。」「たった一拍ほどのリズムの表現法。そうした小さな一事に十数年という知られざる、つまり秘められた裏側がある。なるほどそれが、あの説明をはるかに超えた感動を生じさせるのだなと感じたものであった。「秘スル」ことの本質的な意味のひとつではなかろうか。」とあり、演技者の実感から出た言葉として傾聴すべきものがある。なお、観世寿夫「現在の能と世阿弥の能」（『観世寿夫著作集三』平凡社、一九八一年）では、「『風姿花伝』の「第七別紙口伝」の中の「珍らしき感を心得るが花なり」ということばなども、単に珍しいことをして、観客の眼を驚かすということではなく、あらゆる場合に当たって、住することなく常に新しいめんを開拓してゆくエネルギーの問題として珍しいと述べているのである」ともいう。

終章　可能性の総体としての「能」

世阿弥のいう「序破急」は、能（まことの花）の成立それ自体に関わる全体構造を示すものであった。ここではとくに、その終極の場面を改めて全体の構造において捉えなおし、本論の締めくくりとしたい。舞台上の「序破急」の詳細は他書に譲り、ここでは、花の現成の可能性としての「心・人間の成立の機微」についていささか吟味したいと思う。そこでまず、『遊学習道風見』での次の表現に注目しておく。

意中の景より曲色《きよくしき》の見風《けんぷう》をなさん堪能の達人、是、器物《きもつ》なるべし。凡《およそ》、風月延年《ふげつえんねん》のかざり、花鳥《くわてう》遊景の曲、種々《しゆじゆ》なり。四季折々《をりをり》の時節により、花葉《くわえふ》・雪月《せつげつ》・山海《さんかい》・草木《さうもく》、有《う》生《じやう》・非生《ひじやう》に至る迄、万物の出生《しゆつしやう》をなす器《き》は天下《てんが》也。此万物を遊楽の景体として、一心を天下の器《き》になして、広大無風の空道に安器して、是得《ぜとく》遊楽の妙花《めうくわ》に至るべきことを思ふべし。（『遊学習道風見』一六七）

（心の働きから、さまざまに多彩な演目のうちに「妙」の顕れを、すなわち「花」を生み出す達人こそ、すなわち芸能の器というべきであろう。いったい、寿命を延ばすめでたい芸能であるところの能、その能をいろどる花鳥風月の種類は実にさまざまである。そして、四季おりおりの時節によって、花葉・雪月・山海草木、その他いっさいの生命あるものやないものに至るまで、あらゆるもの・ことを生み出している器は、この自然世界である。そこで、こうした自然の万物を能が表すべき素材とし、自らの、一へと収斂してゆく心を、「器」たる自然世界のさらなる器となすのだ。が、そのことによって、安んじて無限なるものを目指しゆく道を歩み、そこへと己れを委ねきって、能のいわゆる「妙花」に至る、ということに思いを潜めるのである。）

以下、こうした文脈において語られる、「心・人間が万物の成就の器となるという事態」について考察を加えてゆこう。

ここに、能の本質を指し示すものとして、「命には終りあり、能には果てあるべからず」（『花鏡』一〇八）という言葉がある。この一文は、「人は死ぬが能は世代を超えて存続する」といった通常の意味には留まらない。端的に言うならば、果てなき絶えざる変容・展開こそが能であり、ひいては心・人間であるのだ。この意味での能を、自分の死後に実体として続いてゆくような、外なるものに捉えてはならない。死んだ後のことにして安心するだけでは、世阿弥が見据えていた、すさまじいまでの「己れが燃焼し無化するかのような現成と自己変容の位相」を見過ごしてしまいかねない。むろん、「果てなし」という言表には「永遠なるものへの参与」という意味合いがある。しかしそれは、だらだらと無際限に続く帯のような時間の持続をいうのではなく、現に生きているわれわれの「いま・ここ」なる態の成立の根底において見出されるべき事柄なのである。(1)

ここでは、能そのものがまず措定され、それが持続するといった通常の存在把握の図式が浮動化してくる。むしろ能とは、そうした客体的な知が突破され、絶えず不知の境に臨みゆくような、変容・伸展の姿そのものであろう。それゆえ、「老後初心なれば、前能を後心《ごしん》とす」、「今の位を忘れじがために、初心を忘れじと工夫する也」（同一〇八）とあるように、上手の位に昇れば昇るほど「初心の未熟」を自覚するという「一歩一歩の否定の道行き」が必要となる。

ところで、『九位』においては「妙花風」「寵深花風」「閑花風」が上位の芸風として語られるが、それらは（妙花風ですら）それ自身のうちに、無限性への志向という契機を含んでいる。平たく言えば、単に「わかって（分って）」しまってはならないのだ。それはいたずらな完結、停止を意味するからである。すなわち、一個の対象としてそれらの位風を「分別」し、誰それは何々の芸風に達した、などと言ってはならない。すなわち、世阿弥はまさに、それぞれの位風に何らかの形で宿る「言語道断・心行所滅」の「妙」の働きを受けたものとして九つの位を語り出していると考えられよう。実際、次のように言われている。

抑《そもそも》、能芸に於《お》いて、妙所と申さん事、二曲を初めて、立振舞《たちふるまひ》、あらゆる所に此《この》妙所はあるべし。さて、言はんとすればなし。（『花鏡』一〇一）

（いったい、能芸において、妙所というものは、舞歌の二曲を初め、一般の立ち振舞いなど、あらゆるところに妙所があると思われる、だが、具体的にそれがどこであるかを指摘しようとすると、それは「ここ」と限定し得ないものなのだ。）

「すわ、そこをする」とは知るまじきなり。知らぬを以《も》て妙所と云。（同）

（「さあ、いまのが妙体の芸だ」などとは認識できないはずである。「認識できない、把握を超えている」ということこそが「妙」の本質なのだ。）

ここでは、心は、「妙」という不知の境へと超出し、対象的限定の領域を突破してゆくのだ。とすれば、「一心を天下の器となす」とは、心が諸々の有限なものを入れ、たくわえておく単なる容器のようなものだというのではなく、「無限なるものをどこまでも宿しゆく受容と変容の可能性」そのものを言い取った表現なのである。これは能の最も本来的な形であり、いわば人間そのものが「能」なのだ。

かく自己否定的超越という動的な姿を、「無心無風の位」という語が端的に示している。

ただ、此《この》妙所は、能を極め、堪能その物に成《なり》て、闌《た》けたる位の安き所に入《いり》ふして、なす所の態《わざ》に少しもかゝわらで、無心無風の位に至る見風、妙所に近き所にてやあるべき。（『花鏡』一〇二）

（この妙所の境地は、能を極め尽くし、堪能そのものの達人になって、至上の芸を極めた後の自在無碍の芸位のことであろう。すなわち、その都度の完成を見せつつも、絶えずその芸位を無みしゆく「安位」という在り方をどこまでも極め、いま為し得る態に少しも捉われることなく、無心・無風の位になって見せる芸風が、妙所に近い境地であろうか。）

ここを「能々心にて見るべし」（同）というが、それはもはや心・人間の実体が指定された上での客体知ではない。むしろ「妙」という不知なる無限の境へと己れを差し出し、その働きを虚心に受容し宿してゆくことの表明なのだ。

すなわち、「妙」の本体（実体）は知られ得ぬが、その働きは、もの・自然との、あるいは人間とのそれぞれの出会いを解して感知される。そして、そうした根源的な出会いの経験は、それが心貫かれたような確かなものであるなら、その都度の今、ここに常に新たに現成しうるであろう。その「いま・このとき」に、ひとたびすべては収斂する。そうした否定の否定を介した動性は、心・人間の勝義の本質となろう。その際、心・人間が「在る」とは徒らには言われ得ず、むしろ「少々と悪しき事の去る」（同九九）という動的形こそが、すぐれて心であり人間であるということになる。そこにこそ、「花」が何らかの形で現成するのである。

かくして能とはつまるところ、「妙」という根源なるものの、ゆたかな受容・顕現の名なのだ。それは心そのもの・人間そのものの成り就く姿と重なってくる。そこで心・人間が能の現成の器となるのである。言い換えれば、「能の命」たる花の成立の機微を問うことは、同時に、「心・人間の真に成り就く道」を問うことにもなるのだ。「万能を一心に綰ぐ感力」とし、「そこに能の命あるべし」とされたように、無心の位に己れを差し出してゆくとき、そこに「妙」の働きの器として、またそれを宿しゆく場として、心・人間の現成が存しよう。

これを要するに、「花」とは、そうした心と、その心から生まれる態との全体、すなわち演者の（そして我々自身の）充実した在り方そのものである。が、その花は「能」という時間的な場にあって、絶えず己れを無みし超えゆく「自己変容」として現出してくるであろう。そしてそのことはまた、人間という存在者に託された可能性、謎・神秘を指し示していると考えられよう。とすれば、世阿弥の論を前にし、その言葉に耳傾けるとき、われわれは、先人とともに、そして他者との真実の出会いにおいて、自他が相俟って「妙」の顕現に与りゆく道の前に立つことにもなるのである。

註

（1）戸井田道三「老後の初心」（『文学』第五十一巻第七号、岩波書店、一九八三年）では、「命には終りあり、能には果てあるべからず」について、「芸に果てしない何かがあることを感じていたにちがいないのである」として、「能」という言葉の持つ「可能性」の意味を指摘している。

II

世阿弥の謡曲——付「野宮」

第一章　「松風」考

――「恋慕」と「狂」――

松風村雨ノ後段《のちの》、班女、ミソギ川、是ラハミナ、恋慕ノ専《もつぱ》ラナリ。（『五音曲条々』二〇一）

これは、世阿弥が謡の曲趣を五つ（祝言・幽曲・恋慕・哀傷・闌曲）に分類し解説を加えた、『五音曲条々』（成立年未詳）に見られる一文である。

「後段」という但し書きがあるにせよ、「松風村雨」は「班女」「みそぎ川」（これは現行の「水無月祓」の可能性が高いと言われる）と並び、恋慕の曲趣の代表として挙げられている。現行の「松風」は、在原行平に寵愛された松風・村雨という二人の海女が、死後も一心に行平を慕うあまり亡霊となって僧の前に現れるという筋書きを持ち、「恋慕ノ専ラ」という表現を用いられていても特に不思議はない。

ただし、ここで注目すべきは、「恋慕ノ専ラ」の例として挙げられた三曲が、いずれも「狂気」をはらむ女をシテとしているという点である。狂女物に分類される「班女」「水無月祓」のシテが作中「狂女」と呼ばれることは自然であるが、本鬘物に分類される「松風」も、シテである松風が、行平亡き後「露も思ひも乱れつつ、心狂気に馴れ衣」と、狂乱する心になったことを語っている。とすれば、世阿弥にとって、恋慕の情と「狂う」ということは不可分のものとして捉えられていたのではないか。

それでは、世阿弥が恋慕を描くうえで重要視していたと思われる「狂気」とは、いったいどのような内実を持つ言葉なのだろうか。本章では、「松風」のシテ・松風が曲終盤で発する「あの松こそは行平よ」という言葉にとくに注目し、その言葉が語られるに至った謡曲全体の内的構造を問い、世阿弥能楽論に見られる「序破急」の思想に拠りつつ、「松風」における松風・村雨の恋慕のありようを跡づけていきたい。そして、「松風」において、「狂気」とはいかなる意味で語り出されているのかを明らかにしていきたいと思う。

第一節　「松風」における「恋慕」のありよう――「事の多き」

一　「松風」の概要とあらすじ

「松風」は、『中楽談儀』（永享二（一四三〇）年）『五音』（成立年未詳）などの記述より、亀阿（亀阿弥、喜阿弥とも）作曲の「汐汲」を原曲とし、観阿弥の手を経たうえで、世阿弥が最終的に翻案・改作したものと言われる。世阿弥在世当時は「松風村雨」とも呼ばれていたこと、これも『三道』（応永三十（一四二三）年）『中楽談儀』などに明らかである。

以下に「松風」のあらすじを述べる。

西国行脚を志す僧侶が、須磨の浦を訪れた際にいわくありげな松を見つけ、土地の者にその謂れを尋ねる。土地の者は、その松はかつて行平中納言に寵愛された松風・村雨の旧跡であるといい、僧に二人の海女を弔うよう頼む。やがて日が暮れ、僧は近くの塩焼き小屋に立ち寄る。そこへ二人の若い海女が現れ、月光の下、己れの境遇を嘆きつつ汐を汲み、汐汲み車を引きながら帰ってくる。塩焼き小屋に泊めてもらった僧が松風・村雨の旧跡を弔ったことを告げ、行平の和歌を口ずさむと、二人は涙にくれ、自分たちこそが松風・村雨の幽霊であると明かし、行平との恋物語を語る。

やがて行平の形見の烏帽子狩衣を取り出し身に着けた松風は、狂乱の心となって、「あの松こそは行平よ」と松のうちに行平の姿を見留め、恋慕の舞を舞い、松を抱きしめる。僧に回向を頼んで二人が消えると、僧の夢は覚め、夜も明け、あとには松風の音だけが残った。

ここで、世阿弥自身が「松風」に描かれる「事の多さ」に言及した言葉に注目したい。世阿弥は『申楽談儀』において、詞章が冗長に陥ることを悪とし（「たゞ長きが悪き也」『申楽談儀』二八九）、例として、「一天太平の御代」と君の治世を称賛したあと、さらに「又君は、武運めでたくましますにより」と同類の称賛を続けることを戒めている。しかしその直後に、「さりながら、事によるべし」と、能を書き表すのにどの程度こと――言・事――を尽くしていくかは時と場合によるとし、「松風村雨、事多き能なれ共、是はよし」と、「松風村雨」に描かれる内容の多さを、積極的に評価しているのである。

この世阿弥自身の「松風村雨」への評価は、「松風」の性質を示すものとしてよく引かれる。たとえば、『新編日本古典文学全集　謡曲集①』では、『申楽談儀』の当該箇所について紹介したうえで、「汐汲みの場面も長く、たしかに本曲は事も多く言も多い。しかし、どこも省きにくく、充実した名曲である」と述べている。また、『能を読む①　翁と観阿弥　能の誕生』[1]においても、世阿弥のこの言を受けて「演じどころも言葉も多い能であるがこれはよい、という意味で、たしかに両者の調和がとれ、むだな動きもなく、隙のない構成となっている」

という。

本章では、「松風村雨」の「事・言の多さ」を、「松風村雨」が「恋慕を専らとする」曲であるが故の必然であると見たい。そのことを明らかにするために、「松風村雨」そのものの詞章を検討していくに先立ち、世阿弥能楽論における「恋慕」の捉え方について、また「恋慕」と「祝言」との関わりについてみていく。また、「祝言」と「恋慕」との関わりが、世阿弥能楽論の根幹にある「序破急」の論と深い関わりがあることを述べる。

以上の考察をもって改めて「松風村雨」を読めば、松風村雨の汐汲み・烏帽子狩衣を着けての舞といった恋慕の情の表出がやがて「あの松こそは行平よ」の言表の場面、そして舞の中での一瞬の合一へとつながっていく意味と内的構造が、何ほどか明らかになってくるであろう。

二 『五音曲条々』における「恋慕」

世阿弥能楽論において、「恋慕」という語は、先に述べたように音曲論、具体的には謡の節・曲の付け方及び謡い方を論じた書である『五音曲条々』に見られる。すなわち、世阿弥がここで論じる「恋慕」は直接的には音曲面から見た曲趣について述べたものである。しかし、同書に

> スデニ此《この》条々、祝言・幽曲・恋慕・哀傷・闌曲、コトゴトク、ソノ謂《いは》レドモヲ書《しよ》シテ、其文言《そのもんごん》ニシタガイテ節・曲を付《つけ》タルカ、リナレバ、（『五音曲条々』一九九）

とあるのを見れば、恋慕に関わる「文言」、すなわち恋慕的内容と恋慕的音曲は不可分の関係にあるというこ

とがわかる。とすれば、『五音曲条々』自体は音曲論であっても、そこに見られる「恋慕」の解説は、世阿弥が考える「恋慕的詞章」の内実がいかなるものであるかを探る手掛かりとなるであろう。(2)

その前提に立つ時、注目すべきは、世阿弥が挙げる「五音」、すなわち「祝言・幽曲・恋慕・哀傷・闌曲」が単に並列的な関係にあるのではなく、まず「祝言」を基礎とし、残りの四分類はそれぞれ「祝言」との関わりにおいて論じられていることである。実際、『五音曲条々』において「祝言」は、『詩経』の言葉をもとに、

祝言ト者《いつぱ》、安楽音《あんらくおん》也。直《すぐ》ニ云《いひ》タルガ、ヤス〳〵トクダリテ、治世ナルカ、リ也。（同一九八）

と説明される。すなわち、「祝言」とは、天下の太平を安んじて楽しむ音声であり、その天下の太平を直接的に言い取った内容を、無理のない安らかな謡いぶりで、その治世を表すような音曲で謡うありようを示しているという。また、別の箇所では、『中庸』の「天之命謂之性、循性謂之道（天の命ずるを性と謂ひ、性に循《したが》ふを道と謂ふ）」の言葉を引いたうえで、

然《しかれ》バ、性《しやう》ハ天、道ハ地ナルベシ。此音曲ノ次第ニトラバ、祝言ハ性ナルベシ。（同二〇二）

と述べ、祝言は「天（いわば、儒教で言うところの万物の根拠）」の命ずるところの「性」そのものを表すものだとしている。また、祝言音曲の本声の姿として、「夫《それ》久方ノ神代ヨリ、天地《あめつち》ヒラケシ国ノヲコリ」（同二〇一）という謡を挙げていることも、「祝言」がこの世の成り立ちの根拠である「天」に深い関わりのある音曲であるこ

とを示しているだろう。

すなわち、世阿弥にとって「祝言」とは、「天之命」ずるところの「性」、すなわち天（万物の根拠）を「直《すぐ》に」「安んじて以て楽しむ」ありようであった。そして、その「祝言」を「和し」たものが、「幽曲（幽玄）」であり「恋慕」であり「哀傷」であるという。先に挙げた祝言の性質を含む文の前後をもう少し広範囲に引いておく。

「天之命謂二之性一、循レ性謂二之道一」云々《うんぬん》。然《しかれ》バ、性《しやう》ハ天、道ハ地ナルベシ。此《この》音曲ノ次第ニトラバ、祝言ハ性ナルベシ。此《この》性を和シテカ、リトナス体《てい》ヲ、幽玄《いうげん》ト云《いふ》。又、幽玄ヲナヲ深メテ感文《かんもん》ヲ添ウル位ヲ、恋慕ト云。恋慕ニ亡曲《ばうきよく》ノ心ヲ付《つけ》テ、哀傷ト云。（『五音曲条々』二〇二—二〇三）

ここでは、万物の根拠である「天」の「性」を「和シテカ、リトナス体《てい》」が「幽玄」であり、また「幽玄ヲナヲ深メテ感文《かんもん》ヲ添ウル位」が「恋慕」であるという。では、「天」の「性」を「和らげ」ていくとはいかなることなのか。このことを理解するために、以下は「I　世阿弥の能楽論」第一章で見た世阿弥能楽論の根幹をなす「序破急」の論を改めて確認する。

第二節　世阿弥能楽論における「序破急」

一　世阿弥能楽論における「序」

問。能に、序破急をばなにとか定《さだむ》べきや。

答。これ、易《やす》き定め也。一切の事《じ》に序破急あれば、申楽もこれ同じ。能の風情《ふぜい》を以て定べし。（『風姿花伝』二九）

これは、世阿弥の著作で、最初に「序破急」という言葉が用いられた『風姿花伝』第三問答条々の中の一節である。「一切の事に序破急あれば」という言葉からは、世阿弥が「序破急」を単なる芸能の構成原理としてではなく、「一切の世の中」の成立に関わる問題として捉えていることが窺える。さらに、『花鏡』（応永三十一（一四二四）年）の「序破急之事」という段では、一日の演能の次第を語ることを通して「序」「破」「急」の根本的性格について述べており、そこでは「序」は「初め」、「祝言なるが、正しく下りたるかゝり」、「直に正しき体」、「をのづからの姿」と表現されている。これらの記述から、世阿弥は「序」に、根源的な端緒からの働きかけが「をのづから」「正しく」この世に現わされてくるありようを見出していたことが窺える。『五音曲条々』で「性は天」、「祝言は性なるべし」と言われるゆえんである。

二　世阿弥能楽論における「破」

そして、「序」が「自ずからの姿」であるというのに対して、「破」とはその序の姿を「和して注する釈」の義なのである。また、「破と申は、序を破り、細やけて、色々を尽くす姿」ともあった。そこに示されているように、「破」には細分化され多様な姿を持つ、という性格がある。それは、「自ずからの姿」たる「序」を「破り」、「和して注」したことによって生じる。すなわち「破る」とは、「序」の持つ凝縮した一性が拡散していく、具体化・展開の様子を表すものであった。

言い換えれば、「天」からの働きを受けた演者は、その働きを有限で時間的なこの世に現出させようとする際には、ある限定された形を取らざるを得ない。ここで「和して」とは、「天」からの働きかけによって己れが照らし出されたところの当の光を、いわば和光同塵のごとく、諸々の具体的な態を通じて顕現させてゆくことを言うと考えられよう。

とすれば、これはそのまま幽曲（幽玄）・恋慕・哀傷が、祝言を「和シテカ、リとナ」し、「（幽玄を）ナヲ深メテ感文ヲ添」へ、「（恋慕に）亡曲《ばうきよく》ノ心ヲ付《つけ》」るありようと重なってくるであろう。すなわち、神能の多い「祝言」は、「直《すぐ》に正しき体」あるいは「天之命」ずるところの「性」を「さのみに細かになく」演ずべき内容であろう。とすれば、その「天の性（物事の根源的なありよう）」を我が身に受けて具体的な態を通じて顕現させてゆく内容を持つような、「幽曲（幽玄）」「恋慕」「哀傷」とは、まさに「序を破り、細やけて、色々を尽くす」という「破」のありようを意味する。すなわち、それらはそれぞれ、

①　まっすぐに天を志向する姿として（幽曲・幽玄）、あるいは
②　恋に心揺さぶられ（恋慕）、あるいは
③　人の世の定めに涙を流す（哀傷）

といった、さまざまな内容をもってゆくのが自然であろう。

三　世阿弥能楽論における「急」

「幽曲（幽玄）」「恋慕」「哀傷」といった多様な態度のそれぞれは、この世の根源的なありよう（天）からの働きかけを受け、それを具体化したものである。しかし、限定的な姿をとる個々の態と「天」そのものの働きとの

間には、最後まで超えることのできない落差が存する。であればこそ、この世に現れ出た個々の態は、それ自身に閉じられ完結してしまってはならない。個々の態がどれほど尊く価値のあるものに思われようとも、その態を絶対的なものとして扱えば、それは執着・執心となろう。その執着を無みし、無限なるものの十全な宿りをどこまでも志向していく収斂・超出の動きを、世阿弥は「急」と呼んだ。

『花鏡』において、「急」は「挙句の義」であり、「限りの風」、「破を尽くす所の、名残の一体」、「急は、いかにもただ一きりなるべし」と説明される。「破」においてさまざまな態を尽くした上で、最後に「一」なるものを目指しゆくとき、そこには無限なるものへと己れを委ねる「心」の介在がきわめて大きな意味を担ってくる。その「心」にあって、個々の態は「妙」なる力を宿す器として生かし直されてくるのである。

では、ことを「松風」の描く「恋慕」に限定した場合、「松風」において、この「恋慕」という人の世の態はどのような展開を見せ、どのように「一」へと（ひとたびは）収斂していくのであろうか。以下においては、「松風」の具体的な詞章を検討しつつ、「松風」一曲にみられる「序破急」の構造を見定め、そのうえで「松風」に描かれる「狂」の内実を明らかにしてゆきたい。

第三節　「松風」における「序」——出会いと名づけ

一　風情の序破急

「松風」において、「序」とは具体的には何を指すのであろうか。一曲が舞台上に展開していくありようを時系列順に捉えるのであれば、「序」は諸国一見の僧の登場、あるいは僧が松風村雨の旧跡の松を見つけたとき、ということになる。しかし、先に見たように、世阿弥にとって「序」とは「天」、すなわち根源的な存在との出会いを意味していた。

世阿弥は作能において「能を書くに、序破急を書くとて、筆斗《ばかり》に書くは悪《わろ》き也。風情の序破急を書くべし。さてこそ、序を破りたるにて有《ある》べけれ。筆のみの序破急は、聞所《きくところ》は面白けれ共、風情なし。筆と風情とあひかなひたらんは、是非なし」（『申楽談儀』二八七―二八八）と述べ、詞章のみの序破急にこだわっていると、そこに感興は生まれないとしている。ここでの「風情」は、たとえば『世阿弥　禅竹』などでは「演技」「身体的所作」などと訳されるが、ここにはただ外面的な演技や身体の動きにとどまるものではなく、この源にある不可知的なものの働きが、個々の態に現れ出る機微をも表していると思われる。

・その風を得て、心より心に伝《つたふ》る花なれば、風姿花伝と名付く。（『風姿花伝』四二）
・幽玄の風（『花鏡』「幽玄之入堺事」九八）
・たゞ、此《この》妙所は、能を極め、堪能その物に成《なり》て、闌《た》けたる位の安き所に入《いり》ふして、なす所の態《わざ》に少しもかゝわらで、無心無風の位に至る見風、妙所に近き所にてやあるべき。（『花鏡』「妙所之事」一〇一、訳前出）

と、自身の論の要所要所で「風」という語を語り出す世阿弥であってみれば、「風情の序破急」というとき、世阿弥の考える「序」は、あらゆる態・ことの根底にある「妙」からの働きかけ、そしてその働きかけとの出会いを意味するだろう。

そしてあらかじめ語っておくならば、その出会いは、能の終局場面にあっては、まさに『花鏡』で世阿弥の語る、「なす所の態」を超えた、「妙所」に近い所、「無心無風の位」へと展開していくだろう。「松風」の終局に見られる「松に吹き来る、風も狂じて」は対象との合一をひたすらに志向するシテが何らかの形で「妙所に近き所」に触れ得たことを意味すると思われる。このことについては後に詳述する。

二　歌語としての「松」「松風」「村雨」

してみれば、「松風」の作品世界における「風情の序破急」の「序」とは、松風村雨の行平との出会い、そして行平による「松風・村雨」の名づけの場面を意味するだろう。具体的な詞章によっていえば、それは松風・村雨が諸国一見の僧に「これは過ぎつる夕暮に、あの松蔭の苔の下、亡き跡弔はれ参らせつる、松風村雨二人の女の幽霊これまで来りたり」と正体を明かした直後に語られる、次のような言葉で示される。

さても行平三年《ゆきひらみとせ》が程、御《おん》つれづれの御舟《みふね》遊び、月に心は須磨の浦、夜汐《よじほ》を運ぶ海人少女《あまをとめ》に、姉妹《おとどい》選はれ参らせつつ、折にふれたる名なれやとて、松風村雨と召されしより、月にも馴るる須磨の海人の、塩焼き衣《ごろも》色かへて、縑《かとり》の衣《きぬ》の空炷《そらだき》なり。

ここで語られるのは、行平が三年の間須磨に滞在したこと、その間に二人の海女少女が行平の夜伽の相手として選ばれ、行平により折に適した名であるとして「松風」「村雨」の名を与えられるということ、そして行平の寵愛を受けることになり、海人が製塩作業をする際に着る「塩焼き衣」に代わり、香を焚きしめた「縑《かとり》の衣」を着るようになったことである。

「松風」には明確な本説がないとされる。行平が須磨に流され、そこで海人と言葉を交わした（ただし、その海人の性別は明示されず、行平と関係を持つなどの展開もない）逸話は『撰集抄』に見られるが、(3)「松風・村雨」の名は世阿弥以前の文献には見えない。(4)とすれば、行平が二人の海女に「折にふれたる」折に相応しい名として、須磨の景物にゆかりの深い「松風」「村雨」の名を与えたという件りは、世阿弥の創作である可能性が高いと思われる。

ここで、「松」あるいは「松風」、「村雨」という語の歌語としての、あるいは文学全体において積み重ねられてきた意味合いが重要になってくる。『歌ことば歌枕大辞典』によると、(5)「松」とはまず、落葉せず、樹齢の長いことから長寿の象徴となり、治世や世の繁栄が長く永遠に続くことを祈る場合にも用いられる。また、「待つ」と同音であること、「風吹けば波うつ岸の松なれやねにあらはれて泣きぬべらなり」（『古今和歌集』恋三）の歌にあるように、海辺の松の根が波に「洗われる」ことと「音に表れる（泣き声を立てる）」こととが掛けられることから、恋の苦しみ、悲しみをイメージするものでもあった。

そして、「松風」は「打寄する浪の花こそ咲きにけれ千代松風や春になるらん」（『後撰和歌集』慶賀）のように治世を寿ぎ長寿を待望する賀の歌で用いられる一方、「月見ばといひしばかりの人は来で槙の戸叩く庭の松風」（『新古今和歌集』雑上）のように、待たれる人の不在による寂寥感を表すものでもあった。いわば「松」そして「松風」は、十全な状態を期待し待つときの喜び・寿ぎと悲しみ・不安の両方を表し得る言葉であったといえよう。対して「村雨」は、急に降っては止むにわか雨のことであり、秋の到来を告げるものである。それとともに、

「雨雲のかへるばかりの村雨にところせきまで濡れし袖かな」(『後拾遺和歌集』恋二)のように、涙の象徴としても詠まれていた。移りゆく時・人の心に触れ、哀感を催すイメージが村雨という語には込められているといえる。

以上を鑑みるに、「松風」「村雨」は、一人の人間があるものを恋慕するときの諸相を、二人の女に分けて描いたものだと考えられよう。しかも後に述べるように、松風と村雨とは、二人の人である以上に、すべての人間が否応なく抱え込んでいる二つの事柄、つまり無限なる天の働きに晒されつつ、諸々の有限な人とものとの関わりに生きるほかないということを象徴していると思われる。

三 『五音曲条々』における「松」

次に、世阿弥が「松」という言葉にどのような意味を見出していたかを確認しておこう。『五音曲条々』には、謡の五分類(祝言・幽曲・恋慕・哀傷・闌曲)の曲趣を数木(さまざまな木)にたとえ、その本質を歌風で示す件りがあるが、「松木《しょうぼく》」は「祝言」のたとえに引かれている。

> 松木〈祝言姿〉万代《よろづよ》ヲ松ニゾ君ヲ祝イツル千年ノ蔭ニ住マント思エバ
> 聖徳太子ノ御金言、「正法《しやうぼふ》尽キテ禅ニ移リ、数木《しゆぼく》枯レテ松ニナラン」ト云々。松ハモトヨリ霊木トシテ、古今ノ色ナク、千秋ノ風姿、ヲノヅカラ満目青山ノヨソヲイヲナセリ。祝言ノ曲声、安全ノ感音ヲナス所、相当是《これ》アリ。(『五音曲条々』二〇〇)

この記述からは、「松」は世の根源たる「天」からの力をそのままに受容し得る「霊木」であることがわかる。

また、「満目青山」は、宋の宏智正覚（一〇九一―一一五七）の『従容録』にある言葉で、山を見る時には眼中すべてが山になり、ひたすら山を見て山になりきることだという。(6) 人が個々の思いなしを捨て、自ずからなる姿になっていくありようが、松の姿になぞらえられていると言えよう。世阿弥はまた『風姿花伝』で、物の本質をよく知り物まねをすることの重要性を説き、幽玄も強きも「物の体（本質）」に備わっているものであるとしたうえで、

又、あるいは物のふ・荒夷《あらゑびす》、あるいは鬼・神、草木にも松・杉、かやうの数々の類は、強き物と申《まうす》べきか。

（『風姿花伝』五〇―五一）

と、松の本性を鬼・神と並び「強き物」であるとしている。ちなみに「恋慕」は「紅葉」にたとえられているが、例歌に「下紅葉カツ散ル山ノ夕時雨ヌレテヤ鹿ノヒトリ鳴クラン」（『五音曲条々』二〇〇）が挙げられており、村雨の涙と重なる部分がある。

「恋慕を専ら」とする「松風」のシテが「松」の名を有することと、『五音曲条々』において松が（恋慕でなく）「祝言」を表すこととは、理論と実作の不一致を示すものではあるまい。それらはむしろ、『五音曲条々』において、「恋慕」が「祝言」を「和して」「感文を添ふる」ものとして、祝言との関連において位置づけられていることと不可分の関係にあるだろう。すなわち、世阿弥にとって「恋慕」とは、移りゆく時、有限な生を生きることへの悲しみをたたえたものでありつつ、その究極の姿においては、恋する対象に何ほどか看取される「天」「妙所」との十全な合一を待望し、どこまでも己れを超え出ていく強さを有するものであると考えられていたのでは

ないか。

しかし、そのことは、恋慕における「村雨」――涙、歎き――のありようを劣位のものとして捉えているということを意味しない。むしろ、人が有限な存在である以上、超越的なものとの現実における一足飛びの合一はあり得ず、合一への人の願望は現実にあって絶えず否定されてゆかざるを得ない。してみれば、人の恋慕のありようを正確に描こうとするとき、「村雨」は「松風」と同じく不可欠な存在であり、世阿弥在世当時にこの曲が「松風村雨」と二人の名を併称していたことも故無しとしないのである。

「松風」「村雨」という女の呼称は、先行する古典作品に明確な典拠を持たないと先に述べた。典拠を持たないからこそ、世阿弥が「恋慕」する女に相応しい名として創出した「松風」「村雨」は、恋慕する人間の二つの側面を明確に示唆する名となり得たのであろう。

四 「松風」における行平の形象

なお、「松風・村雨」の恋の対象である行平も、実在の人物ながら具体的な形象に乏しい人物として描かれる。その歴史的事実への言及の少なさを埋めるように、本曲の行平には、後述するように『源氏物語』の主人公である光源氏のイメージが色濃く重ねられている。また、行平は現実には七十六歳まで生きたとされるが、「松風」の中では「行平都に上り給ひ、幾程なくて世を早う、去り給ひぬ」と早世の脚色までほどこされ、「女の恋を受ける存在」としての抽象度ないし象徴性を高めている。

それゆえ、本曲における行平の形象は、現実の多くの事績を捨象し、二つの和歌「わくらはに問ふ人あらば須磨の浦に藻塩垂れつつ侘ぶと答へよ」「立ち別れ因幡の山の峰に生ふる待つとし聞かば今帰り来ん」に集約されるよう作曲されている。これをまとめるに、行平の出会いと名づけという場を得た「松風」「村雨」は、他ならぬ自らの名と、その名を名づけた行平の歌とによって、次の「破」の態をなしていくことになるであろう。すなわち、

村雨――行平歌「わくらはに」――汐汲

松風――行平歌「立ち別れ」――松への狂乱、抱擁

という「破」と、そこから「急」に至る図式がここには見て取れるのである。そこで以下「汐汲」の場面、松風が「形見」について語る場面、そして一への収斂を予感させる「松」の狂乱の場面を順に見ていくことにしたい。

第四節　「松風」における「破」――恋慕の諸相

一　「涙」と「器」の象徴としての汐汲

ワキである僧が松風・村雨の旧跡の松を見留め、弔いをし、海人の塩焼き小屋を見つけて一夜の宿を請おうとするとき、二人の女が現れ汐汲を始める。その際謡われるのが、

汐汲車《しほくみぐるま》わづかなる、憂き世にめぐるはかなさよ。

という詩句である。この汐汲車の輪（「わづかなる」と掛詞）について、「輪」は唯識論に言うところの「果てしない輪廻」を表すのだという指摘がある。(7) 絶え間なく輪廻転生をくりかえしながら、この世のわずかな時を生きることの虚しさ、頼りなさが冒頭から謡われ、その頼りなさは、

波こころもとや須磨の浦、月さへ濡らす袂かな。

と二人の海人の涙を誘う。先に、和歌の世界において「村雨」は涙の象徴として詠まれてきたと述べたが、この涙は汐汲の段でたえず袖を濡らす汐と重ねられ、そしてさらには行平の「わくらはに問ふ人あらば須磨の浦に藻塩垂れつつ侘ぶと答へよ」をも想起させる。恋慕する対象の不在を歎く姿が、まずは「涙」によって強調されているといえよう。同様の感慨はすぐ後の詞章、

渡りかねたる夢の世に、住むとや言はんうたかたの、汐汲車よるべなき、身は海人びとの袖ともに、思ひを干さぬ心かな。

にも表れ、寄る辺のない、はかない身の上である海人の袖は乾く暇もない、と二人の女は嘆く。

ここで注目したいのは、海人の身の儚さを、夢の世にあって「住むとや言はん」、すなわち「とても住んでいるとは言い難いものだ」と形容している点である。この十全に「住む」＝「澄む」ことのできぬ有様は、

忍び車を引く汐の、跡に残れる溜《たま》り水、いつまで住みは果つべき。

でも繰り返され、

かくばかり、経《へ》がたく見ゆる世の中に、うらやましくも澄む月の、

と、天空にあって澄み渡り、安らかに居所を定めている月のありようと対置されている。「月」は、はかないこの世に安住できぬ人と対極にある、手の届かない十全なものとしてまずは登場する。しかし、歎きの底に沈むかに見えた海人たちの気分はいざ汐汲をする段になって一つの転調を見せる。

面白や馴れても須磨の夕まぐれ、

から始まる詞章は、「影かすかなる月の顔」「雁の姿」「友千鳥」「野分汐風」と視覚・聴覚・触覚で須磨の秋を味わう言葉へと続き、それらの景物に接した松風・村雨は「あら心凄《こころすご》の夜すがらやな」と、驚きの声をあげている。「馴れても須磨（住む）」、住み馴れて日常と化している場所も、感覚を開いて場を受け止めれば、「面白」、すなわち「妙」に照らされた歓喜を感ずるということであろうか。そのような感興の中で、二人の海人は、

更けゆく月こそさやかなれ。汲むは影なれや、

月にだに、影を汲むこそ心あれ、影を汲むこそ心あれ。

と、自ら汲む汐の内に、十全たる月の輝き、すなわち「天」「妙」からの働き（影）を得ようとする。そして、自らの日々の営みの中に「天」「妙」からの働きを受け入れようとする姿のうちにこそ、「心」が立ち現れてくると二人の海女は語る。

汲んだ水に月の影が映るとき、松風・村雨は「見れば月こそ桶にあれ」「これにも月の入りたるや」「うれしやこれも月あり」「月は一つ」「影は二つ、満つ汐の、夜の車に月を載せて」と歓喜する。ここで桶の水に映ずる月とは、諸書が指摘するとおり、行平の象徴の意味を有するであろう。曲の後半で「あの松こそは行平よ」と、松風の「待つ」姿と待たれる行平の合一が謡われるが、松風・村雨にとって「待たれる」対象である行平の到来は、まずは日々の営みの中になにがしか「宿る」、という形で予見される。ここで「涙」のうちに生きる松風・村雨は、そのへりくだりの姿のうちに月を宿す「器」となり得ることが示されていると言えよう。

しかし、ここで忘れてはならないのは、月は行平の象徴であると同時に、この地に流謫していた行平にとっても、無限なる光を放つものとして、はるかに仰ぎ見る存在であったということだ。松風が行平との出会いを語る文脈でも、

さても行平三年《みとせ》が程、御つれづれの御舟《みふね》遊び、月に心は須磨の浦、

と、月に心を住まわせ、その結果自らの心も澄んでいく様子を語っている。松風・村雨にとっては行平はひた

すらな恋の対象であり、その存在そのものが「天」「妙」の働きを証しするような存在である。その限りにおいて、松風・村雨にとって行平は月にたとえられるものである。しかし、行平当人にあっては己れは月そのものではあり得ず、月の光のもとでその有限な、悲しき姿をあらわにするしかない存在であった。その視点でいま一度汐汲の詞章を検討すると、松風・村雨が須磨にあって沈淪していた行平の代弁をしているような箇所がいくつか見られることに気づく。

先に、本曲にあって行平は現実の存在としての具体的な形象に乏しく、『源氏物語』の主人公・光源氏のイメージを重ね合わせることで、「女の恋を受ける存在」という抽象的な描かれ方がなされていると述べた。本曲全体にちりばめられた『源氏物語』を典拠とする詞章も、単に須磨の秋の情景を風情豊かに描き出すというためだけではなく、行平を源氏に重ね、都を離れた男の悲しみや感懐を感じさせることをも意図しているだろう。たとえば、松風・村雨が須磨の秋の情景を眺めながら発する言葉、

心づくしの秋風に、海は少し遠けれども、かの行平の中納言、関吹き超ゆると詠《なが》め給ふ、浦曲《うらわ》の波の夜々《よるよる》は、げに音近き海人《あま》の家、

は、『源氏物語』須磨巻の「須磨には、いとど心づくしの秋風に、海はすこし遠けれど、行平の中納言の、関吹き超ゆると言ひけん浦波、夜々はげにいと近く聞こえて、またなくあはれなるものはかかる所の秋なりけり」(8)に拠っている。また、この箇所で引かれている行平の和歌「旅人は袂すずしくなりにけり関吹き超ゆる須磨の浦風」(『続古今和歌集』羇旅)は、須磨の浦風に行平が晒されていることを述べており、興味深い。曲の終盤で「松

に吹き来る、風も狂じて」で、「妙」からの働きに晒されているのは松風であり行平でもあることが予感される。また、

賤《しづ》が塩木《しほき》を運びしは、阿漕《あこぎ》が浦に引く汐《しほ》。その伊勢の海の二見《ふたみ》の浦、二度《ふたたび》世にも出でばや。

は、汐を汲む松風・村雨の言葉だが、「二度世にも出でばや」は海人の言葉としてはやや不自然であろう。ここは、源氏のイメージを重ねられた行平の、再び都に戻り世間に返り咲きたい、という思いの顕れであると見たい。また、同じく松風・村雨の言葉である「灘の汐汲む憂き身ぞと、人にや誰も黄楊の櫛」も、行平の「わくらはに問ふ人あらば須磨の浦に藻塩垂れつつ侘ぶと答へよ」の歌を意識したものと取れる。

この前半の汐汲の詞章によって、待つ松風・村雨も待たれる行平も、すべては有限な存在としての日々を営むという点では等しく、みなが月の光に照らされ晒されている、ということが見て取れる。すなわち、後半に見られる「あの松（＝待つ）こそは行平よ」という言葉が示す両者の合一は、待つ側と待たれる側という二人の人間が無媒介に一つにつながるのではなく、「無限なる月の光に徹底的に晒されゆくもの」としてつながりを見出していくことが予想される。

二　形見の衣

かくして、「汐汲」の場面においては、人はみな、究極的には待つ者も待たれる者もひとしく無限なる「月」の光に晒されており、「澄む」月に心を抜くことで自らの心も「澄み」、自らの「住み」どころが定まり行く可能

性があることが示されていた。しかし「恋慕ノ専ラ」とされる本曲において、松風・村雨の恋の対象は、何をおいてもまずは行平その人であった。では、二人の海女、とりわけ松風において、自らの「恋慕」を持続させ得る原動力は何だったのだろうか。より具体的にいえば、行平の死後も、そして自らの死後も、ひたすら再会を願って待ち続けた、その「待つ」力は何によってもたらされたものであったのだろうか。

まず考えられるのは、松風に「待つ」力をもたらしたのは、別れの際に行平から託された「烏帽子狩衣」という「形見」であり、「待つとし聞かば帰り来ん」という約定であったであろう。順に見ていく。繰り返しの引用になるが、本曲において重要であると思われる、恋慕の「序」、行平と海人との出会いを描いた文章を再掲する。

さても行平三年《みとせ》が程、御《おん》つれづれの御舟《みふね》遊び、月に心は須磨の浦、夜汐《よじほ》を運ぶ海人少女《あまをとめ》に、姉妹《おとどい》選はれ参らせつつ、折にふれたる名なれやとて、松風村雨と召されしより、月にも馴るる須磨の海人の、塩焼き衣《ごろも》色かへて、縑《かとり》の衣の空炷《そらだき》なり。

先に述べたように、行平は須磨に流浪していた三年間、「藻塩垂れつつ」わび住まいをしながらも、「舟遊び」という行為によって「月に心を澄ませ」る時があった。その遊びの際に、二人の海女乙女は夜伽に召された。ここで注目すべきは、行平のみならず松風・村雨もまた「月にも馴るる」存在として象られているということである。汐汲みに従事する海人は、その汐汲みという行為によって、たえず月の光を浴び得る。その汐汲みの中で、先に述べた「桶に月を捉える」遊びも、生前の松風村雨には「月にも馴るる」行為としてしばしば行われてきたものであったろう。ともに月の光を浴びて「遊び」をする存在として両者は結ばれる。「塩焼き衣色かへて、縑の衣の空炷なり。」は、『新編日本古典文学全集』などでは「塩焼きの衣とはすっかり様子の変わった、上等な絹の衣を身につけて、薫物がどこからともなく匂うというようなことになったのである」と、境遇の大きな変化を衣の変化で表現していると取っている。

だが、ここでは、「縑の衣（固織の衣）」が、『源氏物語』においては「縑の御直衣、指貫、さま変りたる心地するも」（「明石」巻）と、須磨での流謫用に新たにしつらえられた源氏の衣を意味していたことに注目したい。「松風」において行平がたびたび光源氏と重ねられて描かれていることを考えると、行平が須磨で暮らしていた頃から、愛情の確認として、離れている間に衣の交換がなされていたことも想像される。

そして、行平が都を離れる際に自らの形代として松風に与えたのが、「烏帽子狩衣」であった。「形見」とは、古来、恋をする対象の面影を色濃く残し、離れている間にその者の存在の証となるもの、あるいは恋心の証しとなるものとして知られていた。しかし、それは同時に互いに交換した「片身」であり、待つ者が一方的に視線を送り、自らが見られることのない「片見」であるがゆえに、見るたびに恋の対象の不在をもまた証しするものになる。このような「かつて確かに出会った」存在の証しであり、「いまここにいない」現状の証しでもある形見が、松風の「待つ」を支え、また恋心を増幅させていくこととなる。かくして、「恋草の、露も思ひも乱れつつ」、「心狂気に馴れ衣」と、松風の激しい恋が狂気を発動させてゆくことになる。

第五節　「松風」における「急」――「松風ばかりや残るらん」

一　「あの松こそは行平よ」

「形見」を残し置かれた松風にあっては、「いや増しの思ひ草」のごとく、恋心が夏草が繁茂するように増幅していく。

形見こそ、今はあだなれこれなくは、忘るる隙《ひま》もありなんと、詠《よ》みしも理《ことわり》や、なほ思ひこそは深けれ。宵々《よひよひ》に、脱ぎてわが寝《ぬ》る狩衣《かりごろも》、かけてぞ頼む同じ世に、住むかひあらばこそ、忘れ形見《がたみ》もよしなしと、捨てても置かれず、取れば面影に立ち増《まさ》り、起臥《おきふし》分かで枕より、跡より恋の責め来《く》れば、せん方《かた》涙に伏し沈む事ぞ悲しき。

このように松風は、「形見があるからこそ恋する人を忘れられない」という有名な古歌（「形見こそ今はあたなれこれなくは忘るるときもあらましものを」（『古今和歌集』恋四））を引きつつ、「なほこそ思ひは深けれ」と、形見を見るという行為の反復により恋を深めていく。そして、「忘れ形見もよしなし」、すなわち、形見も、「忘れ難い」という自分の思いも意味がないとして、一旦は形見を捨て置こうとするものの、到底捨て置くことはできず、ふたたび形見を手に取る。そして、手に取れば形見に宿る存在の「面影」が「立ち増り」、松風を責めさいなむ。「起伏分かで枕より跡より恋の責め来れば」とは、面影が証しする（かつてまみえた）存在の確かさと、いま現在の不在との落差に引き裂かれ、恋心が極限にまで激しくなっていることを示す言葉であろう。

しかし、行平亡き今、そして自分も死してここに魂をとどめているいま、「待つ」こと、そして涙を流すこと以外には、相手との合一のために具体的になし得ることは何もない。何もないからこそ、恋慕の情は増し、松風は「せんかた涙に伏し沈む」、為すすべもなく自らの涙に身を沈めていく。それでもなお、松風は待つことをやめない。すなわち、相手との合一を求める心が極限に達したときに、「物着」という、行平の烏帽子と狩衣を身につけるという行為を行うのである。

「物着」をし、行平の形見を身にまとった松風は、

三瀬川《みつせがは》、絶えぬ涙の憂《う》き瀬《せ》にも、乱るる恋の、淵《ふち》はありけり。

という歌を謡う。「三瀬川」とは三途の川のことで、はじめて契りを交わした男女が三途の川で会うという俗信は、『源氏物語』『蜻蛉日記』『とりかへばや物語』などに見られる。涙と恋の狂乱（「乱るる恋」）が積り積って淵となったその水辺は、松風自身によって、死後に男に逢い得る場である三瀬川として捉えられている。そして、その歌に誘われるかのように、松の木に行平の霊が宿るのである。

松風は行平の姿を見留め、歓喜し、

あらうれしやあれに行平のお立ちあるが、松風と召されさぶらふぞや。いで参らう。

と松に寄り添おうとする。しかし、この「松に行平の霊の宿りを見る」行為は、現実世界の無常を受け止め、嘆く「村雨」によってひとたびは否定される。現に村雨は松風に、

あさましやその御心《おんこころ》故にこそ、執心の罪にも沈み給へ。娑婆《しゃば》にての妄執をなほ忘れ給はぬぞや。あれは松にてこそ候へ、行平は御入りもさぶらはぬものを。

と戒めの言葉を発している。つまり、ひたすらに行平との合一を願う松風の恋心は、村雨によって「執心の罪」「娑婆にての妄執」であると断じられるのである。そもそも身分違いの恋に身を焦がすことそのものが「須磨のあまりに罪深し」であり、その妄執を断ち切ってこそ成仏の道が開けるのであろう。それは、むしろ相対界たるこの世の無常に晒され涙する村雨にあっては当然の事柄と思われることであろう。この点に関して、「あれは松にこそ候へ」、「行平は御入りもさぶらはぬ」と語られているが、「は」による松と行平との峻別は、天の根源的な力を受けて世の諸相を生きるような、「破」の世界に住む者の見方であろう。そのことは、汐汲の場面の「月は一つ、影は二つ」の台詞にも窺われるのである。

しかし、松風のいわば「神的狂気」ともいうべき「露も思ひも乱れつつ、心狂気に馴れ」たありようは、そうした相対的な了解を否定する形で、行平との合一に向かってゆく。その時、松風が発した言葉こそ、「あの松こそは行平よ」であった。「松」、すなわち他ならぬ自らの「待つ」姿の中にこそ、待たれる対象は顕現し得る。ここにおいて、松風は、自らの恋慕のありようのすべてに——あるいは汐汲で涙に袖を濡らし、あるいは形見を胸に抱いて泣く姿のうちに——すでに行平が何らかの形で刻印されていたことに気づくのである。「あの松こそは

行平よ」という言葉には、自らのうちに恋慕の対象を見出した驚きと喜びとが表れている。

では、行平が松風のうちにその姿を顕現し得たのはなぜなのか。松風はその現実以上の現実の根拠を、「たとひしばしは別るるとも、待つとし聞かば帰り来んと、連ね給ひし言の葉」の力に見る。そもそも、「待つ」という行為は、ある者の己れへの訪れがまさに顕現しうるという確信が根底にあってはじめて、現に発動、成立してくるものであろう。松風にとってそれは、行平に召され愛されたという強烈な出会いの確信であり、自らの本性を形作った行平の名づけであり、そしてまた、別れに際しての、「立ち別れ。因幡の山の峰に生ふる、待つとし聞かば、今帰り来ん」という行平の言葉であった。

この言葉の力・働きこそが、松風にとって、行平の再来を信じて待つための原動力となりえただろう。しかし他方、悲しみのうちにその言葉を信ずることを忘れてしまっていた村雨は、「げになう忘れてさぶらふぞや」と自らを恥じる。その村雨と対比する形で、松風は「（待たば来んとの言の葉を、）こなたは忘れず松風の、立ち帰り来ん御《おん》おとづれ」と自らの信を強調する。自らの悲しみや思いなしといったあらゆる感情に先んじて、この行平との再会を約する歌を「忘れず」、歌を「頼もし」と思う。そうした松風の強い「心」こそが、自らの限定的なありようを超え、行平との合一を目指す原動力となっていったのであろう。ただしかし、そのような松風の姿が強く打ち出されることによってはじめて、世の無常に対する「村雨」の涙は、恋の終極においては、ひたすらに恋の対象を信じ待つ姿へと包摂されていくことが予感されているのである。そのことは、「松風の立ち帰り来ん御おとづれ。つひにも聞かば村雨の、袖しばしこそ濡るるとも、待つに変《かは》らで帰り来ば」という詞章にもよく表れていると思われる。

してみれば、先にも述べたように、この「村雨」の「恋慕する者の不在を歎き悲しむ涙」は、「松風」の「恋慕する者との合一を目指し己れを超越していこうとする姿」に対し、恋慕のありようとして劣位におかれているわけではない。恋慕する者との合一、ひいては、恋慕する者の姿に何ほどか看取される「天・妙所」との合一は、決して一足飛びに実現できるものではない。現実の世界ではそれは、何ほどか予感され具体化されるものとしてあるのみである。その意味では、村雨の否定と歎きがあるからこそ、はじめて松風の「待つ」姿は正確に描き出されているとも言えよう。

二　松風ばかりや残るらん

ところで、行平の「形見」を身につけ、「かたみに」、互いに見、見られる者とが一体となった状態にあって、松風は舞を舞い、「磯馴松《そなれまつ》」を抱きしめる。松を抱きしめるというその行為は、松風としては「松」の行平を抱くことである。が、同時にまた行平として松風を抱くことでもあって、両者の合一化を予感させるものだろう。松を抱擁した後、松風の舞はさらに激しさを増すのである。

かくして、舞のうちに己れの日常的な枠組みが破られ、超え出るさまは、「松に吹き来る、風も狂じて」と謡われる。この「狂じ」た風は、まさに「松風」の舞によって昂ぶる心でもあろう。そうした風は、松風の心が天からの働きに応じた、その応答の顕れをも意味するであろう。そのように風と波とが激しく寄せ来る夜、松風は確かに行平の訪れを見るのである。

須磨の高波、激しき夜すがら、妄執の夢に、見見ゆるなり。

ここは、「妄執の夢に」すなわち夢の中にてという言葉があるためか、さらには「右まわりにまわってワキへ向く」（前掲『新編日本古典文学全集 謡曲集①』）というシテの動作があるためか、諸訳「この世に対する妄執の為に、夢の中にお目にかかるのでございます」（『謡曲大観』）「妄執のためにお僧の夢の中で、姿を見せたのである」（『新編日本古典文学全集』）「妄執の夢さめぬ私達がお僧の夢に昔の姿をお見せしたのです」（『新日本古典文学大系』）「この世への妄執のため、夢の中に、わたしは現れたのです」（『能を読む① 翁と観阿弥』）と、「松風（・村雨）と僧が夢の中で相まみえた」と取っている。しかし、「見る」が単に目に映ずるということ以上に、「対象を把捉する」意味を持ちえた古典的世界にあっては、「見る」はしばしば男女の関係になるということを意味する。それゆえ、「あなたを見、またあなたに見られる」という意味を持つ「見見ゆ」は、切実な恋心を持つ対象との邂逅を意味すると考えられよう。

試みに、謡曲の中の「見見ゆ」の例にあたっておこう。まず世阿弥作の「井筒」では、まさに業平の形見の冠直衣を身につけた有常女が、井戸の底に「さながら見見えし、昔男」を見るという文脈の中でこの語が用いられている。そこでは「見見ゆ」は、視覚的に見たという意味の他、男女の契りを交わしたという意味でも用いられている。また同じく、世阿弥作の「清経」では、入水した夫清経のことを歎き、恋する妻の夢に清経が現れたことを受け、妻が「よし夢なりとも御姿を、見見え給ふぞありがたき」とある。つまりそこでは、夢という特殊な場であるがゆえに、死者である夫と相まみえた喜びを「見見ゆ」という言葉で表現している。

こうした例は、僧の夢か恋の当事者である妻の夢かという違いはあるものの、「夢」という特殊な場であるからこそ相まみえることができた「恋する者同士の邂逅の奇跡」が、「見見ゆ」という言葉で表されていると言えよう。また、世阿弥改作とされる「柏崎」では、父親の死後息子花若が出家したという報に接した母が「などや生きてある母に姿を見みえんと、思ふ心のなかるらん」と、自分に逢いに来ようとせず出家を選択した息子の薄情を恨む際に「見見ゆ」を用いている。ここも、父が死に、母一人子一人となった状況にあって、なんとか子に逢いたいという思いが「見見ゆ」という言葉に表れていよう。

このように、少なくとも世阿弥にとって「見見ゆ」という言葉は、切実な感情を持つ相手との奇跡ともいうべき出会いを意味する言葉であることがわかる。

とすれば、先の松風の言葉、「妄執の夢に見見ゆるなり」は、僧の夢において——もっと言えば、僧もその中に巻き込んだシテ松風・村雨の夢において——確かに行平と相まみえた、瞬間的にでも男女の合一を果たし得たという高らかな宣言であり、歓喜の言葉なのである。しかし同時に、それは仏の目から見れば、行平という一人の男性に執する点で「妄執」であることも、松風自身によって（あるいは松風のうちに包摂された村雨によって）理解されている。それは、純粋な行平への恋心が否定されてくるかのような悲しい調べではある。

しかし、世の根源たる「妙所」への眼差しが深ければ深いほど、世に表れた一つ一つの有限な態は、それがどれほど至純で直《すぐ》なる思いに支えられたものであっても、超越的な根源の働きを一挙に十全に宿し得ることなどあり得ないことに気付いていくだろう。かくして、真摯に「恋慕」に生きる者は、真摯であればあるほど、その極限において、絶えず己れを超え出つつ、そこで選び取られた己れの態をよしとする心をも否定されていく、超出と否定の連続を生きざるを得ない。通常であれば世の常識に縛られ、あるいは利己心から、恋慕を全うすることのできない我々は、かえって死者となり世のあらゆる羈絆《きはん》から解放された「松風」のシテに、よりよく生きる者の範型を見出すのである。

最後に、夢から覚めた僧の耳には、「帰る波の音」「後《うしろ》の山おろし」「関路の鳥も声々」などと現実世界のあら

ゆる音が聞こえてくる。そして、

村雨と聞きしも今朝見れば、松風ばかりや残るらん、松風ばかりや残るらん。

とあるように、夜の夢の中では村雨が降ると聞こえた音も、いまでは松を吹き渡る風の音ばかりが残っているという詞章で本曲は締められる。

では、松風・村雨は成仏したのだろうか。松の抱擁という形で行平との邂逅を果たし、そしてそれらをしも妄執とする自覚を僧に打ち明けることで、妄執を手放すことはできたのだろうか。その答えは、一曲のうちには明示されていない。その点、同じ世阿弥作とされる曲でも、「清経」や「砧」などとは異なっている。すなわち、「げにも心は清経が、げにも心が清経が、仏果を得しこそありがたけれ」と救いが明示される「清経」や「法華読誦の力にて、法華読誦の力にて、幽霊まさに成仏の」とシテの成仏が語られる「砧」などと、本曲のありようは異なっているのである。

しかし、移り行く世への悲嘆の意味を持つ「村雨」は松風のうちに包摂されていると考えられよう。それゆえ、「松風ばかり」が残ったとする結末は殊のほか意味深長である。先に述べたように、「松風」はもともと、世のすぐれた治世や長寿といったためでたさをことほぐ際に松に吹き付けてくる「賀」の意味合いを持つものであった。自らの恋慕により選び取る「待つ」ための行為は、現実世界において絶えず否定に晒され続けてゆく。それでもなお恋慕することをやめない松風が、この世のはかなさに涙する村雨とともに、「天」「妙所」からの応答に包まれ救い取られていくことを、世阿弥は願っていたのではあるまいか。

本章の結語に変えて、「松風」の結末の理解にも深い関わりがあると思われる、『拾玉得花』（正長元（一四二八）年奥書）の「序破急」論について少しく言及しておきたい。第一章第二節「能の成立と「序破急」」で紹介したように、『拾玉得花』では、この世のもの・ことが成り立ってくる瞬間を「成就」「序破急成就」と言い表している。そしてさらに、「万象・森羅、是非・大小、有生・非生」「鳥のさへずり・虫の鳴く音」「一舞・一音」「舞袖《ぶしう》の一指《ひとさし》・足踏《そくたう》の一響《いつきやう》」（『拾玉得花』一九一）といったこの世のありとあらゆるもの・ことの成立のうちに「序破急」の「成就」があるという。

つまり、「序破急」とは本来的には時間の推移・展開を表すものである以上に、一つの態の成立の機微を表した言葉なのだ。ある一つの態がこの世に現出するとき、そこには「この世の成り立ちの根拠である天・妙からの働きかけ」が何らかの形で宿っている。しかし、個々の有限な態は有限であるがゆえに、超越的な「天」「妙」に一挙に到達することはあり得ない。だからこそ「よき態」とは、無限なるものに徹底して披かれたその本質において は、「動きあるもの」として捉えられる。人は、己れの選び取った態のうちに、その都度「天」「妙」からの働きを何ほどか宿しつつ、その態を絶対視し閉じこもってしまいがちな「心の悪しき働き」を絶えず否定するという形で、常に新たに「天」「妙」の十全な宿りを目指しゆくのである。

それはそのまま、行平との合一を願って舞い続ける松風・村雨の姿にも重なってくるだろう。すなわち、松風村雨という一人の人間（われわれの姿）は、その舞の姿をしも妄執と自覚し、「涙」と歎きという謙遜のうちに、また新たな舞を選びとっていく。かくしてわれわれは、松風・村雨のうちに、人がなし得る「恋慕」と「狂」との一つの象徴的な姿・形を見出しうるのである。

註

（1） 梅原猛・観世清和監修『能を読む① 翁と観阿弥 能の誕生』角川学芸出版、二〇一三年

（2） 相良亭『世阿弥の宇宙』（ぺりかん社、一九九〇年）では、この「祝言・幽曲・恋慕・哀傷・闌曲」の音曲的分類を、世阿弥が謡曲内で描いた心情・事態の分類に転用し得るという前提に立ち、世阿弥作（世阿弥改作とされるものも含む）とされる二十四曲をこの五つの分類に即して論じている（五つの分類のうち、「闌曲」は「闌意」と言葉を置き換えて分類している）。本書の、「松風」を「恋慕」の曲として扱う立場は、当該書の思想によるところが大きい。

（3） 小山弘志・佐藤健一郎校注『新編日本古典文学全集58 謡曲集①』（小学館、一九九七年）の頭注には、「松風」の出典の一つとして、『選集抄』の「昔、行平の中納言といふ人いまそかりける。身にあやまつこと侍りて、須磨の海に流されて、もしほたれつつ浦伝ひしありき侍りしに、絵嶋の浦にてかづきする海士人の中に、世に心とどまり侍りけるに、たより給ひて、いづくにや住みする人にかと尋ね給ふに、この海士人とりあへず、白波の寄する渚に世をすごす海士の子なれば宿も定めずと読みてまぎれぬ。中納言いとど悲しく覚えて、泪もかきあへ給はずとなん」を紹介する。

（4） 田代慶一郎「謡曲「松風」について―（下）」（『比較文学研究』四十九巻、一九八六年）では、松風・村雨の旧跡を教えられた僧の感慨、「さてはこの松は、古松風村雨とて、二人の海人の旧跡かや。～」から、「二人の海人」についての何等かの予備知識が当時の観客にあったことを推測し得ると指摘する。そして、「貴種流離譚に「迎える女」が登場するのも説話の一つのパターンだから、行平の須磨流離についても、そこにラブ・ロマンスの説話が生まれたとしてもおかしくない」とし、「松風」が作られた頃、行平が須磨で愛したのが「姉妹《おととい》二人」であるという民間伝承が観客の間に生きており、世阿弥がその民間伝承を「本説」として取り入れた可能性を指摘している。そして、そのうえで二人の海人乙女に松風村雨という名前をつけたのは世阿弥ではなかったかと予想している。

本書では、当時行平を須磨で迎える姉妹の海人乙女の民間伝承があったか否かについては問わず、世阿弥が「松風」「村雨」という名を創作したという前提に立ち、その名に託した役割についてのみ考察することとする。

（5） 久保田淳・馬場あき子『歌ことば歌枕大辞典』角川書店、一九九九年

（6） 今泉淑夫『世阿弥（人物叢書）』吉川弘文館、二〇〇三年

（7） 岡野守也『能と唯識』青土社、一九九四年

(8)『源氏物語』の引用は、阿部秋生・秋山虔・今井源衛・鈴木日出男校注『新編日本古典文学全集21 源氏物語②』(小学館、一九九五年)による。

第二章 「忠度」考

――「花こそ主なりけれ」の意味をめぐって――

永享二（一四三〇）年の奥書を持つ『申楽談儀』には、世阿弥が自作の能の出来栄えを論じた次の一条がある。

井筒《づゝ》、上花《くわ》也。松風村雨《むらさめ》、寵深花風《てうしんくわふう》の位歟《か》。蟻通《ありとをし》、閑《かん》花風斗《ばかり》歟。道盛《もり》・忠度《たゞのり》・よし常、三番、修羅《しゆら》がかりにはよき能也。此《この》うち、忠度《たゞのり》上花《くわ》歟《か》。（『申楽談儀』二八六）

右の引用のうち、「上花」「寵深花風」「閑花風」とは、世阿弥が能の芸位を仏教の九品になぞらえて九段階に分けて示した『九位』（成立年未詳）の分類による。この中で、「上花」は最高位の「妙花風」にあたり、「忠度」が「井筒」と並び最高位の評価を与えられているというのは諸書の指摘するところである。(1)

では、「修羅がかりにはよき能」として挙げられた「道盛」「忠度」「よし常（八島）」の中でも、特に「忠度」を「上花」とした理由はいかなるところにあるのか。その理由としてまず指摘されるのは、本説である『平家物語』において、忠度が「「遊士」性が強い」人物として造型されていたということである。世阿弥は『風姿花伝』において、修羅能の要諦として「源平などの名のある人の事を、花鳥風月に作り寄せて、能よければ、何よりもまた面白し」（『風姿花伝』二四―二五）と述べている。その基準に照らしたとき、世阿弥が能に仕立てた「敦盛」

「清経」「頼政」などのシテと比較しても、「忠度」がもっとも「「遊士」性が強く、従って最も世阿弥の条件にかなった人物」(2)であったということがいえるであろう。

これに加えて、「忠度」が「上花」とされた理由は、忠度が詠んだ辞世の歌である「行き暮れて木の下蔭を宿とせば花や今宵の主ならまし」という一首が、世阿弥が生涯にわたり追い求めた「花」の理念を見事に体現したものであったからだと思われる。そして、そのように考えるとき、一曲の最後に謡われた「花こそ主なりけれ」は、世阿弥の提唱した「有主風」の論を踏まえた、世阿弥の忠度への讃歌なのだと捉えられよう。

本章では、「忠度」のワキである旅僧の役割や「行き暮れて」の和歌の意味を考察することを通じて、「文武二道」を生きた忠度の「妄執」がいかなる内実を持つものであったかを明らかにする。そして、世阿弥作の謡曲が世阿弥の能楽論と緊密な関係を持つという前提のもと、『至花道』『拾玉得花』に見られる「有主風」の論を検討することを通して、「忠度」の「花こそ主なりけれ」にこめられた意味を探ることを目的とする。「花こそ主なりけれ」は従来、「「花」すなわち「忠度」と、両者を一体化している」(3)ことばだと解釈されてきた。しかし本章ではむしろ、忠度という一個人の思惑や執心がひとたび否定・捨象されることで、「まことの花」に与りゆくことができるという、人間の可能性を示すことばであることを明らかにしてゆきたい。

第一節　問題の提示――「花こそ主なりけれ」の「主」とは

一　「忠度」の概要とあらすじ

「忠度」は修羅物のうちの一曲で、作者は世阿弥とされている。応永三十（一四二三）年奥書の『三道』に「薩摩守」の曲名で見えることから、それ以前の作とされる。『平家物語』巻七「忠度都落」ならびに巻九「忠度最期」を本説としており、ことに「忠度都落」にある、『千載集』に自歌をとられるも、勅勘の身ゆえ「読み人知らず」とされたという逸話を中心に据え、「文武二道」にすぐれた忠度の「歌人」としてのありように焦点を当てているところを特徴とする。

以下に「忠度」のあらすじを述べる。

季節は春。もとは藤原俊成（『千載集』の撰者）に仕え、俊成の死後出家の身となった僧が、西国行脚を思い立ち、従僧とともに都を発つ。旅中に立ち寄った須磨の浦にて旅僧たちが一本の若木の桜を眺めていると、山から薪を運ぶ老人に出会う。問答をしているうちに早くも日が暮れたため、旅僧たちは老人に一夜の宿を所望するが、老人は「行き暮れて木の下蔭を宿とせば花や今宵の主ならまし」という忠度の辞世の句を引き、桜の木の蔭を宿とするよう勧める。老人はこの木は平忠度の墓標であるとして僧に弔いを頼み、僧の回向の声を聴いて喜ぶ様子を見せつつ姿を消す。

夜に僧が桜の木陰で旅寝をしていると、霊が昔の姿で現れ、自分の歌が『千載集』に採られた際に、勅敵であるために〈読み人知らず〉と記されたことを嘆き、作者名を入れるよう、俊成の子・定家にとりなしてくれと旅僧に頼む。その後、忠度の霊は平家都落ちの際に俊成の家を訪れて和歌を託したことや一の谷の合戦で岡部六弥太と戦って討死したこと、その際に箙につけた短冊に「行き暮れて」の和歌が記してあったことから六弥太がその名を知ったことなどを物語り、僧にさらなる回向を頼んだうえで「花こそ主なりけれ」と語る。

二　「行き暮れて」の歌の意味

あらすじからも窺えるように、本曲の中心は疑いもなく忠度の辞世の歌、「行き暮れて木の下蔭を宿とせば花や今宵の主ならまし」にある。旅僧たちと老人との出会いの場が「若木の桜」のもとであること、老人が桜の木の下に留まることを勧めた際に根拠として繰り返し詠じたのが「行き暮れて」の和歌であることからもそのことは窺えるだろう。また、僧が旅寝をし、また忠度の魂魄が現れたのも桜の木のもとであること、また終曲部でも「行き暮れて」の和歌が再度繰り返され、曲の最後が「花こそ主なりけれ」で締められることも、一曲全体が「行き暮れて」を軸に成り立っていることの証左になるだろう。『謡曲大観』の概評では「それにしても、「行き暮れて」の歌を三度まで繰り返した上、なほ最後までこの歌を以て結んでゐるのは、あまりにくど〳〵しい感を與へないでもない」と同一和歌の再三の引用に否定的な見方を示している。

だが、見方を変えれば、「たゞ長きが悪き也」（『申楽談儀』二八九）と、詞章が冗長に陥ることを悪としていた世阿弥が三度まで和歌を引くという事実が、「忠度」におけるこの和歌の重要性を証拠づけているともいえるであろう。『千載集』における「読み人知らず」の記載が「妄執の第一」とされながら、曲中に入集歌の「さゞ浪や志賀のみやこはあれにしをむかしながらの山ざくらかな」(4)が引かれないのも、観客（読者）の注意をただこの「行き暮れて」の和歌に集中させたいという配慮からであろうと思われる。

おそらく、世阿弥にとってこの「行き暮れて」の和歌との出会いが、「忠度」という曲の、さらには歴史上・文学上の人物である「忠度」との出会いの始発点であったのだ。世阿弥は「花は今宵の主ならまし」という歌に思いを潜め、その意味を探究し、「花こそ主なりけれ」という確信を得た。「忠度」における僧の「げにげにこれは花の宿なれどもさりながら、誰《たれ》を主《あるじ》と定むべき」の問いも、その他の詞章も、「忠度」の全体はこの「花こそ主なりけれ」という一文に観客（読者）を導くために作られたのではなかろうか。世阿弥の「忠度上花歟」という自讃の言葉も、「花鳥風月に作り寄せ」得たことへの満足、すなわち「人の風雅の営み（ここでは和歌）が持つ意味」を極めて純度の高いやり方で描き切ったことへの満足の表れだと見たい。

では、なぜ世阿弥は「行き暮れて」の歌にそれほどまでに惹かれたのか。筆者は、「忠度」の成立には、『至花道』（応永二十七（一四二〇）年奥書）、『花鏡』（応永三十一（一四二四）年までに段階的に成立）、また時期は「忠度」執筆時より下るが『拾玉得花』（正長元（一四二八）年奥書）で説かれた芸の「主」をめぐる思想が大きく関わっていると考える。世阿弥能楽論における「主」とは、結論を先取りすれば、「現在言うところの個性や個我といったものを超えた本来の「主体」、不可知なる「妙」の働きを宿した本来の自己」を意味したと考えられる。この思想を持つ世阿弥が「花こそ主なりけれ」と語るとき、そこには単なる「花」とシテ忠度との一体化という意味を越え、人が不可知なる「妙」の働きに心貫かれ、「妙」の働きの顕現する場となる機微が見て取れるだろう。このことを明らかにするために、以後は「忠度」の詞章の検討を通じて一曲中の「花」の意味、および「花」をめぐっての旅僧と忠度との変容を跡づけていき、最後に「花こそ主なりけれ」に見られる思想を、世阿弥能楽論の「主」の論を踏まえて考察していきたい。

第二節　問答におけるワキの変容

一　「俊成の御内」である僧と「花」

あらすじでも述べたように、「忠度」は俊成卿に仕えていた者で、俊成の死後出家をした僧が西国行脚を思い立つところから書き起こされている。通常、「諸国一見の僧」として特にその背景が語られることのないワキが、右のような性格づけをなされていることの意味は大きい。僧が「俊成の御内」であるということは、まず、曲の後半において忠度が「『千載集』の自身の歌に名をつけてほしいと、俊成の子・定家に頼む」際の、伝達役になり得るという意味を持つ。しかし、問題はそれだけにとどまらない。それは、この「『千載集』の撰者である俊成の御内」であった僧が、

花をも憂《う》しと捨つる身の、花をも憂しと捨つる身の、月にも雲は厭《いと》はじ。
これは俊成《しゆんぜい》の御内《みうち》にありし者にて候。さても俊成《としなり》なくなり給ひて後、かやうの姿となりて候。

と語っているからである。もちろん、出家という行為がこの世の執着を捨て去りたいという発心において成り立つのだとすれば、僧の右の言葉は至極当然のことでもある。しかし、ここで注目したいのは、その「花」の執着を捨てたいと思ったきっかけである。

佐藤正英によれば、世阿弥作の夢幻能十七曲のうち、半数を越える九曲のワキは流離する隠遁者であるという。(5)また、ワキがなぜ山から山を越えていく一所不在の境涯を選んだのか、その経緯は通常は語られないとしつつも、たとえば『朝顔』のワキが「親に後れし愁歎により、元結切り諸国を廻り候」と語るように、出家の背景には「父母の死が、己れの生の依りどころをめぐる不安を一挙に噴出せしめた」という事情が考えられるとする。そして、『朝顔』に限らず、夢幻能のワキは、「己れを仏道修行へと追いやるものを己れの裡に抱えて」おり、「己れの生の拠りどころを見失って、それをふたたび得ようとしている」と指摘している。この佐藤の見解に拠るな

らば、「忠度」のワキの僧は、俊成の死を契機に、生の拠りどころを失い、その拠りどころを再び得るために西国行脚を思い立ったということになる。和歌の家たる、しかも天皇の命により勅撰集を編むほどに「花鳥風月」をこととする俊成の御内にあってみれば、「花」「月」はもっとも大切にすべき人生の価値として、このワキには認識されていたであろう。しかしワキは俊成を死によって失ってしまった。大切な者の死は、遺されたものに計り知れないほどの喪失感と不安を与える。その不安を乗り越え、仏の世界に安住の地を求めるべく、ワキは「花をも憂しと捨」て、「月にも雲は厭は」ない、すなわち花鳥風月の世界を捨て去り、花鳥風月の世界が損なわれても意に介さない存在であると自らを規定しなおそうとしている。

しかし、僧のその宣言が決して額面どおりに受け取られるものではないことは、次に続く道行の文章、また「若木の桜」への態度に明らかである。僧は、「憂きもの」として捨てたはずの花鳥風月の世界を、「歌枕の探訪」という形で辿りなおしている。

> 城南《せいなん》の離宮に赴《おもむ》き、都を隔つる山崎や、関戸《せきど》の宿《しゆく》は名のみして、泊《とま》りも果てぬ旅のならひ、憂き身はいつも交はりの、塵の憂き世の芥川《あくたがは》、猪名《ゐな》の小笹《をざさ》を分け過ぎて、月も宿借る昆陽《こや》の池、水底《みなそこ》清く澄みなして、蘆《あし》の葉分けの風の音、蘆の葉分けの風の音、聞かじとするに憂き事の、捨つる身までも有馬山《ありまやま》、隠れかねたる世の中の、憂きに心はあだ夢の、覚《さ》むる枕に鐘遠き、難波《なにわ》はあとに鳴尾潟《なるをがた》、沖波遠き小舟《をぶね》かな、沖波遠き小舟かな。

「芥川」「猪名」「昆陽の池」「有馬山」「難波」「鳴尾潟」はいずれも歌枕であり、ことに「有馬山」「猪名」は、

『後拾遺和歌集』所収、百人一首にも採られた大弐三位の「有馬山猪名の笹原風吹けばいでそよ人を忘れやはする[8]」の和歌を想起させる。そして、歌枕により鮮明になる亡き俊成の面影は、「風の音、聞かじとするに憂き事の、捨つる身までも有馬山」と、いよいよ僧の中の「憂さ」を助長していく。僧の中には、「新たなる生の拠りどころを求めて花を捨てようとする心」と「歌枕によって想起される俊成や、俊成が体現していた花に否応なく惹かれる心」の二重性があり、その中で「憂し」は解消されないものとして僧の中にくすぶり続けている。その意味で、僧が語った「花を捨」てることは、右の引用文に四度繰り返される「憂き」の言葉に表されている。その意味で、僧が語った「花を捨」てるという行為は不徹底なものであり、その後の老人（前シテ）との出会いを通して変容しゆくものであると予想される。とすれば、ワキの視点に立てば、「忠度」は「花をも憂し」と捨てたはずの僧が、老人すなわち忠度の霊との出会いによって、「花こそ主なりけれ」という真実に出会う、いわば「花の再発見」の物語であるといえよう。

僧は旅を続ける中で、須磨の浦にたどり着き、そこで一本の「若木の桜」を見つける。

やうやう急ぎ候ふほどに、これははや津の国須磨の浦とかや申し候。またこれなる磯辺《いそべ》に一木《ひとき》の花の見えて候。承り及びたる若木の桜にてもや候ふらん。立ち寄り眺めばやと思ひ候。

僧がこの地に植え置かれた「若木の桜」に対し何らかの知識を有していたことは、「承り及びたる」という言葉によって確認される。しかし、それは後に語られる、「忠度の墓標としての桜」の詳細な由来を知っていたということを意味するものではない。旅僧が最初「若木の桜」を忠度の墓標と認識しなかったことは、老人にこの桜は忠度亡き跡にゆかりの人が植え置いた「しるしの木」だと聞いた際に、「こはそも不思議の値遇《ちぐ》の縁、さしもさばかり俊成の、和歌の友とて浅からぬ、宿は今宵の、主の人」と、偶然のめぐりあわせに驚いていることからも窺える。僧は、ことの仔細を把握せぬまま何らかの由緒がある景物として「若木の桜」を「立ち寄り眺めばや」とゆかしく思ったのかもしれない。あるいはまた、「若木の桜」の語の元々の由来である、『源氏物語』の「須磨には、年かへりて日長くつれづれなるに、植ゑし若木の桜ほのかに咲きそめて」の一節から、貴人が流離の地にあって心の慰めとした若木に心惹かれたのかもしれない。いずれにせよ、桜をただの自然物と見ず、桜の背後に「承り及びたる」伝承、つまりはその木にまつわる人の営み、想いの集積を見るという在り方は、花鳥風月をこととする歌人の姿勢に他ならない。そして、この風雅を大切にするワキの心が、「須磨」という地が持つ「憂さ」「寂しさ」に、さらには老人（忠度の霊）の抱える「憂さ」に共鳴していくのである。

二　問答による僧の心の転換

若木の桜のもとに立ち寄った旅僧たちの前に、塩木を運ぶ老人が現れる。

げに世を渡るならひとて、かく憂き業《わざ》にもこりずまの、汲まぬ時だに塩木《しほき》を運べば、干せども隙《ひま》は馴《な》れ衣《ごろも》の、
浦山かけて須磨の浦、

老人は、生きていくためのたつきとして、「憂き」業と知りながら日々海で塩を汲み、山で塩を焼くための薪を採っているという。須磨という土地は、「海づらはやや入りて、あはれにすごげなる山中《やまなか》なり」[7]と『源氏物語』

で語られ、また老人自身によって「人音稀《ひとおとまれ》に須磨の浦、近き後《うしろ》の山里に」と謡われるように、近接する海と山によって場を形成していることが特徴である。その須磨の浦・山両方を日々通う翁は、「須磨」という場の持つ特性を知悉している者であることが予想される。加えて、須磨という地を語るうえで不可欠であるのが、在原行平が須磨で詠んだ歌により定着した「わびしさ」「さびしさ」のイメージである。

そもそもこの須磨の浦と申すは、さびしき故にその名を得《う》る、わくらはに問ふ人あらば須磨の浦に、藻塩垂《もしほた》れつつ侘《わ》ぶと答へよ、げにや漁《いさ》りの海人小舟《あまをぶね》、藻塩の煙松の風、いずれかさびしからずといふ事なき。

行平が「涙で袖を濡らしながらわび住まいをしている」と歌ったこの歌は、須磨に流謫の身であった源氏が引用することによってさらに強調され、「須磨の浦と申すは、さびしき故にその名を得る」すなわち「さびしいということによって有名である」と言われるまでに、須磨という地の印象を決定づけている。老人は、海・山両方によって生活の糧を得、「憂き」わざを行うことによって、「須磨」という場に極めて親和性の高い人物として登場している。

注目すべきは、旅僧たちがその「須磨」という地と親和性の高い老人と問答を重ねる中で、老人によってその無分別・無風流をたしなめられている点である。まずはじめに、自らを「海人」であると名乗る老人に、「山ある方《かた》に通はんをば、山人《やまびと》とこそ言ふべけれ」と旅僧が指摘するところから問答が始まる。山に通っているなら海人でなく山人だ、という旅僧に対し、老人は問う。

そも海人びとの汲む汐《しほ》をば、焼かでそのまま置き候ふべきか。

海人として生計を立てるためには、汲んだ汐を焼いて製塩しなければならない。そのために老人は、須磨の浦近くの「後の山里」に柴を採りに通っている。かくして、老人は己れが海人として自らを規定するためには同時に山人である必要があると述べ、その「理」がわからぬとは、「あまりにおろかなる、お僧の御諚《ごぢやう》かなやな」と難じるのである。この問答は、「海」と「山」、「海人」と「山人」という存在を対立的に捉えている僧の見方を否定していくという意味があろう。また、この対立的なものの見方の否定は、後述するように、「武人」と「歌人」とを対立的に捉えるものの見方を否定していくことにもつながっていくと思われる。

老人の説く「理」に対し、旅僧は「げにげにこれは理なり」と素直に納得し考えを改める姿勢を見せている。老人と問答をし、自らの対立的な捉え方を無みしゆくことで、僧が「花」に新たに出会っていく道の端緒が開かれたと言ってよい。

続けて、一曲の中心となる若木の桜をめぐる問答が行われる。僧と語り合ううちに急に日が暮れてゆくのを見た僧は、老人に一夜の宿を請う。それに対し、老人は「宿」にゆかりのある若木の桜を前にして他の宿を請う無風流さを嘆く。老人は、「行き暮れて木の下蔭を宿とせば花や今宵の主ならまし」と詠じた人がこの若木の桜の下に眠っているのだと語り、その名を知られることなく埋もれている歌の詠み手のありようを「いたはしや」と慨嘆する。そして、自分のような身分賤しい海人でさえも常々この木に立ち寄り死者の霊を弔っているのに、なぜお僧たちはわずかな縁しかないとはいえ、弔いをしないのかと難じ、「おろかにましますす人々かな」と再び旅僧の「おろかさ」を指摘するのである。

この、シテとの問答によってワキがやりこめられる構図については、大谷節子の非常に興味深い論考がある。大谷は、「世阿弥を生んだ中世の時代精神は、逆転の視座を好んだ」とし、「中世という時代は、順に逆を見、逆に順を見、是に非を、非に是を、善に悪を、悪に善を看破し、主に従、従に主、貴に賤、賤には貴が存することを見抜いていた」と、世阿弥の示す能の主題や構造に中世の時代精神が色濃く反映していることを指摘している(8)。そしてさらに、その時代の精神が「世阿弥の作品の中でしばしば実現される、逆説、逆転の構図」に見て取れるという。「阿古屋松」における実方を諭す山賤、「江口」における西行を歌によって言い負かす遊女、「敦盛」における蓮生に反駁する草刈り、「志賀」における当今に仕える臣下を諫める山賤、「卒塔婆小町」における教化しようとする僧に論駁する乞丐《こつがい》人、そして「西行桜」における西行を諭す老人(花の精)。これらは世阿弥によってみな「心ある」者として描かれるという。「「賤」にして「鄙」」なる、山賤をはじめとする「下人」は、「風流心のかけらも持ち合わせるはずのない身でありながら、「貴」なる「都」人である」実方をはじめとする「上人」には「思い及ばぬ「心」を知って」おり、その「心ある」下人たちは、「理り」を知り、「理り」を説くことで自らの「心」を説いてゆくのである。また、「シテの姿、ことばに込められた「心」は、時に、「本説」と言い換えることが可能」であり、「心ある」身が「古歌の喩への心」(「志賀」)、すなわち本説の意味を解き明かすことで劇は展開し、一曲の主題が明らかになってゆくという。

この「本説」と「心」との関係は、そのまま「行き暮れて」の歌を引き、その歌の意味を自らの語りによって解き明かそうとする老人、すなわち「忠度」のシテの「心」にあてはめて考えることができるであろう。またここで語られる「心」は、後に見る、世阿弥能楽論における「主に成る心」と同じ意味を持つであろう。結論を先取りするならば、「心ある身」としてのシテの「心」は、あらかじめ自明のものとして存在するのではなく、「行き暮れて」の歌に込められた真実、歌の深秘を問い直してゆく中で、その歌の真実を体現する「器」となるものとして、新たに発見されてゆくものなのである。

三 「花や今宵の主ならまし」

では、「忠度」のシテが解き明かそうとした「行き暮れて」の歌は、一曲の中でどのような意味を持つものとして捉えられているだろうか。シテが旅僧たちに「行き暮れて」の歌を開示する、以下の場面を検討してゆく。

シテ　行き暮れて木の下蔭を宿とせば、花や今宵の主ならましと、詠《なが》めし人はこの苔《こけ》の下、いたはしやわれらがやうなる海人だにも、常は立ち寄り弔《とむら》ひ申すに、お僧たちはなど逆縁ながら弔ひ給はぬ、おろかにまします人々かな。
ワキ　行き暮れて木の下蔭を宿とせば、花や今宵の主ならましと、詠めし人は薩摩守《さつまのかみ》、
シテ　忠度と申しし人は、この一の谷の合戦《かせん》に討たれぬ。ゆかりの人の植ゑ置きたる、しるしの木にて候ふなり。
ワキ　こはそも不思議の値遇《ちぐ》の縁、さしもさばかり俊成《としなり》の、
シテ　和歌の友とて浅からぬ、
ワキ　宿は今宵の、
シテ　主の人、

「行き暮れて」の歌は、ここでは二度繰り返されている。はじめに忠度自身が、「行き暮れて」の作者がこの花の苔の下に眠っている、と言表することで、旅僧ははじめて、いま眼前にある「若木の桜」が自分の主人である俊成の「和歌の友」である忠度の墓標であり、「行き暮れて」の秀歌を残した忠度が、まさに「行き暮れて」この地に眠り、「花が主」となったしるしの木であることを知るのである。須磨の地の「さびしさ」に共鳴し、老人との問答によって物の見方の変容を迫られた旅僧は、「若木の桜」の前で主人のかつての和歌の友と出会うことで、はじめて「和歌の道に行き暮れ、その「主」たる「花」に随順してゆく」という生き方の可能性を目の当たりにする。旅僧は驚きとともに、真摯に忠度を弔う心となる。

ここでやや視点を変えて、この「行き暮れて」の和歌の結句にある「まし」の意味を考えたい。「まし」はもともと「反実仮想」の意味を持つものとされ、現実の事態と反する出来事を示す助動詞として機能していたが、中世の擬古文や歌には「む」と同じく単なる推量として機能する例も出てきたとされる。『日本国語大辞典』でも、単なる推量を表す例として、この「行き暮れて」の歌を挙げている。しかし、「まし」の本来の意味が「対象自体を可能性として提示し、別の可能性と比較する(9)」ことにあるのだとすれば、やはり「花や今宵の主ならまし」には、助動詞「む」を用い「花や今宵の主ならむ」と言表したときとは異なる意味合いが込められてくるだろう。

すなわち、「行き暮れて」の歌を詠んだときの忠度には、「花が主」となる事態とは、将来おそらく実現するであろう事態としては受け止められていない。むしろ、「己れの生をまっとうせず、風雅の根本たる花を主としてそのもとに安んじることができない事態」になり得る可能性を絶えず抱える中で、「己れの生をまっとうし、風雅の根本たる花を主としてそのもとに安んじることができるという、人の生の望ましい可能性」を「まし」という言葉で言い取っているものと思われる。このとき、「行き暮る」という言葉は、目指す道が中途半端に断たれるという否定的な意味ではなく、「命には終りあり、能には果てあるべからず」(『花鏡』一〇八)というように、道に邁進したがゆえの、「旅の途次」の安らいを意味するものであるだろう。

しかし、繰り返すが、「行き暮れて」の歌を詠んだときの忠度には、「花が主」となるありようは、人の生が持ち得る可能性として望見されているに過ぎない。「花や今宵の主ならまし」と疑問の「や」が差し挟まれていることも、「花が主」である事態が忠度にとっての「わからなさ」をはらむものであることを証拠づけているだろう。忠度が実際に「花を主」とする生き方ができるのか否か、その答えは忠度が生を終え、その生の総体が他者の眼によって受け止められてはじめて導き出されるものである。

第三節　弔いにおけるシテの変容

一　忠度にとっての「名」

老人が僧に弔われたいという意向を示し姿を消した後、旅僧は「津の国須磨の浦に住まひする者」に、この地に伝わる忠度の歌の『千載集』入集のいきさつと忠度の最期の様子を聴く。老人が忠度であることをほぼ確信しつつ、旅僧は老人の願いを受け、また須磨の浦の住人の勧めにしたがって、花の蔭に旅寝しつつ、夢における忠度との邂逅を待つ。やがて忠度は姿を現し、己れの妄執を顕わにする。

さなきだに妄執《まうしふ》多き娑婆《しやば》なるに、なになかなかの千載集の、歌の品《しな》には入りたれども、勅勘《ちよつかん》の身の悲しさは、読人知らずと書かれし事、妄執の中の第一なり。

ここにおいて、忠度の霊の成仏を妨げる「妄執」は明らかとなる。平家が朝敵となったがゆえに、入集を切望した『千載集』に歌は採られたものの「読み人知らず」と記載され、歌人としての「名」を否定されたことを、忠度はこの世への未練としている。執着を捨てよという仏教の教えに照らせば、忠度のこうした妄執はまさに否定されるべきものであろう。

しかし、本曲において、この「歌人としての名を残したい」という忠度の願いは、少なくとも表向きには僧によって否定されることはない。忠度自身がその願いを「妄執」と断じていることから、「歌人としての「名」を残したい願望」は最終的には否定されるものとして捉えられてはいるが、その願いが僧によって「つまらぬもの」と一蹴されることはない。むしろ僧は「まづまづ都に帰りつつ、定家にこのこと申さん」と語っており、忠度の願いが僧によって定家に伝えられる可能性が示されている。これは、同じく世阿弥作の「実盛」において、「輪廻妄執の閻浮《えんぶ》の名を、また改めて名のらん事、口惜しうこそ候へとよ」と名を名乗ることをためらった実盛に対し、「げにげに翁の申すところ理《ことわり》至極《しごく》せりさりながら、一つは懺悔《さんげ》の回心《ゑしん》ともなるべし」といって名を名乗ることを熱心に進めた他阿弥上人の姿勢と一致しているだろう。先に旅僧自身によって示されたように、「花」に惹かれる心は捨てようと思って捨てられるものではない。同様に、「花」を見事に形象化し得た、よき業をなし得たと思う気持ちは、捨てようと思ってもなかなか捨て切れるものではない。ここでは、その妄執を、須磨の地に共鳴し、忠度に共鳴した僧が聴き取り、その死を「いたはし」と思いつつ、供養することが求められているのである。

現に、忠度が僧に願うことは「御身は御内にてありし人なれば、今の定家君《ていかきみ》に申し、しかるべくは作者を付けて賜《た》び給へ」という一事のみではない。忠度は同時に、「お僧に弔《と》はれ申さんとて、これまで来《き》たれり」とも語っている。忠度は、歌人としての己れをまっとうし、「歌人」としての「心の花」を十分に開花し得たものとして「名」を認められたいと思っている。そして、その願望が果たされてはじめて、僧の回向のもと、仏の「花の台《うてな》」に抱き取られて個我を解消していくという願いがかなえられると考えている。この「僧の回向」は、夢幻能の定型として見過ごされがちだが、この「回向」こそが、曲の最終部で忠度が「花が根に帰る」力を与えていると思われる。

そのうえで、忠度の「夢物語」においては、文武二道を謳われた忠度の、死の間際まで文と武をまっとうしようとした生のありようが語られる。「夢物語」の冒頭で、

げにや和歌の家に生れ、その道を嗜《たしな》み、敷島《しきしま》の蔭《かげ》に寄つし事、人倫において専《もつぱ》らなり。

と語られることの意味は大きい。人として生まれこの世に生きていく中で、もっとも肝要なことは、日本古来の道である歌道を頼みとし、和歌の道に自らの存在を預けてゆくことだと忠度は語っているのである。「敷島の」は「大和」にかかる枕詞で、「敷島の道」は「敷島の大和歌の道」を意味する。『古今和歌集』の仮名序、あるいは仮名序の文言に想を得て作られた「高砂」においても、天皇の治世は和歌の繁栄と不可分のものであるとして語られてきた。この国の十全なありようを支えてきたのは和歌であり、「和歌の家」のものとして、和歌の道に邁進していたことの自負が、忠度にはある。

その忠度にとって、平家一門の都落ちのさ中に、

心の花か蘭菊《らんぎく》の、狐川《きつねがは》より引き返し、俊成《としなり》の家に行き、歌の望みを歎きしに、望み足りぬれば、また弓箭《きうせん》にたづさはりて、

という行動をとったことは、至極当然のことであった。「文武二道」を生きる忠度は「敷島の蔭に寄」る「心の花」ゆえに俊成に『千載集』入集を願い、その望みが聞き届けられるや否や、安んじて武人としての道に戻ってゆく。文と武の両方を大切にする生き方に、忠度自身は何らの矛盾も感じていなかったであろう。

「夢物語」をする忠度は、『千載集』入集の望みがかなうと知った後、武の道においても最期まで武人としての己れをまっとうしようとしたことを語る。そのことは、「忠度」の本曲である『平家物語』巻九「忠度最期」と「忠度」における、最期の描写の相違にも表れている。『平家物語』において印象的な、「六弥太の「名のらせ給へ」という呼びかけに対し、「是はみかたぞ」とたばかって戦いを回避しようとした忠度が、鉄漿黒《かねぐろ》によって敵であることを知られてしまう」というエピソードは、「忠度」においては省かれている。「忠度」では、六七騎にて追いかけてきた六弥太に対し、「これこそ望むところよと思ひ、駒の手綱を引つ返せば」といさぎよく戦いに応じる姿が描かれる。「仮令《けりやう》、源平の名将の人体の本説ならば、ことに〳〵平家の物語のまゝに書《かく》べし」(『三道』一三八)として、本説のみだりな改変を戒めた世阿弥であってみれば、このエピソードの改変は一曲を成り立たせるためにどうしても必要なものであったのだと考えられる。右の腕を打ち落とされ、自らの最期を悟った忠度は、西を拝み、「光明《くわうみやう》遍照《へんぜう》十方《じつぱう》世界《せかい》、念仏《ねんぶつ》衆生《しゆじやう》摂取《せつしゆ》不捨《ふしや》」と念仏を唱え、いわば「仏の力の蔭に寄つ」た形で、

首を討たれ生を終えるのである。

このように、「忠度」において、生前の忠度は、文においても武においても、己れに何ら恥じることのないありようを示していた。妄執は、この「文武二道」を生き抜いた忠度の、「文」のありようを他ならぬ「和歌の友」によって否定されたことで生まれたのである。「勅勘の身」であるがゆえに勅撰和歌集たる『千載集』に名を載せられない、というのは、武人としての忠度の立場を歌人としての忠度の世界に持ち込み、武人の理屈で歌人の「名」を否定することである。これは、「山に通うのであるから山人と名乗るべきで、海人と名乗るのは間違っている」という曲前半の旅僧たちの論理に通うものである。

こうしてみていくと、『千載集』に名を記してほしいという忠度の願いの本質が見えてくる。それは、秀歌の主として世間に認められたいといった功名心によるものではなく、歌人として、そして武人として生をまっとうしようとした己れのありようをそのままに受け止めてほしいという願いに他ならない。

二 「花は根に帰るなり」

そして、この忠度の願いは、「夢物語」を「和歌の友」たる俊成の御内である旅僧が受け止めることによってかなえられていく。先に、本曲である『平家物語』中の忠度の最期と、「夢物語」における描写には相違が見られることを述べた。その相違は、忠度を討った六弥太の態度にも見られる。『平家物語』において、忠度の頸を打ち落とした六弥太は、「よい大将軍うッたり」と思うのみで、忠度の死を悼むという態度は見せない。(10) 短冊の歌とそれに付した「忠度」の署名も、六弥太にとっては自分の討ち取った敵の名を明らかにする手段に過ぎず、六弥太は太刀の先に忠度の頸を貫き、高く差し上げ、大音声で薩摩守を討ち取った己れを誇るのである。「あないとほし、武芸にも歌道にも達者にておはしつる人を。あッたら大将軍を」と涙を流すのは、周囲の心ある敵味方であって、六弥太ではない。

翻って、「忠度」での六弥太は、

いたはしやかの人の、御死骸《おんしがい》を見奉れば、その年もまだしき、

と、まだ年若い身でありながら命を終えた敵の武将を「いたはし」く思い、身につけた雅な「錦の直垂」から身分高い公達の一人であろうと推しはかったうえで、「御名ゆかし」く思う。その六弥太の想いに応えるように、箙《えびら》の短冊が六弥太の視界に入ってくる。

行き暮れて、木の下蔭を宿とせば、花や今宵の、主ならまし、忠度と書かれたり。
さては疑ひ嵐の音に、聞えし薩摩の守にてますぞいたはしき。

繰り返される六弥太の「いたはし」き想いは、武人である忠度と歌人である忠度への両方に寄せられている。「忠度」の後半において、忠度による語りが、六弥太の視点で語られることの意味はここにあるだろう。「夢物語」において、六弥太は、最期において文武の道に恥じぬ振舞いをした忠度を受け止め、惜しむ者として変容を遂げている。そして、「夢物語」の聴き手である旅僧が、その六弥太の眼を共有し、ともに「いたはし」と思うことで、忠度の歌人としての「名」が顕わになり、歌人としての個の営みが「花」開いた。それによってはじめ

て、「花は根に帰る」ことが可能となったのである。

「花は根に帰る」は『千載和歌集』の「花は根に鳥は古巣に帰るなり春のとまりを知る人ぞなき」（崇徳院）がもとになっていると言われ、世阿弥は『夢跡一紙』においても「根に帰り古巣を急ぐ花鳥の、同じ道にや春も行くらん」（『夢跡一紙』二四二）と、この崇徳院の歌を本歌とした二条為定の歌を引いている。「花は根に帰る」とは、現象としては、花が嵐によって散らされることを意味している。もともと須磨の地における風・嵐は「藻塩の煙松の風」「嶺の嵐や山おろしの、音」「通ふ浦風に、山の桜も散るものを」「浦風までも心して、春に聞けばや音すごき」「浦風も心せよ」「さては疑ひ嵐の音に」と、一曲を通じてその音を響かせてきた。「夢物語」が終わるまでは「心して」花を散らすまいと心遣いしていた嵐は、「夢物語」の終わりに忠度という文武二道を生きた「個」の花が、疑いが晴れ十全に開花した瞬間に、「いまは疑ひよもあらじ（嵐）」と吹き付け、花を散らした。「花は根に帰る」とは、「個人」としての忠度が「花」を開花させた、その営みに執する心が「風」の働きによって否定され、散るという形をとって、根源に立ち返ってゆくことを示しているだろう。そして、「花」を散らす風は、僧の回向に重ねて捉えられているように思われる。回向を頼むということは、一旦開花させた「花」を絶対的なものとして執する心が、「他者の回向の声に宿る仏の力」によって散らされていくことを望むことであるといえよう。

三　「花こそ主なりけれ」

かくして、「花は根に帰る」という契機を得て初めて、忠度の歌において可能性として描かれていた「花こそ主」という真理が、忠度によって確信とともに、また「けり」に込められた発見の驚きとともに語られることとなった。従来、この「花こそ主なりけれ」の言葉は、「花がその宿主なのです。そして私がその花の主です(11)」「この花の宿の主は、ほかでもないわたくし忠度なのです(12)」「花すなわちわたくしが宿の主人である(13)」などと訳され、若木の桜が忠度の墓標であることから忠度が「花の主」であるとする解釈や、桜の花と忠度とを同一視する解釈が取られてきた。確かに、忠度が詠歌という営みを通じて「花鳥風月」をかたどり、和歌に「花」を現出させるという意味においては、忠度が「花」（を現出させる存在）であるという言葉は間違いではない。しかし、先に見たとおり、忠度という個の存在と「花」は決して無媒介に結びつくのではない。むしろ言葉でもって「花」を現出させる行為、とりわけ「我」が「花」を現出させたという意識が否定され、個の「花」を一度「散らされ」、否定されて、「根に帰」ることを通じて、はじめて「主」である「花」に与りゆくことができるのである(14)。

そして、この「花こそ主なりけれ」の言葉は、世阿弥能楽論における「主」の把握に照らしてみると、よりその真意が明確になるであろう。そこで、考察の最後にあたり、『至花道』『花鏡』における「有主風」「主に成る心」という言葉の内実を明らかにすることを通じて、これまで述べてきた「主」の意味について、いま一歩踏み込んだ形で論じていきたい。世阿弥の「有主風」の思想については「I　世阿弥の能楽論」第二章で詳述しているが、本章の考察に必要となるため一部の重複を許されたい。

第四節　世阿弥能楽論における「主」と「忠度」の「主」

一　『至花道』における「主」――「有主風」について

『至花道』「無主風事」では、「此芸に、無主風とて、嫌ふべき事あり。よく〳〵心得べし。」（『至花道』一一三）

として、「有主・無主」について述べてゆく。

> まづ、舞歌に於いても、習似するまでは、いまだ無主風なり。これは、一旦似るやうなれども、我物にいまだならで、風力《ふうりき》不足にて、能の上《あが》らぬは、是《これ》、無主風の士手なるべし。師によく似せ習い、見取りて、我物になりて、身心に覚え入《いり》て、安き位の達人に至るは、是、主也。是、生きたる能なるべし。下地の芸力によりて、習い稽古しつる分力をはやく得て、其《その》物になる所、則《すなはち》有主風の士手なるべし。返々《かへすがへす》、有主・無主の変《かは》り目を見得《けんとく》すべし。（同一一四）

世阿弥の能楽論の構造全体に則して右の文章を読むと、「其物になる」とは、己れの態、修行の成果をそれ自体完結したものとして評価しようとする心を否定し、師の姿に何ほどか現れている「妙」の働きを絶えず看取し己れに宿しゆこうという不断の道行であった。すなわち、諸々の態は、無限なるものの力、何か永遠なるものの働きかけを受けて「我物」となるのであり、そのときはじめて演者は「有主風の士手」と呼ばれ得る。同じく、舞歌が「我物になる」とは、初めに変わらない自己が措定されていて、そこに師の芸を付与してゆくのではなく、師の芸を身心でもって「覚える」ことを示している。つまり身心を「師が体現している境」、言い換えれば「師が目指し、師の存在そのものを支えている何ものか」へと差し出し、その結果、自らの態が変容してゆくことを示しているのだ。このような姿勢を生きたとき、演者は初めて「主」たり得るのであり、また、「生きたる能」を顕現させ得るのである。

二　『花鏡』における「主」――「主になる心」について

ただし、こうした「主」の成立とは、己れの技量に捉われがちな心が絶えず否定されてゆくということにあって初めて成り立つものであった。そのことを如実に表すものとして、次に「主」と「心」、そして「無心」との関わりについて述べた『花鏡』の文脈を追うことにしよう。

『花鏡』「上手之知感事」では、声が悪く舞歌があまり達者でない演者でも上手と認められることがあるといい、その理由として、

是則《これすなはち》、舞・はたらきは態也。主に成る物は心なり。又正位《しやうゐ》也。（『花鏡』九五）

と述べる。そしてそれゆえ、「面白き味わいを知りて、心にてする能」（同）は、上手と認められるのだという。そして、「まことの上手」になるためには「心」が大切なのだとして、以下のように述べる。

しかれば、まことの上手に名を得る事、舞・はたらきの達者にはよるべからず。是はたゞ、為手の正位心にて、瑞風より出《いづ》る感かと覚えたり。この分目《わけめ》を心得る事、上手也。（同）

すなわち、「主になるもの」が他ならぬ「心」であるという言表は、これまでの論を踏まえるならば、「己れが己れである、そのことを成り立たせている「瑞風」へと向かいゆくもの、それこそ心と呼ぶのだ」と読むべきで

あろう。ここでは「心」というものが自明の客体化された対象としてあるのではなく、むしろ「主になるもの」として、すなわち無限なるものをどこまでも宿し得るものとして、心が新たに再発見されてくる機微を表しているのである。

このことを何ほどか裏づけるのが、「正位」という言葉である。右の文にあっては、「主になるもの」が心であり、それと同時にそうした在り方こそが、心としての「正しい位」であることを示している。そして、この「正位」なる「心」が、「瑞風」からの働きかけに対する直《すぐ》なる応答であることを明示しているのである。

そしてこの条ではさらに続けて、「面白き」よりもさらに上の位として、「無心の感」が語られる。

又、面白き位より上に、心にも覚えず「あつ」と云重《いふぢゆう》あるべし。是は感なり。これは、心にも覚えねば、面白しとだに思はぬ感なり。爰《ここ》を「混ぜぬ」とも云。しかれば、易《えき》には、感と云文字の下、心を書かで、咸ばかりを「かん」と読ませたり。是、まことの「かん」には、心もなき際なるがゆへなり。(同九五―九六)

また、時期は下るが、『拾玉得花』においては、「安位」について論じた件りにおいて、

問。稽古の条々に、安き位と云《いへ》り。是は、無心の感、妙花の所と、同意なるべきやらん。(『拾玉得花』一八九)

という問いに対し、

答。是は安心也。たゞ、無心の感、妙花、同意也。（同）

と答えており、「無心」すなわち「心もなき際」は、不可知なるものとされる「妙」（「知らぬを以て妙所といふ」（『花鏡』一〇二））を顕現させ得た姿と同意とされる。

すなわち、世阿弥が言うところの「妙」の働きに貫かれるとき、心はいわば「妙」の顕現し宿り来る場とも器ともなる。この際無心とは単なる状態ではなく、「心が無みされてゆく」という絶えざる動きを示すものであるといえよう。そのような「無心」の在り方にあっては、その心披かれた度合に応じて、よき態が現出してくるのである。そうした事態を、世阿弥は「主になる」と呼び、「有主風」と呼んだ。その「心が無みされてゆく」事態とは、具体的には「ある一つの態をなしたとき、それそのものに絶対の価値がある」という執着の心を否定してゆくということでもあった。そして、そのような絶えざる否定、「無心の感」のうちにあってこそ、一つ一つの態はあらたな命をもって甦ってくるのである。

以上述べてきたように、世阿弥のいうところの「主」とは、現在言うところの個性や個我といったものを超えた本来の「主体」、不可知なる「妙」を宿した本来の自己を意味した。そのことを、「忠度」に即して考えると、次のようにまとめることができるであろう。

「勅勘の身の悲しさ」で、歌人としての「花」を否定された忠度は、自ら「夢物語」を俊成ゆかりの旅僧に語り、受け止めてもらうことで、「文武二道」を最期までまっとうした「花」ある己れを取り戻すことができた。その生き方は、まさに「行き暮れて木の下蔭を宿とする」生き方であった。しかし、自分の詠んだ秀歌も、和歌に命をかけた自らの生き方も、そのものに執着する限り「妄執」を抱え続けることになってしまう。真に「花こそ主なり」と言うためには、その和歌や忠度の生そのものに宿った「花」を受け止めつつ、それを一度「嵐」によって散らせるという否定が必要なのだ。そして、その否定を介してはじめて、「敷島の蔭に寄つし」忠度と、「花の、蔭に立ち寄」り和歌に心を寄せた僧は、俗世間的な主客の境を越えて、ともに「客」として、不可知なる「妙」の顕現した「主なる花」に与りゆくのである。「花こそ主なりけれ」とは、人がよき業をなすとき、そのわざの中に、個々の技を支える根源の力を感得した時の驚きの言葉であると結論づけられよう。

これまで、一曲の中心となる「行き暮れて木の下蔭を宿とせば花や今宵の主ならまし」の和歌、ならびに終曲部の「花こそ主なりけれ」の言葉が持つ意味を、「忠度」の詞章および世阿弥能楽論の「有主風」の思想に照らして考察してきた。およそ詠歌という行為は、花鳥風月に不可知なる「妙」からの絶えざる働きかけを感じとり、その瞬間瞬間の輝きを言葉によってかたどるものである。とすれば、詠歌は花鳥風月という自然、その自然をかたどる詠み手、またその和歌を聴き取り花鳥風月に心を寄せる聴き手、その各々が相まって、ともに「妙」なる境地へと変容してゆく限りにおいて、よき業《わざ》であるといえる。しかし、有限な人の営みは、それがどれだけよき業であろうとも、それを「妙」そのものとして扱うことはできない。それは、世阿弥が「時分の花をまことの花と知る心が、真実の花に猶《なほ》遠ざかる心也」（『風姿花伝』一七）と語るがごとくである。本章の冒頭にて、『中楽談儀』において「忠度」が「井筒」と並び『九位』の中の最高位に位置づけられていることを述べた。『中楽談儀』においては明示されていないが、『九位』の最高位は「妙花風」と名づけられている。「忠度」の最後に示された「花こそ主なりけれ」という思想は、「妙」なる不可思議なるもの、この世の根源的なありようからの呼びかけに応じ、個我を否定してゆくことで何ほどかこの身に表れる「花」を意味したもので、まさに「妙花風」を体現した曲だといえるだろう。
　また、「忠度」の数年後に成立したとされる『拾玉得花』においては「似スル位ハ無主風、ニ得ル位ハ有主風也。又、甦《そ》位《ゐ》却来シテ無主風可レ至」（『拾玉得花』一九四）という言葉もあった。無主風から有主風、そしてまた無主風へという往還は、時間的な前後があるのではなく、同時間的に現成されていくものであると思われる。歌を詠むという営為に代表される、個々のよき態に己れのすべてをかけることと、その個々の営為を無二のものとして絶対視する思いを絶えず否定してゆくこと、この無主と有主とのありようの両方を見つめ、我が身に実現してゆくことを通して、われわれは何ほどかこの身に「花」を宿すことができるのではあるまいか。

註

（1）たとえば、『世阿弥　禅竹』では、「上花」の頭注に「上三花。妙花風の可能性を暗示した評価で、寵深花風よりも高い評価であろう。」としている。
（2）田代慶一郎「忠度──軍体の幽玄能」『國文學：解釈と教材の研究』二十五巻、一号、一九八〇年
（3）小山弘志・佐藤健一郎校注『新編日本古典文学全集58　謡曲集①』小学館、一九九七年
（4）片野達郎・松野陽一校注『新日本古典文学大系10　千載和歌集』岩波書店、一九九三年
（5）佐藤正英「『井筒』をめぐって──夢幻能の構造」『季刊日本思想史』三十九巻、一九九二年
（6）久保田淳・平田喜信校注『新日本古典文学大系8　後拾遺和歌集』岩波書店、一九九四年
（7）『源氏物語』の引用は、阿部秋生・秋山虔・今井源衛・鈴木日出男校注『新編日本古典文学全集21　源氏物語②』（小学館、一九九五年）による。
（8）大谷節子「序章　世阿弥の中世」「第一章　逆転の構図」『世阿弥の中世』岩波書店、二〇〇七年
（9）古川大悟「助動詞マシの意味」『国語国文』八十八巻、一号、二〇一九年
（10）市古貞次校注『新編日本古典文学全集46　平家物語②』小学館、一九九四年

（11）佐成謙太郎校注『謡曲大観　第三巻』明治書院、一九三一年
（12）梅原猛・観世清和監修『能を読む②　世阿弥　神と修羅と恋』角川学芸出版、二〇一三年
（13）小山弘志・佐藤健一郎校注前掲書
（14）相良亨『世阿弥の宇宙』（ぺりかん書店、一九九〇年）では、「花は根に帰る」について、「根に帰ること」は「この世の花性の否定ではあるが、花性のまったき否定ではなく、妄執が晴れ花性をとりもどした忠度の霊が、いまや、無限の大地ととけ合う安らぎに向うことを意味しよう」と述べている。「この世の花性の否定ではあるが、花性のまったき否定ではない」という点については賛同でき、かつ、相良の論考には学ぶべき点が多くある。だが、本書では「忠度」における「花は根に帰る」は、「有主風」の論に照らせば、己れの個々の態に自足してしまいがち（無主風）な「時分の花」が絶えず否定されてゆくことによって、はじめて成り立つものであるということを指摘したい。

第三章　「八島」考

――「生死の海」と「真如の月」――

能「八島」は世阿弥作とされる修羅能の一つで、『平家物語』中の八島（屋島）の合戦を中心に、源平の争いを描いたものである。永享二（一四三〇）年の奥書を持つ『申楽談儀』には、「道盛・忠度・よし常、三番、修羅がかりにはよき能也」（『申楽談儀』二八六）との言葉もあり、世阿弥が「八島」を修羅能の成功例だと捉えていたことが窺える。

では、「八島」はいかなる点が「修羅がかり」すなわち修羅を描いた能として「よき能」であると考えられていたのだろうか。世阿弥自身が『申楽談儀』内で「よき能」の判断基準を示していない以上、何をもって「八島」を「よし」としていたのか、断言することはできない。しかし、右に引いた文が「直《すぐ》なる能」について語る文脈の中に置かれていたことは、何ほどかの示唆を与えてくれるように思われる。

先《まづ》、祝言の、かゝり直成道より書き習ふべし。直成体は弓八幡《ゆみやはた》也。曲もなく、真直成能也。当御代《たうごだい》の初めのために書きたる能なれば、秘事もなし。放生会《はうじやうゑ》の能、魚《いを》放つ所《ところ》曲なれば、私《わたくし》有。相生《あひおひ》も、なをし鰭《ひれ》が有也。祝言の外には、井筒・道盛など、直成能也。実盛・山姥《やまうば》も、そばへ行きたる所有《あり》。殊に、神の御前《ごぜん》、晴《はれ》の申楽に、道盛したき也と存《ぞんず》れ共《ども》、上《うへ》の下知《げぢ》にて、実盛・山姥を当御前にてせられし也。井筒、上花也。松風村雨、寵深花風《てうしんくわふう》の位歟。蟻通《ありとをし》、閑花風斗歟《かんくわふうばかりか》。道盛・忠度・よし常、三番、修羅がかりにはよき能也。此うち、忠度上花歟。

世阿弥は、能を作曲する際には、祝言（祝意を表す曲）の能で、かつ「直なる」能から書き始めるべきであるという。そして、「直なる能」を説明するに、祝言以外の能では、「井筒」・「道盛」が「直なる能」であり、「井筒」もまた（世阿弥が定めた曲の最高位である）上花である、と述べている。「よし常」が「直成体《すぐなるてい》」「直成能《すぐなるのう》」という直接的な言及はないが、「直成能」である『道盛』を神前の晴の能で行いたかったが、上の命令により（意に反して）「鰭が有」実盛・山姥を演じなければならなかった、という文脈からは、「直成能」を「鰭が有」能の上位に置いて語る世阿弥の意図が見て取れる。それに続けて、「道盛・忠度・よし常」が「よき能」である、というからには、「よし常」すなわち「八島」も、「道盛」と同じ「直《すぐ》」性を何ほどか備えていると判断することができるだろう。

第一節　主題の提示――空に水を見、水に空を見る

一　「八島」における「直なる」ありよう

世阿弥能楽論において、「直《すぐ》さ」とは、たとえば「序の本風の直に正しき体」（『花鏡』九〇）などと説明されている。それは、あらゆるもの・ことの成立に関わる根源の働きであるともいえようか。そのことを裏づけるかのように、修羅能でありながら「直成能」とされた「道盛」では、手向けられた法華経の功徳により、シテの道盛

とツレの小宰相の夫婦だけでなく、平家一門、ひいては敵の木村源五重章までもが救われていくという筋書きを持つ。

では、「八島」の「直」性はいかなるところに現れているといえるだろうか。結論を先取りするならば、本曲の「直」性は、八島の浦全体に光を投げかけている「真如の月」の存在に現れていると見たい。

本曲において、「海」と「空（そして空にかかる月）」とは、常に対照的なものとしてくり返し語られる。その対照性がもっともよく表れている言葉は、「生死の海」と「真如の月」である。

戦いにあけくれる「弓取」たちは「生死の海」に沈淪するが、それらの営みを、「空」に澄み渡る「真如の月」が絶えず照らしている。だが、その「海」と「空」は、終曲にあって、「水や空、空行くもまた雲の波の」と、その区別をなくし、一体化していく。そして「八島」において、「海」と「空」とが一体化していくありようは、一人の武将である義経自身の変容と内的に呼応しているのである。

この、「空に水を見、水に空を見る」ありようは、「八島」一曲の理解にどのように関わってくるのであろうか。おそらく、そこには地上の迷いの世界たる「生死の海」と、「真如の月」が象徴する遥かな西方浄土とをひとつところに見ようとする、世阿弥の願いが隠されていると考えられよう。そのことを、「八島」の詞章を検討しながら跡づけていきたい。

第二節（序）では、前シテとして現れる漁翁が、大きな視点で八島での合戦の様子を語り出すことによって、敵（海の平家）・味方（陸の源氏）のすべてが「雲居＝都」に帰れぬ悲哀をたたえていることを確認する。

第三節（破）では、「よし常」の「名乗り」を契機として後シテの語りが義経自身に集約化・内面化されていき、そのことがかえって「生死の海」の中で「名を惜しむ」すべての「弓取」の本質を克明に描き出すことにつながっていることを述べる。

そして、第四節（急）では、引歌として用いられる『新後拾遺和歌集』所載の「水や空」の和歌に着目する。そのうえで、「真如の月」の光を地上の迷いの世界たる「生死の海」全体に投げかけ、包み込もうとする世阿弥自身の願いを明らかにしていきたい。

二 「八島」概要とあらすじ

「八島」は修羅物のうちの一曲。観世流のみ曲名を「屋島」とし、他流は「八島」と表記する。『申楽談儀』に「八島の能」「よし常」の記述が見え、作者は世阿弥とされる。『平家物語』巻十一に取材し、「前後段別趣のものにして、前段には部下の勇武忠誠を描いて、哀愁の情を催さしめ、後段には大将自身の奮闘を描いて、壮烈の感を起さしめて」いる（『謡曲大観』）と、前場・後場で別趣の内容が描かれていることが諸書により指摘されている。

以下に「八島」のあらすじを述べる。


季節は春。西国行脚を志した都の僧一行は、讃岐の国に入り、源平の古戦場である八島の浦に辿り着く。日暮れ時、塩屋に宿を求めようとする旅僧たちの前に、塩屋の主という漁翁と漁夫が現れる。漁翁は、一夜の宿を請う旅僧の求めを一度は断るものの、旅僧が都の者だと知ると宿を貸すことを肯んじ、都への懐かしさに涙を流す。旅僧の求めに応じ、漁翁は屋島の源平合戦について、錣《しころび》引きの戦いや継信・菊王の死などをまるで見てきたかのように詳しく語り出す。不思議に思った旅僧が名を尋ねると、漁翁は暁の修羅の時に名乗ろうと、自分が義経であることをほのめかし消えていく。

所の者である塩屋の主から那須野与一の扇の的の話を聴き、先ほどの漁翁が義経の霊であろうと聞かされた旅僧は、夜半、塩屋にて読経しつつ亡霊の出現を待つ。やがて甲冑を帯した義経の亡霊が現れ、妄執の瞋恚に惹かれて合戦の場に立ち戻ってきてしまう苦しみを訴える。義経の亡霊は、屋島の合戦で波に流された弓を敵に取られまいと、命を惜しまず取り返した「弓流し」の一件を語る。さらに、修羅道での教経との激しい戦いを見せるうち、夜が明けて、敵の様子は鴎に、鬨の声は浦風と化して、僧の夢は覚めるのであった。

第二節　海と陸――この世の闘諍

一　空と海との対置

曲冒頭において、都から西国行脚に赴く僧たちの想いは次のように語り出される。

月も南の海原《うなばら》や、月も南の海原や、八島の浦を尋ねん。

空をめぐる月と、広大な海原がまず僧たちの眼によって捉えられることに注意したい。この、「空」「月」と「海」の一対は、続く詞章でも以下のように強調される。

春霞、浮き立つ波の沖つ舟、浮き立つ波の沖つ舟、入日の雲も影添ひて、そなたの空と行くほどに、はるばるなりし舟路《ふなぢ》経て、八島の浦に着きにけり、八島の浦に着きにけり。

目的地である八島を目指す僧たちの眼に映る景色は、「浮き立つ」という言葉を軸に対置される「霞」と「波」であり、「海に」入る「日」である。同じく船旅であるワキの道行が、経過する地名を挙げつつ語られる「高砂」「江口」などと比較すると、「八島」がいかに空と海の対置に意を用いているかがわかる。

二　老人の登場

この「空と海との対置」は、シテである老人の登場においても明確に示される。

面白や月海上《かいしやう》に浮んでは波濤《はたう》夜火《やくわ》に似たり。

海上では月が煌々と輝き、その月の光の力で、海に漁火がともったようになっていると漁翁はいう。漁翁が、その景色を「面白や」と嘆じていることにも注意したい。月の光の力が海に及んでいる景色を目の当たりにしたシテが「面白や」と語るところに、終曲部の「空と海との一体化」が予感されている。

同じことが、右に続く詞章である、

漁翁《ぎよをう》夜西岸に傍《そ》うて宿《しゆく》す、暁《あかつき》湘水《しやうすい》を汲んで楚竹《そちく》を焼《た》くも、今に知られて蘆火《あしび》の影、

にも言える。右の詞章は『古文真宝前集』巻四、柳子厚「漁翁」の、

漁翁夜西巌《ぎよをうよるせいがん》に傍《そ》うて宿る。暁《あかつき》に清湘《せいしやう》を汲んで楚竹《そちく》を燃《た》く。煙消え日出でて人を見ず、欸乃一聲《あいだいいつせい》山水緑《みどり》なり。
天際を回看《くわいかん》して中流を下れば、巌上《がんじやう》無心に雲相逐《あいお》ふ。

に拠ったものである。[1]「漁翁の動作・行為が刻々と移り行く清新な朝の自然の動きと一つになって描かれて」いると評される詩であり、結句の「無心の雲」は「虚無、無為、自然の道の象徴である」ともいわれる。「八島」のシテがそうした「漁翁」の境地を「今に知られ」るとしていることも、修羅の闘諍を超えた清澄な境地を何ほどか感じさせよう。

だがそもそも、なぜシテである義経は、漁翁の姿で現れたのか。

シテが里人の姿をとって現れ、僧等のワキと言葉を交わすのは能の定型であり、八島という舞台にあっては漁師に姿をやつすのがもっとも自然な流れである、という見方もできるだろう。しかし、海と陸との争いを描く「八島」にあって、前シテを「海人」と定めたことの意味をいま少し考えてみたい。

漁翁が語る「一葉万里《いちえふばんり》の舟の道、ただ一帆《いつぱん》の風に任す」は、『平家物語』十巻「惟盛入水」において、入水のために海に漕ぎ出した惟盛一行の様子を「一葉の舟に棹さして、万里の蒼海にうかび給ふ」と表したことと通い合う。波間に浮ぶ「一葉」の定めなさは、「清経」「敦盛」においても、

保元の春の花、寿永の秋の紅葉とて、ちりぢりになり浮ぶ、一葉の舟なれや（「清経」）

寿永の秋の葉の、四方《よも》の嵐に誘はれ、散り散りになる一葉の、舟に浮き波に臥して、夢にだにも帰らず（「敦盛」）

と語られていた。これらは、言うまでもなく、源氏に追われ海を漂う平家一門の寄る辺のない境遇を示すものである。漁翁の視線、想いはひとり義経自身を対象としているわけではなく、屋島にて戦ったすべての武将たちの運命に注がれているといえよう。

三　望郷の念と涙

一夜の宿を請う旅僧たちの願いを一度は断った漁翁だが、一行が都から来た者たちであると聞くと、「げにいたはしき御事かな。さらばお宿を貸し申さん」と態度を一変させる。そして、漁翁はツレの漁夫とともに、「照りもせず、曇りも果てぬ春の夜の、朧月夜」に敷物とてない塩屋に旅僧たちを泊まらせるいたわしさを嘆いた後、

さて慰みは浦の名の、さて慰みは浦の名の、群れゐる鶴《たづ》を御覧ぜよ、などか雲居《くもゐ》に帰らざらん、旅人の古里《ふるさと》も、都と聞けばなつかしや、われらももとはとて、やがて涙にむせびけり、やがて涙にむせびけり。

と涙を流す。ここに至って、漁翁が旅僧に示した同情心は、漁翁がかつて都人であったことに起因することが明かされる。ここで引かれている和歌、

天つ風吹けひの浦にゐる鶴のなどか雲居に帰らざるべき（『新古今和歌集』・雑下）

は、『和漢朗詠集』『忠見集』『清正集』にも見え、大空に飛び帰る鶴に、再び昇殿を許されたいという作者の望みを重ねて詠まれたものであるという。[2] 右の歌を引くことで、シテ義経の「都に帰りたい」という切実な望郷の念と、それがかなわない悲しみとが伝わる。

そして、「都に帰りたい」という願いは、平家一門の切なる願いでもあった。「われらももとは」と涙にむせぶありようは、敵味方を越え、望郷の念を抱えながら都を離れた地で命を落とさざるを得なかったすべての人々の姿である。そしてその涙は、弓取たちの死を悼む周囲の者たちの供養の涙でもあろう。

四　八島語り――海と陸との対置

やがて旅僧の求めに応じて、漁翁は「屋島の合戦」について語り始める。「八島」の戦語りの本説（出典）は『平家物語』巻十一の「嗣信最期」「那須与一」「弓流」である。「八島」ではその中の、「名乗り・言葉戦い・錣引き・嗣信と菊王の戦死（以上前場）・扇の的（間狂言）・弓流し・教経と義経の戦い（以上後場）」が選び取られて語られている。

ともあれ、漁翁の語りで特に注目すべきは、「海」の平家と「陸」の源氏との対置の強調である。両軍の言葉戦いが終わり、いよいよ実戦が始まるというとき、

兵船一艘漕ぎ寄せて、波打際に下り立つて、陸の敵を待ちかけしに、

と語る詞章にもその意識は表れている。また、続く錣引きにもその「海・陸」の対置の意識は明らかである。本説である『平家物語』の錣引きにおいては、景清に錣をつかまれた三保の谷十郎（「八島」では三保の谷四郎）が「鉢付の板よりふつとひつきッてぞにげたりける」と語り収めている。それに対し、「八島」では、

互いにえいやと、引く力に、鉢付《はちつけ》の板より引きちぎつて、左右《さう》へくわつとぞ退《の》きにける。

と、源平双方を主体として描く。続く「嗣信と菊王の戦死」も、

ともにあはれとおぼしけるか、舟は沖へ陸《くが》は陣へ、相退《あひびき》に引く汐の、跡は鬨《とき》の声絶えて、磯の波松風ばかりの、音さびしくぞなりにける。

とある。つまり、平家と源氏、海と陸とを舞台の左右に置いて、その双方を平等に描くことを徹底しているのだ。この漁翁の語りには、当時の芸能の一種である「屋島語り」が取り入れられているという説があり、(3)この「海・陸」の対置もその「屋島語り」を踏襲したものであるかもしれない。ともあれ、武者の執心のありかに焦点があてられていく「実盛」「忠度」などの修羅能と異なり、「八島」の漁翁が平家と源氏の「あはれ」のどちらをも語ろうとしていることは注意してよい。

五 「よし常の憂き世」――規模の言葉

合戦の様子をあまりに詳しく語る漁翁を不審に思い、旅僧は名を名乗ることを求める。それに続くのが、「名乗り」についての漁翁と旅僧との問答である。漁翁は一度は旅僧の依頼をはぐらかすが、ふたたびの旅僧の願いにこたえる形で、

春の夜の、潮《うしほ》の落つる暁ならば、修羅の時になるべしその時は、わが名や名のらん、たとひ名のらずとも名のるとも、よし常の憂き世の、夢ばし覚《さ》まし給ふなよ、夢ばし覚まし給ふなよ。

と告げて姿を消す。

ところで、『申楽談儀』では、「規模」の言葉を効果的に用いることの重要性を説くなかで、「八島」の右の詞章を例にとった次のような件りがある。

事のつゐでに其《その》能の規模《きぼ》の言葉をちやと書けば、人も聞きとがめず、悪《わろ》き也。八島の能にも、「よし常の憂《う》き世《よ》の」といふ言葉は、規模なれば、「其名《そのな》を語給《かたり》へや、わが名を何」と先聞《まづきか》せて、扨《さて》「よし常の」と書けば、誰《た》が耳にも入《いり》て、当座面白《おもしろき》也。（『申楽談儀』二九〇）

「規模」とは、大谷節子の「規模のことば―連歌と能」によれば、もとは「眼目、肝心、要、中核、規矩、規範」の意であり、世阿弥にあっては「作品名、あるいは主要な登場人物の名など作品名に準ずる重要なことばを

用いた掛詞の修辞」を意味するという。(4) 世阿弥は、一曲の眼目となる言葉は、「ちやと」、無思慮に書くと人の耳に入らず、そのようなやり方は下策であると述べている。それに対し、「八島の能」については「よし、常のうき世の」という言葉が一曲の眼目であるため、まず「どうかお名のりください」「我が名を何と名乗ろうか」と名乗りに関する問答を入れるのだという。すなわち、この問答によって観客の「漁翁の真の名」についての意識を高めたうえで、「よし、常(義経)の」という詞章を入れることで、観客の耳にもその掛詞の意味がよく捉えられ、その結果観客は目の覚めるような面白さを味わえるのだと世阿弥は説く。

ここでの「規模」とは、一曲の主役を明らかにするという意味でのみ、「眼目」だとされているのではあるまい。本曲の眼目は「よし常の憂世の」という言葉の内容そのものが表していると考えるべきであろう。

通常、「憂き世」は「常無き世」、すなわち「無常」の世であるとされる。その中にあって、「生き死にを繰り返すこのつらい世こそが〈常〉なのだ」とする言葉は、無常の世をそのままに受け止め「よし」と追認する、醒めた目を感じさせる。

そして、右の問答と名乗りを通じて名を顕わにすることで、一曲のシテは八島の戦い全体を概観する漁翁から、「弓取」の業を集約化・内面化して語り出す「義経」へと変容していく。そして、冴え返る「真如の月」の光を契機として、「生死の海」を漂いながら「名を惜しむ」弓取たちの姿が、より顕わになってくるのである。

第三節 「生死の海」と「真如の月」

一 澄みゆく空

漁翁が姿を消した後、旅僧は本来の塩屋の主から那須の与一の扇の的にまつわる話を聴き、供養を勧められる。読経をしつつ待つ旅僧のもとに、武将姿の義経の亡霊が現れる。

落花枝《らつくわえだ》に帰らず、破鏡《はきやう》再び照《てら》さず。しかれどもなほ妄執《まうしふ》の瞋恚《しんに》とて、鬼神魂魄《きしんこんぱく》の境界《きやうがい》に帰り、われとこの身を苦しめて、修羅の巷《ちまた》に寄り来る波の、浅からざりし業因《ごふいん》かな。

義経の登場とともに謡われる「落花枝に帰らず、破鏡再び照さず」は、元は『景徳伝燈録』（中国北宋代の禅宗の史書）にある言葉だと言われる。ちなみに、この成句について『正法眼蔵』（道元著、十三世紀半ば成立）「大悟」では次のように引かれる。(5)

京兆華厳寺《きょうちょうけごんじ》宝智大師 嗣《ス》二洞山《とうざんニ》一、諱《いみなハ》休静、因《ちなみニ》僧問《とフ》、

「大悟底人、却迷時如何《きゃくめいじいかんガ》」

師云《ク》、

「破鏡不重照《ふちょうしょう》、落華難上樹《なんじょうじゅ》」

（京兆華厳寺の宝智大師は、洞山の法嗣であるが、ある時、一人の僧が師に問うていった。「大悟底《てい》の人が、ふたたび迷った時には、どうなるでありましょうか」師はいった。「破鏡は重ねて照さず。落花は枝にのぼりがたいじゃ」）

「八島」において、「落花枝に帰らず、破鏡再び照らさず」という詞章は「一度死んだ者はふたたびこの世には帰らない」（『新編日本古典文学全集　謡曲集①』）たとえと解釈されることが多い。だが、『正法眼蔵』の僧と宝智大師の問答によれば、「落華」「破鏡」は一瞬一瞬の「時」の成立の機微に触れて来る言葉であった。同書においては、先の引用箇所に続けて、次のように語られている。

不迷なるを大悟とするにあらず。大悟の種草のためにはじめて迷者とならんと擬すべきにもあらず。大悟人さらに大悟す、大迷人さらに大悟す。

（さらにいえば、迷わないことを大悟とするのでもなく、大悟の肥しにするために、まずはじめは迷うのがよいとするのでもない。大いに悟った人もさらに大悟するのであり、大いに迷った人もまた大悟するのである。）

師云《いはく》、「破鏡不重照、落華難上樹」。この示衆は、破鏡の正常恁麼時を道取するなり。

（すると、師は、「破鏡はかさねて照さず。落花は枝にのぼりがたし」といった。この垂示は、鏡の破《わ》れるまさにその時をいったのである。）

これによれば、「迷わない」状態の持続が「大悟」なのでもなく、逆に「迷う」状態の持続が原因となって

「大悟」になるのでもない。悟りを得たものも次の瞬間にはまた新たに悟り得るのであり、また迷いにあるものも次の瞬間には「大悟」となり得る。とすれば、「破鏡はかさねて照さず。落花は枝にのぼりがたし」は、「破鏡」という悟りの瞬間、「時」そのものの成立・成就を表す表現なのだ。これは、一つの態の成立に「序破急成就」（『拾玉得花』）を見、「能モ、住スル所ナキヲ、マヅ花ト知ルベシ」（『風姿花伝』五五）と喝破した世阿弥の「時」の把握と通じるものがあろう。

もちろん、成句が日常において使用されていくうちに意味が変質していくことはままあるが、ここでは、後に続く「しかれども、なほ妄執の瞋恚とて」と併せ考え、義経の「時の把握」を表している語であると見たい。すなわち、義経は「屋島の合戦」の「時」はふたたび戻り得ないものであることを一方では知っている。「しかれども」、他方、生前の闘諍において抱いた怒りや恨みの心がわだかまりとなり、もはや存在しない「時」に執することでこの迷妄の世に留まり、われと我が身を苦しめているのだということがわかる。

そして、義経が捉われ、陥っているこの世界は、「海」によって表される。先にも引いた義経の言葉にも、「修羅の巷に寄り来る波の、浅からざりし業因かな」とあるように、修羅の境地に踏み入れることや業の深さは「波」という言葉で表されている。さらに、生々流転を波のように繰り返す生者の在り方は、「生死の海」という表現で言表される。

われ義経が幽霊《いうれい》なるが、瞋恚《しんに》に引かるる妄執《まうしふ》にて、なほ西海の波に漂ひ、生死の海に沈淪《ちんりん》せり。

ここで、平家の陣営を表す場であった「海」は、迷いの世界にある義経自身の居場所であると捉え直される。

そして、生々流転の迷いの海に沈んでいるという義経に、旅僧は次のように応え、義経の変容を引き出していく。

おろかやな心からこそ生死《いきしに》の、海とも見ゆれ真如の月の、春の夜《よ》なれど曇《くもり》なき、心も澄める今宵《こよひ》の空

僧は、生死の海に沈んでいるという義経の発言を「おろかなり」と断じる。「生死の海に沈む」と見るのは「心から」、つまり己れの思いなしに捉われたありようである。しかし、仏に委ねる心をもって見れば、いついかなる時も、「真如の月」はわれわれの世界を照らしている、というのである。

旅僧の言葉に促されるように、義経は空を見上げる。注目すべきは、前半から後半にかけての「空」の変化である。曲前半においては、「春霞、浮き立つ」「霞の小舟」「霞に浮ぶ松原」「霞みわたりて沖行くや」「照りもせず、曇りも果てぬ春の夜の、朧月夜」と、空には常に霞がかかっていた。しかし、僧の言葉を契機として、「春の夜なれど曇りなき、心も澄める今宵の空」と、霞が晴れ真如の月の光が煌々と照り輝き出す。そして、その月の光に洗われるようにして、義経の心も「澄んで」ゆくのである。

「八島」は、「世阿弥が多数制作している修羅能のなかでは、シテはとくに成仏を希求していない」点が特異であると指摘される(6)。確かに、義経は「わが跡弔《と》ひて賜《た》び給へ」(「忠度」)「弔《とむら》ひて賜び給へ、跡とぶらひて賜び給へ」(「実盛」)のように、わかりやすく僧の供養を希求することはない。しかし、前シテの漁翁が「よし常の憂き世の、夢ばし覚まし給ふなよ」と旅僧に呼び掛けたのは、旅僧の読誦に守られながら「夢物語申す」ことを期しているのではないか。そのことは、アイ狂言において、旅僧が「ありがたき御経《おんきやう》を読誦《どくじゆ》し、重ねて奇特《きどく》を見う

ずるにて候」と語り、また曲後半において「重ねて夢を待ちゐたり」と語っていることからも窺えよう。なればこそ、塩屋の主も、「人の塩屋をわが存ぜず、わが塩屋を人に知らせぬ大法（重いおきて）」を破り、僧の逗留のために塩屋を貸すことを決意するのである。義経の霊の供養は、供養される義経、供養する旅僧、そして八島の住人すべての希求するところであるといえよう。

二　弓流し

旅僧の見守る中、義経は「昔を今に思ひ出づる、舟と陸《くが》との合戦《かせん》の道」と、再びこの地での合戦の様子を克明に思い出していく。前シテの語りが舞台を大きく捉え、海の平家と陸の源氏を一つの構図に収めるような語り方をしていたのに比べ、後シテの語りは義経自身の執心に焦点が絞られていく。

義経は、「弓箭《きうせん》の道は迷はぬに、迷ひけるぞや生死《しやうじ》の、海山《うみやま》を離れやらで、帰る八島の恨めしや。とにかくに執心の、残りの海の深き夜に、夢物語申すなり、夢物語申すなり」と言って、自身の「弓流し」の昔語りを始める。

「夢物語」を始めるにあたり、義経が、

　　思ひぞ出《い》づる昔の春、月も今宵《こよひ》に冴《さ》えかへり、

と、冴え冴えとあたりを照らす月に言及している点が注目される。本説となる『平家物語』巻第十一「弓流」では、義経が海上の弓を拾おうとした際に月が出ていたという描写は見られない。しかしだからこそ、「八島」

の「思ひぞ出づる昔の春、月も今宵に冴えかへり」の記述の意味は大きい。「夢物語」の中で思い出される個々の振舞い・感情は、決して生前の事実と同じではない。むしろ、旅僧の供養のもと、生前の振舞い・感情がどのように捉え直され、語られ直されていくかが問題なのである。真如の月に照らされる中、義経は弓を拾ったときの自身の振舞いの意味を明らかにしていくのだ。

「八島」の「弓流し」の場面において際立つのは、義経の「名を惜しむ」姿勢である。そのことは、「名」という言葉が一切用いられない、『平家物語』の「弓流」と比較すれば明らかである。(7)

「八島」では、義経の行為を批判する相手を、義経の正妻の乳母である十郎権頭兼房であると定めている。兼房は『義経記』にのみ登場する架空の人物で、義経の最期を見届けた後凄絶な死を迎える忠臣として知られる。その兼房が「たとひ千金を延《の》べたる御弓なりとも、御命には替へ給ふべきかと、涙を流し申し」上げる姿は、義経がいかに家臣たちに慕われ、かけがえのない主として頼みにされていたかを観客（読者）に強く感じさせる。そして、この兼房の「弓（物）よりも命を惜しめ」という言葉にあらがうように、義経の「名を惜しむ」覚悟が語られるのである。

義経源平に、弓矢を取つて私《わたくし》なし、しかれども、佳名はいまだ半ばならず、

「弓取」が「名を惜しむ」時、それは単なる個人の功名心や名誉欲といったものにとどまらず、「兵としての己れのあるべき姿」への到達（あるいは回帰）という意味合いが込められる。それは、義経の「弓矢を取つて私なし」という言葉に明らかである。そもそも、「弓取」において「名のり」とは合戦時に自らの氏名のみならず家

柄・身分を大声で告げることであり、「名」には個々人を超えた、己れを己れたらしめる血脈への誇りがこめられる。

もちろん、すべての執着を捨てて仏に随順すべきという仏教の教えにあっては、血脈への誇りさえも妄執として退けられるべきものであるといえよう。しかし、

よしそれ故《ゆゑ》に討《う》たれんは、力なし義経が、運の極めと思ふべし、

と、名を惜しむための行為によって命が尽きることをも「運の極め」、いわば天命として受け入れる義経の覚悟には私欲の影はなく、だからこそ、

さらずは敵《かたき》に渡さじとて、波に引かるる弓取の、名は末代にあらずやと、語り給へば兼房、さてそのほかの人までも、皆感涙を流しけり。

と、名を惜しむ義経に兼房をはじめ周囲のすべての兵どもが感涙にむせんだのである。

先に、前シテの漁翁はひとり義経の、あるいは源氏の趨勢のみを語ったのではなく、平家の奮闘や悲哀をも同じ重さを以て語っていたことを述べた。後シテの義経もまた、「迷ひけるぞや、生死の、海山を離れやらで」と、海・陸に対置していた源平双方を迷いの世界にとらわれたものとして語り出している。義経は「弓取」たるものの代表としてここに現れ、夢物語を語っている。義経の「名を惜しむ」ための行為が執心のなせるわざであるな

らば、すべての「名を惜しむ」弓取たちは生々流転する海をさまよい続けることになる。義経の語りを聞いた者たちが流した涙は、すべての弓取たちの運命へと濯がれる涙である。

智者《ちしや》は惑はず、勇者は恐れずの、弥猛心《やたけごころ》の梓弓、敵《かたき》には取り伝へじと、惜しむは名のため、惜しまぬは一命《いちめい》なれば、身を捨ててこそ後記《こうき》にも、佳名を留むべき、

このように、「身を捨ててこそ」後の記録に佳名が残る、と言表した義経の脳裏に、「身を捨てず」敵より逃れた生前の記憶が甦る。すなわち、『平家物語』巻第十一「能登殿最期」に描かれた、いわゆる「八艘飛び」伝説として知られる平教経との対峙である。

壇ノ浦の戦いで大将軍に組もうと義経を目掛け駆け回る教経に対し、義経は「判官かなはじとや思はれけん、長刀脇にかいはさみ、みかたの舟の二丈ばかりのいたりけるに、ゆらりととび乗」ったと伝えられる。この、鎧をつけたまま六メートルも離れた舟に飛び移る義経の軽業は、義経の際だった戦闘力を印象づけるものとして有名であるが、『平家物語』にも「されどもいかがしたりけむ」といぶかしがられるように、常に好戦的であった義経には珍しい敵前逃亡であった。

「八島」において、「惜しむは名のため、惜しまぬは一命」とみずからの信条を語った義経が、終曲部において突如戦闘の場を八島から壇ノ浦に移したのは、「名を惜しむ」智者・勇者としての己れを貫く意味合いもあっただろうか。「八島」の義経は、

今日《けふ》の修羅《しゆら》の敵《かたき》は誰《た》そ、なに能登《のと》の守教経《かみのりつね》とや、あらもののしや手並《てなみ》は知りぬ、思ひぞ出づる壇《だん》の浦の、その舟戦《ふねいくさ》今ははや、その舟戦今ははや、閻浮に帰る生死《いきしに》の、海山《うみやま》一同に震動して、

と、敵の教経とまともに組み合う様子を見せる。そして、大将の奮闘に続いて「生死の海山」を流転する兵たちも激しい戦いのさまを見せ、その戦いに呼応するかのように周囲の海山も激しく震動するのである。

こうした闘諍の姿は、己れの過ちを悔い仏にすがるような、一般的な「懺悔」のイメージとはほど遠いように感じられるかもしれない。しかし、世阿弥はむしろ、その者の持つ執心、妄執のすべてを「真如の月」のもとに明らかにすることが救いの道につながっていたと考えていたのではないだろうか。むろん、そこには僧の「おろかなり」という言葉での妄執の否定と供養、またそれに心を委ねていくという廻心が必要なのではあるが、執心が無みされた後の、一つ一つの業・態の甦りは、世阿弥が能楽論において見据えていた事態でもあった。激しい修羅のありさまを示す兵たちの姿や声は、やがて周囲の自然と溶け合っていく。

第四節　海と空との一体化

「水や空」の歌が示すもの

終曲部に描かれる合戦の場面は、「波・月・星」などの自然によって喩えられることで、いかにも「夢物語」に相応しい、どこか現実離れした美しさをたたえている。「陸《くが》には波の楯《たて》、月に白《しら》むは、剣《つるぎ》の光、潮《うしほ》に映るは、兜《かぶと》の星の影」とあるように、打ち寄せる波のように立ち並ぶ楯や、月の輝きを反射する剣、星の如くきらめく兜

の鋲は、夢から醒めればそのまま波となり月光となり星となって目に映ずるかと思われる。その予感を裏づけるかのように、夜が明けるにつれて敵の姿は鷗となり、鬨の声は浦風と化して、僧の夢は破れるのである。

夢の中で戦う人々を包み込むように、空と海の蒼さはその境を曖昧にしていく。「水や空、空行くもまた雲の波」は、『新後拾遺和歌集』（至徳元（一三八四）年成立）秋歌上の巻末に所載の、

水や空空や水とも見え分かず通ひて澄める秋の夜の月

を引いているとされる。(8) ここでは、詞章に直接引用されていない下の句の部分、すなわち「通ひて澄める秋の夜の月」に注目すべきだろう。頭上の空と足下の水面、そのどちらにおいても澄み切った光をたたえている月によって、本来厳然たる区別があるはずの空と海が一体化していくというのである。作中、月が仏性をたたえた「真如の月」と謡われ、海が生々流転を繰り返す「生死の海」すなわち迷いの世界にたとえられていたことを踏まえると、終曲部においてこの和歌を引用する意味は小さくないと思われる。

『新後拾遺和歌集』は足利義満の執奏を受けて後円融院の代に完成したもので、二条良基が序文を寄せている。同和歌集が完成した至徳元（一三八四）年には世阿弥は二十代前半であった。良基と交流を持っていた記録が残り、能楽論執筆にあたって良基の連歌論から大きな影響を受けているとされる世阿弥であれば、同歌集の歌についても十分な関心を寄せていたであろう。生死の海をさまよいながら修羅の時を繰り返す義経に、真如の月の光を投げかけたいという願いが、世阿弥にはあったのではあるまいか。

以上の論からすれば、戦いにあけくれる義経たちのありようは、決してそのままで肯定されているわけではない。「生死の海に沈淪」する義経は、帰ることが許されない雲居（都）を想って嘆くのであり、旅僧には「瞋恚に引かるる妄執」を「おろかやな」と断じられてもいる。しかし、「惜しむは名のため、惜しまぬは一命」という信条のもと、私心なく戦いに身を投じる義経の一途さに、何らかの価値を認めていたからこそ、世阿弥は「八島」を書いたのだと思われる。義経をはじめとする兵たちが、あるべき名の十全な発露のために身命を賭し、その結果「佳名半ばなら」ざるという嘆きを抱えていたのであれば、この嘆きは、「より良く生きる」ということを目標とするすべての人にとって共通の嘆きであるはずだ。曲のはじめから終わりまで「生死の海」を照らし続けていた月は、理想に近づくために奮闘しつつ、「佳名いまだ半ばなら」ざるわれわれすべてに手向けられた希望の光とも呼び得るのである。

註

（1）星川清孝著『新釈漢文大系9　古文真宝（前集）上』明治書院、一九六七年
（2）田中裕・赤瀬信吾校注『新日本古典文学大系11　新古今和歌集』岩波書店、一九九二年
（3）佐伯真一『屋島合戦と「八島語り」についての覚書』（『青山学院大学総合研究所人文学系研究センター研究叢書』12号、一九九八年）
（4）大谷節子『世阿弥の中世』岩波書店、二〇〇七年。引用は「第二章　本説と方法」のうち「第五節　規模のことば―連歌と能」。大谷は、「能楽論を記すにあたり二条良基の連歌論に習った」世阿弥が「能の本を書く際、良基の選んだ連歌集である『菟玖波集』が最良の手本となったはずである」と述べ、世阿弥の能の詞章における連歌の影響を仔細に検討している。その中で、能の詞章が草子と異なる点として、「その場で聞いて、即座に「心耳」を聞かせ、一同の褒美を得なければならないという意味においての当座性」の要求があり、その当座性はまさに連歌において要求されるものであったとして、能の詞章と連歌の共通点

を指摘しており、首肯される。
（5） 増谷文雄『現代語訳正法眼蔵　第三巻』角川書店、一九七三年
（6） 梅原猛・観世清和監修『能を読む②　世阿弥　神と修羅と恋』角川学芸出版、二〇一三年　などに指摘がある。
（7）『平家物語』（市古貞次校注『新編日本古典文学全集46　平家物語②』小学館、一九九四年）においては、味方の兵士たちの静止も聴かず弓を拾って笑いながら帰ってきた義経が、「どんな高価な弓であろうと、命に代えられるものか」と「つまはじき」される。そして、その兵士たちの非難に対し、義経は弓が惜しいわけではなく、「尫弱たる（張りの弱い）弓」を敵方に拾われ、「『これこそ源氏の大将九郎義経が弓よ』と嘲哢せんずるが口惜しければ」命に代えて取ったのだと説明し、みながそれを聴いて「感じ」たのだと語りおさめる。
（8）「水や空」の歌は、もとは『袋草子』（一一五六年頃成立）に収載されたものである。同書には、橘俊綱の歌会において、門番をしていた田舎の兵士がこの歌を詠み、他の参加者はその歌に「且つ感じ且つ恥ぢて」退出した、という逸話が紹介されている。同様の逸話は『十訓抄』『古今著聞集』にも引用され、同歌が『続詞花集』『雲葉集』にも採られていることから、当時にあっては人口に膾炙していた歌であったことが想像できる。

第四章　「井筒」考
――「心の花」の成就――

第三章の冒頭にも引いたとおり、能の作曲の要諦を述べた『申楽談儀』（永享二（一四三〇）年）「能書く様《やう》」には、世阿弥が「井筒」をはじめとする自作品を評した以下の言葉がある。

祝言の外には、井筒・道盛など、直成能《すぐなるのう》也。実盛・山姥も、そばへ行きたる所有。（中略）井筒、上花也。松風村雨、寵深花風《てうしんくわふう》の位歟《か》。蟻通《ありとをし》、閑花風斗《かんくわふうばかり》歟《か》。道盛・忠度・よし常、三番、修羅がかりにはよき能也。此《この》うち、忠度上花歟。（『申楽談儀』二八六）

右の評言にある「上花」「寵深花風」「閑花風」は、世阿弥が『九位』（成立年未詳）において、能の芸位を九つに分けて示したその分類法による。ただし、『九位』では芸の上位三つ（上三花）を「妙花風」「寵深花風」「閑花風」と名づけており、したがって右の引用における「上花」は「妙花風」のことを指すと思われる。「上花」はまた、『申楽談儀』の「妙の位」について論ずる件りで、

妙の位は、そうじてえ言はぬ重《ぢゆう》也。上花に上りたらば、妙は有《ある》べき歟。（同二六一）

とも言表されている。このことから、「上花」は「言語道断、心行所滅」(『九位』一七四)たる「妙」の境地に至り得る芸位と捉えられていたことが窺える。

つまり、「井筒」が「上花」であるということは、「井筒」という作品が『九位』でいうところの、「言語の及ぶべき処」を超えた、「無心の感、無位の位風の離見」(同)の境地を何ほどか表し得ているということを意味するだろう。世阿弥は「井筒」の中に、自分の思いなしがすべて無みされていくような、「妙」なるものの働きとの出会いの瞬間を表そうとし、それに成功したのだと考えられよう。そして、「井筒」が「妙花」、「妙」なるものの働きを何ほどか宿し得る作品であるということは、世阿弥の言う「直成能《すぐなる》」の性質と深く関わることでもあった。

本章では、「井筒」のシテである紀有常の娘[1]のありようのいかなる点が「上花(妙花風)」といわれるに相応しいものであるかということを、詞章を仔細に検討し跡づけていくことを目的とする。また、作中で「人待つ女」と呼ばれる有常の娘がいわば「器」となって「妙」なる働きを受け止めていく過程を追っていくことで、「井筒」に描かれた「待つ」という行為が示す意味を何ほどか明らかにしていきたい。

第一節　「井筒」における「直なる」ありよう

一　「井筒」の概要とあらすじ

「井筒」は、三番目物、本鬘物。『三道』(応永三十(一四二三)年)にその名が見えず、『申楽談儀』(永享二(一四三〇)年)に記述があることから世阿弥晩年の作とされ、『伊勢物語』の古注釈書の理解に基づき、同書の

第二十三段の挿話と第四・一七・二四段の和歌をとり入れて作られた作品である。(2)

以下に「井筒」のあらすじを述べる。

南都七大寺を巡拝した諸国一見の僧が、長谷寺に向かう途次在原寺に立ち寄り、業平とその妻・紀有常の娘の跡を弔おうとする。秋の夜、月は荒廃した古寺に澄み渡っている。僧はそこで、井筒から水を汲み、業平の塚に花水を手向ける一人の「いとなまめける」女に出逢う。僧が業平との縁故を問うと女は一旦は関係を否定するが、やがて僧に請われるままに業平と有常の娘との恋物語を語り出す。業平が河内の女のもとに通い出した際に有常の娘が「風吹けば」の歌を詠んで男の心を取り戻したこと、幼い頃井筒に互いの姿を映し合って遊び、将来を契ったこと、長じて互いに「筒井筒」「比べ来し」の歌を詠みかわし、夫婦として結ばれた思い出などを語る女に、僧が改めて名乗りを求めたところ、女は井筒の女とは自分のことであると言い、井筒の蔭に姿を消す。

所の者に業平・有常の娘の夫婦の逸話を聞き、読経を勧められた僧は、古寺に旅寝をしつつ有常の娘が表れるのを待つ。やがて有常の娘は業平の形見の冠直衣を身に着けて僧の夢に現れ、自らを「人待つ女」だと語り、「移り舞」を舞う。舞の後、有常の娘は月のさやけく映る井戸を覗き込み、そこに業平の面影を見る。娘が業平を懐かしむ中、夜は明け、鐘の音と松風とともに僧の夢は破れる。

「井筒」の主題については、「人待つ女とも井筒の女ともいわれた紀有常の娘の、夫業平への一途な思慕と、恋の追憶を描く(3)」「『伊勢物語』に基づき、前後一貫して、井筒の女の業平へのひたむきの純真な愛情を描く(4)」「秋の夜の古寺を背景に、女の恋心をしみじみと描き出す(5)」などと語られることが多い。確かに、一曲が成立する前提として、中世の『伊勢物語』理解に基づく形で、有常の娘の業平への恋心が存在していることは認めるべきであろう。

しかし、「井筒」は「恋慕」「愛情」そのものを描くとともに、またそれ以上に、およそ人の恋慕を支える、言い換えるなら人の恋慕の原点となる「妙」なるものとの出会いの瞬間を美しく描き上げているのではないか。そのことを、「井筒」の評価である「直成能《すぐなる》」という言葉を手掛かりに考えていきたい。

二 「序破急」における「直《すぐ》」さ

世阿弥能楽論において、「井筒」が「上花」であり「直成能《すぐなる》」であるという評価を与えられているということは先に述べた。ここで、「I 世阿弥の能楽論」第一章ですでに見たことだが、世阿弥が「直なる」という言葉に込めた意味を、『花鏡』（応永三十一（一四二四）年）『五音曲条々』（成立年未詳）の記述により改めて確認していこう。

まず、『花鏡』の「序破急之事」では、一日の演能の次第を語りながら「序」「破」「急」それぞれの性格について述べているが、それによれば「序」は「初めなれば、本風の姿」、すなわち物事の端緒であるがゆえに基本的な姿をそなえているという。そしてさらに、「序」は「直に正しき体」、「祝言なるが、正しく下りたるかゝり」とも言い換えられている。このことから、世阿弥にとって「直なり」という言葉は、根源の働きをそのままに受け止め現出させる、あるいは現出させることを目指すありようを示していることが窺える。

また、五つの曲趣（「祝言」「幽曲（幽玄）」「恋慕」「哀傷」「闌曲」）の性質や、節・曲の付け方、及び謡い方を論じた書である『五音曲条々』において、「祝言」は次のように説明される。

祝言ト者、安楽音也。直ニ云タルガ、ヤス〳〵トクダリテ、治声ナルカヽリ也。（『五音曲条々』一九八）「天之命謂二之性一、循レ性謂二之道一」云々《うんぬん》。然《しかれ》バ、性《しやう》ハ天、道ハ地ナルベシ。此《この》音曲ノ次第ニトラバ、祝言ハ性ナルベシ。此《この》性を和シテカヽリトナス体《てい》ヲ、幽玄《いうげん》ト云《いふ》。又、幽玄ヲナヲ深メテ感文《かんもん》ヲ添ウル位ヲ、恋慕ト云。恋慕ニ亡曲《ばうきよく》ノ心ヲ付《つけ》テ、哀傷ト云。（同二〇二―二〇三）

右によれば、「祝言」は「天之命」ずるところをそのまま備えた「性」であり、天（万物の根拠たるもの）の命を「直《すぐ》に」「安んじて以て楽しむ」ありようであった。事実、『五音』の祝言の曲の例には「夫久方《それひさかた》ノ神代ヨリ、天地開《あめつちひら》ケシ国ノハジメ」（「伏見」）、「山河草木《さんかさうもく》恵ミニ富ミテ、国土安静ノ当代ナリ」（「足引山」）（『五音』二〇七）といった、世界の成り立ち（根源）や良き治世のめでたさを直接的に謡った詞章が並んでいる。これは、脇能を「序」と位置づけ、「本風の姿」「直に正しき体」が「序」であると述べることに対応していよう。「直成《すぐなる》かゝりは祝言也」（『申楽談儀』二七四）「祝言は、直《すぐ》に正しくて、面白き曲《ふし》は有《ある》べからず」（同二七五）などの記述を見ても、世阿弥にとって、「直《すぐ》」さと「祝言」、すなわち万物の根源からの妙なる力をそのままに受け止め、賛美するありようとは深いつながりを持つものとして受け止められていたことが窺える。

ここまで、「井筒」が「祝言」につながる「直《すぐ》」さを持つ可能性を論じてきた。そこで次節からは、「井筒」の詞章を「序」「破」「急」に分けて具体的に取り上げ、「直《すぐ》」さが有常の娘のいかなるありように表れているのかを検討したい。

なお、ここでいう「序破急」とは、作劇上の語りの順番を意味しない。世阿弥自身も作能において「能を書くに、序破急を書くとて、筆斗《ばかり》に書くは悪《わろ》き也。風情の序破急を書くべし」（『申楽談儀』二八七―二八八）と言い、筆（作劇）上の「序破急」と「風情――妙なるものの働きかけが個々のわざに現れる機微」の「序破急」は異なるとしている。

そこで、ここではシテである有常の娘が「妙」なるものの働きに貫かれ（「序」）、態をなし（「破」）、そしてまた「妙なるもの」の一性へと収斂していく（「急」）さまを跡づけていくこととする。

第二節　「井筒」における「序」――井筒での「出会い」

一「心の花」たる和歌の贈答

有常の娘の生において、「言語道断、心行所滅」たる「妙」の働きに貫かれる出来事とは、いうまでもなく「業平との出会い」を指すだろう。なればこそ、世阿弥は出会いの場たる「井筒」を一曲の題名とし、僧の名乗りの求めに応じ有常の娘が正体を明かす際にも、「紀の有常が娘とも、または井筒の女とも、恥づかしながらわれなり」と、まずは自らを「井筒の女」であると規定するのである。以下は、有常の娘が業平との出会いを語った件りである。

昔この国に、住む人のありけるが、宿を並べて門《かど》の前、井筒に寄りてうなゐ子の、友だち語らひて、互ひに影を水鏡《みづかがみ》、面《おもて》を並べ袖をかけ、心の水もそこひなく、移る月日も重なりて、大人《おとな》しく恥《はぢ》がはしく、互ひに今はなりにけり。その後かのまめ男、言葉の露の玉章《たまづさ》の、心の花も色添ひて、筒井筒《つつゐづつ》、井筒にかけしまろが丈、生《お》ひにけらしな、妹《いも》見ざる間《ま》にと、詠みて贈りけるほどに、その時女も比べ来《こ》し、振分髪《ふりわけかみ》も肩過ぎぬ、君ならずして、誰《たれ》か上ぐべきと、互ひに詠みし故なれや、筒井筒の女とも、聞えしは有常が、娘の古き名なるべし。

右の詞章には、幼少期のかけがえのない出会いの確信（『冷泉家流伊勢物語抄』等の冷泉家流古注では、「筒井筒」の「いつつ」にちなみ結婚の約定を交わしたのを五歳とする）と、約定を守り互いに恋を成就させた歓喜の瞬間が描かれている。

ここで注目すべきは、幼少期の出会いと成年期の再会（男女として契りを交わすという意味での「出会い」）のいずれにも、「心の水」「心の花」と、「心」の語が用いられていることである。後にも詳しく述べるが、「心の水」とは本来、仏教において仏の法を映し出すものとして人の心をたとえた言葉である。人が根源的な働きに貫かれた時、その働きを受け止める場として「心」が顕現してくる。その「心」の深さ、「直《す》さ」が、「心の水のそこひなく」という表現で表されている。「井筒」とはまず、出会いの確かさを直観する「心」を指し示すものとして形象されているのだ。

また、長じて出会いの直観を「男女の契り」という形で成就させる際の、「心の花も色添ひて」という表現も興味深い。「心の花」はまず、「和歌の意」とされ、二人が互いに心の変らぬことを示す和歌を詠んだことを意味しているのだが、『風姿花伝』をはじめ世阿弥が「花」に込めた重要な意味を考え合わせるならば、ここは「妙なるものの働きを心がいっぱいに受けとめ、それを言葉に結実させたもの」が和歌なのだ、ということを示した言葉であろう。二人の恋の成就とは、身体的な交わり（もちろんそれも重要な出来事ではあるが）と同時に、出会いのはじめに確信した互いの「心の水のそこひな」さを、「心の花」たる和歌で再び確かめ得た瞬間を意味すると思われる。

二　「妙なる」出会い

だからこそ、有常の娘の語りを聴いた僧は、「げにや古りにし物語、聞けば妙なる有様の」と、二人の出会いと恋の成就の物語を「妙なる」ものとして形容する。「妙なる」とは能において、「これは妙なる神道の、衆生済度の方便」（「三輪」）「まことに妙なる神木と見えたり」（「老松」）「妙なる法と説かれたり」（「鵜飼」）「花も妙なる法の道」（「東北」）と、神仏の人知を超えた（まさに「言語道断、心行所滅」の）働きを示す用例が多い。有常の娘が語る二人の出会いと恋の成就の物語が僧によって「妙なる」物語だと総括されることからも、二人の出会いが「妙」なるものの働きによって貫かれた確かさを有していることの証左にならないだろうか。

しかし、時間的存在であるわれわれは、いかに出会いのうちに「妙」なるものの働きの確かさを感じようとも、時の経過にさらされ、変化していかねばならない。その中でも特にわれわれにとって痛切な「変化」は、恋する者の死であろう。在原寺を訪れた僧が、

紀の有常の常なき世、妹背をかけて弔はん

と語るのは、業平と有常の娘という一組の夫婦への弔いであると同時に、絶えず時の経過に晒され「常なき世」を生きるすべての人への弔いの気持ちを含むであろう。

では、「常なき世」を生きるわれわれの象徴ともいうべき有常の娘は、業平の不在をどのように受け止め、自

らを変容させていくのか。次節以降は、「思ひ出」という形で業平を心の内に繰り返し現前させていた有常の娘が、僧との会話をきっかけに「人待つ女」としての自己を顕わにし、夢において業平と「見見え」、「妙」なるものの働きに再度貫かれるまでを見ていくこととする。

第三節　「井筒」における「破」——「思ひ出」と「語り」による「昔」の甦り

一　「月」と「水」と「心」

有常の娘は、まずは日々、暁の時分に仏に花・水を手向ける人物として現れる。

暁《あかつき》ごとの閼伽《あか》の水、暁ごとの閼伽の水、月も心や澄ますらん。

暁ごとに仏に供える水に影を映して、天上にかかる月も、水に映る月も澄み渡り、私の心をも澄み渡らせてくれるようだ、と女は言う。女が汲み上げる井戸の水が、澄んだ月を映すものであり、その月の力でもって女の心をも清らかにしていくものとして描かれていることに注目したい。この描写は曲の終盤の水鏡の場面に対応しており、有常の娘の（ある形においての）救いを予感させるものである。

そもそも、「水に映る月」は釈教歌において「心の水」と結び付けて詠まれ、心を澄ませ悟りに導くものとされてきた。「心の水」とは仏教語「心水」から来た表現で、人の心を水にたとえた表現だとされる。(6) とすれば、曲中の井筒の「水」は有常の娘の心の象徴であるとまずは捉えられよう。ここで、二十一代集の中から「水に映

る月」と「心の水」との関係を詠んだ歌をいくつか例として挙げる。(7)

即身成仏の心を　藤原教長

照る月の心の水にすみぬればやがてこの身に光をぞさす（『千載和歌集』）

如来無辺誓願仕の心をよめる　鑁也法師

数知らぬ千々の蓮にすむ月を心の水にうつしてぞ見る（『新勅撰和歌集』）

建保六年八月中殿にて、池月久明といふことを講ぜられける時読める　正三位知家

池水の千世に心をまかすれば行すゑとほく月もすむなり（『続後拾遺和歌集』）

元享三年八月十五夜月五十首歌に　二品法親王覚助

絶えず汲む閼伽井の水の底すみて心に晴るる在明の月（『新千載和歌集』）

惟宗光吉朝臣

いはし水神よの月やにごりなき人の心のそこにすむらん（『新拾遺和歌集』）

右の和歌に見られる「水に映る月」はいずれも、人の「心の水」に「住んで」清く「澄み」わたるものとしてまずは捉えられている。人はその光（如来が遍く人を救おうと誓う心の表れ）を「心の水」いっぱいに受けることで、時にその身そのものが仏となって光を放ち（あるいは放つことが予見され）、あるいは胸の内の蓮、すなわち仏心を開花させんとする。中でも、『新千載和歌集』（延文四（一三五九）年成立）の覚助が「絶えず」汲む「閼伽井」の水に「在明の月」が澄み渡っていると詠んでいることは興味深い。世阿弥が当該歌を意識したか否かは

別として、右の和歌群の作例を見れば、有常の娘の絶えず閼伽の水を汲むという行為は仏による救いを予感させるものとして描かれていると考えてよいであろう。有常の娘の一心に仏にすがる気持ちは、この後の、

ただいつとなく一筋《ひとすぢ》に、頼む仏の御手《みて》の糸、導き給へ法《のり》の声。

という詞章にも明確に示されている。

二 「げに何事も思ひ出の、人には残る世の中かな」

だが、仏の力を頼み、月の光に心を澄ましながらも、有常の娘の霊魂は二人の過ごした在原寺に留まり、「迷ひ」「ながらへ」ている。先の和歌の作例の言葉にしたがうならば、有常の娘には、「(月の映る) 水の千世に心を任」せきることができない、仏の救いの光を受け止める器となりきれない、心「残り」がある。

さなきだにもののさびしき秋の夜の、人目稀《ひとめまれ》なる古寺《ふるてら》の、庭の松風更《ふ》け過ぎて、月もかたぶく軒端《のきば》の草、忘れて過ぎし古《いにしへ》を、忍ぶ顔にていつまでか、待つ事なくてながらへん、げに何事も思ひ出の、人には残る世の中かな。

秋の夜、人の気配のない古寺、庭の松に風が音を立てて吹き過ぎ、夜は深々と更けて、月光は荒れて傾く軒端に生えた軒忍を照らす。寂寥が辺りを満たす中、有常の女は「忘れてゆこうとし、また記憶のあれこれは実際に

徐々に薄れ、忘れて過ぎていった、そんな過去を、いったい私はいつまで、いかにも懐かしそうに、待つ宛てもないままこの世に留まり続けるのだろう」と、我と我が身をいぶかしむ。時は過ぎ、業平はもういない。待つことの甲斐のなさを有常の娘は身に染みて知っている。しかし、だからこそ、「本当に、何事につけても、他の全てが失われても、人にはただ「思ひ出」が残る、それが人の世というものなのだ」と慨嘆する。

たとえば「思ひ出でて忍ぶならひのなかりせば何かむかしの名残ならまし」（『続後拾遺和歌集』）と歌に詠まれるように、「思ひ出」こそが、時の経過に絶えず晒され「常なき世」を生きるわれわれに唯一残された、過去を「いま」に甦らせ残しておく手立てなのだ。そう女は思い定めている。だからこそ、有常の娘は「過去」が刻印された「井筒」のもとを離れられないのだ。

三　「古寺」という舞台の意味

「井筒」が「時」の中を生きるわれわれのありようを描こうとしていることは、一曲に現れる「古《いにしへ》」「古し」「昔」といった語の多さにも表れている。前場だけでも「昔語」（二例）「人目稀なる古寺」「古《いにしへ》」（二例）「今はるかに遠き世」「昔男」（二例）「今は遠き世」「昔の旧跡」「主こそ遠く業平」「在原寺の跡古りて」（二例）「古塚」「古りにし里」「昔」「古き名」「古りにし物語」と、有常の娘（の霊魂）が業平在世時からはるかに隔たった「いま」を彷徨っていることが繰り返し語られる。

「井筒」の舞台が時の経過を感じさせる場として設定されていることは、在原寺の所在地を、本説の『伊勢物語』に記載のない「石上《いそのかみ》」に比定していることからも明らかである。[8]『歌ことば歌枕大辞典』によれば、石上は大和国の歌枕で、『万葉集』以来、石上の中にある地名「布留」に続けて詠まれたことから、「布留＝古」の発想で、平安時代以降は「年を経て言ひ古さるる石上名をだにかへて世を経てしかな」（『信明集』）のごとく古《いにしへ》の象徴として詠まれるようになったという。「井筒」における「石上」の地名の役割は、「石上、古りにし里」と「古る」の語を引き出す言葉として使われていることからも明らかで、在原寺の「老いたる」松、「老いたる塚の草」、「草茫々《ぼうぼう》として、露深々と」降る古塚といった「跡古り」た様子は、舞台上の「いま」の時を彷徨う有常の娘と、業平の生きた「昔」との隔絶を強くわれわれに印象づける。

しかし、廃墟とはその「跡古り」たる様が時の経過とそれに伴う「いま」との隔絶を感じさせる場である一方で、「かつて、ここに」あった「いま」が強く刻印されている場でもある。だからこそ、

松も老いたる塚の草、これこそそれよ亡き跡の、一叢薄《ひとむらすすき》の穂に出《い》づるは、いつの名残なるらん。

と、廃墟の古塚を「これこそそれよ」と業平の存在の証として力強く言い表し、その塚から生える一むらの薄を、過去の時が「いま」に甦り現前する「名残」として受け止めるのである。「穂に出づる」が恋心の表出として和歌に詠まれることを考え合わせるならば[9]、薄は業平へのかつての恋心——それは繰り返し沸き起こる思いであったがゆえに、「いつの名残」か不分明であると語られる——の象徴でもあるだろう。

このように、「かつて」「妙」なる力の現前を感じさせるような出会いを経験したという記憶は、時の経過を経てなお残る「古」の景物に触発されて、繰り返し「心」において甦る。「思ひ出」がある限り、有常の娘の「いま」の心において、業平の面影は繰り返し（不完全な形ながらも）現れる。「思ひ出」は時間的存在であるわれわれが過去という非在をいまに何ほどか現前させるための、いわば知恵であり、その一つ一つは本来、「妙」なる

力の働きの確かさを示す美しい証である。しかし、「思ひ出」に捉われそこに堪えず「いま」を重ね合わせていくありようは、やはり「心の水」の底までを残りなく月の光に照らし委ねるありようとは言い難い。

有常の娘は、自分が迷いの中にいることも、仏がそのような迷いをも包み込む存在であることも理解している。

迷ひをも、照《てら》させ給ふ御誓《おんちか》ひ、照させ給ふ御誓ひ、げにもと見えて有明《ありあけ》の、行方《ゆくへ》は西の山なれど、眺めは四方《よも》の秋の空、松の声のみ聞《きこ》ゆれども、嵐はいづくとも、定めなき世の夢心《ゆめごころ》、何の音にか覚めてまし、何の音にか覚めてまし。

月はただ一筋に西を指し示しつつも、光を四方に投げかける。だが、ながめ——物思いを以て眺める有常の娘の耳には、「待つ」想いを表すかのように松風の音が聞えつつも、それと同時に四方から嵐の音が聞こえるともなく聞こえてくる。「四方の嵐」は「浅茅生の露のやどりに君をおきて四方の嵐ぞ静心なき」(『源氏物語』)に詠まれるように、人間の不安や孤独をかきたて「静心」を持てなくするものとされる。業平在世時から遠い時を経て、嵐はその当時のような鋭い音を立てて孤独をかき立てはしないけれども、遠鳴りのように響き、女の心を定めなくさせる。

和歌にあって、松が古来「待つ」ことの形象として詠まれてきたことを踏まえれば、「松風更け過ぎて」「松の声のみ聞ゆ」とあるように、有常の娘は「待つことなくて」と言いつつも、やはり潜在的には業平と再び相まみえることを待っているのだ。しかしその「待つ」心は、「思ひ出」という過去に占められた心においては顕在化せず、数々の「思ひ出」に心は「四方の嵐」に散らされるように千々に拡散し、有常の娘は「いま」の自分を正確に見定めることができないまま夢心地で彷徨っている。

四　語りによる変容

「思ひ出」によってのみ、過去が何ほどか「いま」に現前するのを受け止めていた有常の娘に、しかし転機が訪れる。それは、僧による「昔語」の希求である。この場合、僧が自らの意志で、業平と有常の娘を「妹背をかけて」弔おうとしていたことが大きな意味を持つ。(10) はじめこそ名乗りを求める僧に対し「(業平とは)故《ゆゑ》もゆかりもあるべからず」と自らを開示することを拒んだ有常の娘も、僧との対話の中で心を披いてゆく。

ワキ　もつとも仰《おほ》せはさる事なれども、ここは昔の旧跡《きうせき》にて、主《ぬし》こそ遠く業平の、
シテ　あとは残りてさすがにいまだ、
ワキ　聞《きこ》えは朽ちぬ世語《よがたり》を、
シテ　語れば今も、
ワキ　昔男の、
地謡　名ばかりは、在原寺の跡古《ふ》りて、

僧との対話を通じて、昔男が「名」という形ではあれ「今」も「在」ることができているのだと気づいた有常の娘は、弔いの心を持つ僧が語りの場を整えたことで、「思ひ出」の中に閉じていた自己を僧に向かって披き、変容してゆく。

まず「風吹けば」の逸話を語り出した女は、はじめは「古りにし里」「住み給ひしに」「妹背の心浅からざりしに」「通ひ給ひしに」と、過去の物語であることを示しつつ語りを進める。しかし、語りのクライマックスにおいて、女は、

風吹けば沖つ白波竜田山《たつたやま》、夜半《よは》にや君が独り行くらんと、おぼつかなみの夜の道、行方を思ふ心遂《と》げて、よその契りはかれがれなり。

と、和歌でもって己れの「行方を思ふ」真情を残りなく伝え、その結果また（よその「契り」のない）一対の関係となり得た高揚感を「いま」のこととして語る。この高揚が次の、

げに情知るうたかたの、あはれを述べしも理なり。

という確信の言葉を引き出してゆく。まことに、人の「情け」、真情を知ることができるのは歌なのであり、自分があの時、歌でもって「あはれ」を述べ、「情け」を見せようとしたのももっともなことなのだ、と有常の娘はいう。

なぜそれほどまでに歌に信を置くのか。それは、幼き頃の二人が出会いにおいて感じた「妙」なる力の確かさを、互いに証し立てたのが、他ならぬ「心の花」、すなわち「筒井筒」「比べ来し」の和歌だったからである。僧の前で語り、和歌を声として発したことで、自分を自分たらしめる根源的なものの力の働きに再び触れた有常の

女は、ここではじめて、「まことはわれは恋衣《こひごろも》、紀の有常が娘とも、いさ白波の」と、業平を「恋う」存在であることを言表する。長く「思ひ出」に生きたからか、はじめは「いさ白波（そうであるか、さあわからない）」と曖昧に名乗る女も、僧の「色にぞ出づるもみぢ葉の」という促しの言葉に支えられ、「紀の有常が娘とも、または井筒の女とも、恥づかしながらわれなり」と、己れが何者であるかを僧に、また己れ自身に明確に示してゆく。この過程を経てはじめて、「待つことなくて」、待つ宛てもないとして自らの「恋」を曖昧なものにしていた女は、後場において「恋衣」を着て、自らを「人待つ女」であると規定して、僧の夢の中に現れることができるのだ。

第四節　「井筒」における「急」――「妙」なるものの働きとの「出会い」

一　「人待つ女」という自己規定

在原寺を訪れた所の者に、業平と有常の娘の夫婦の物語を改めて聴き、有常の娘への弔いを勧められた僧は、在原寺の苔の筵に仮寝し、夢の中で「井筒の女」、有常の娘を待ち迎えようとする。

更《ふ》けゆくや、在原寺の夜の月、在原寺の夜の月、昔を返す衣手《ころもで》に、夢待ち添へて仮枕《かりまくら》、苔《こけ》の筵《むしろ》に臥《ふ》しにけり、苔の衣に臥しにけり。

僧が夢に入ることを、「昔を返す」と言い表していることは重要である。前場において、有常の娘は「昔」の跡の名残から業平を「思ひ出」すことによって「昔」の面影を「いま」の心に何ほどか甦らせていた。しかし後場においては、「ありがたき御経を読誦し、かの御跡をねんごろに弔ひ申」さんとする僧の夢の中で、前場の有常の娘とは位相の異なる仕方で、「昔」との邂逅が行われようとしている。夢は夢であるからこそ、通常の「時」の経過に縛られない。となれば、ここで僧のいう「昔を返す」とは、時計の針を巻き戻すような形で「昔」をいまに戻してくるというわけではあるまい。ここでの「昔」とは、いわば通常の時間に垂直に斬り込んでくるような、「妙」なるものの働きに支えられた業平との出会いの原点に再び立ち返って行くという意味での「昔」であろう。

世阿弥の「序破急」の論に照らして語るならば、それは、

・「妙」なる力の働きを受けて「心の花」を互いに表し、真に男と出逢った女（「序」）が、

・さまざまな「思ひ出」となる男との出来事（「破」）を経て、

・その個々の「思ひ出」を超えて再び「妙」の「一」性に収斂していく（「急」）

ありようとも言えるだろう。

僧が弔いの心とともに整えた「夢」の場にあって、有常の娘は業平の冠直衣をつけて現れる。

あだなりと名にこそ立てれ桜花《さくらばな》、年に稀なる人も待ちけり。かやうに詠《よ》みしもわれなれば、人待つ女とも言はれしなり。

前場の終盤で自らを「（恋心を）着・紀の有常」、「（恋心が）色に出づるもみぢ葉の黄・紀の有常の娘」、「井筒の女」と呼んだ女は、夢にあってはじめて、自らを「人待つ女」と規定する。その言表を支えたのもやはり歌で

あった。『伊勢物語』一七段で、女のもとを久しぶりに訪れた業平に詠んだとされる「あだなりと」の歌を引きながら、「年に稀なる人」でさえも待ち続けた、そのように「待つ」ことを「心の花」たる歌で詠み得た女だからこそ、人は私を「人待つ女」だと呼んだのだ、と有常の娘はいう。

「待つ」という言葉は「いま」、このときの待たれる対象の「不在」を意味する言葉ではあるが、先に述べたごとく、「待つ」ことの根底には「かつて」、確かに出会った、という確信が刻印されている。その確信に支えられつつ、しかし「いま、ここに」業平が完全には現前していない、という緊張をはらんだ落差が「待つ」の本質である。その落差を埋めるためには、通常の形での「態」ではない、既存の己れが無みされてゆくような態が求められていく。有常の娘にとってそれは、業平の「形見の直衣」を身につけて舞う「移り舞」であり、そしてその姿を「水鏡」に映すという行為であった。

二 形見の直衣と移り舞

「形見の衣」とは、古来、恋人の身に常に親しく触れているものであるがゆえに、恋をする対象の面影を色濃く残し、離れている間にその者の存在の証となるもの、あるいは恋心の証しとなるものとして知られていた。その「形見の直衣」が「いま」の有常の娘の「身に触れ」ることで、有常の娘は業平の面影をより強く感じつつ、恋心を増幅させてゆく。その心を以て、有常の娘は恥じらいつつも、「昔男に移り舞」、すなわち業平になりゆく舞を舞う。舞とは「舞の本曲」(『却来華』永享五(一四三三)年奥書、二四七)である天女の舞について、「舞を舞い、舞に舞はれて、浅深をあらはし」(『二曲三体人形図』応永二十八(一四二一)年、一三〇)と言われるように、一さしの手の振り、足の運びを能動的に行いつつも、同時に「妙風」(同)に次の動きを促されるような、受動に貫かれたありようであると言える。舞いながら業平に「移って」ゆくとは、「形見の直衣」すなわち「恋衣」を身につけて業平の現前を願い恋うてゆく有常の娘が、「思ひ出」に捉われた己れを無みし、どこまでも己れを超出してゆくありようを示していると思われる。それは単に恋した「業平」そのものになるということを超えて、女と男、そして両者の出会いそのものを成り立たせている「妙」なる力に触れて行くことを意味しているだろう。

その舞姿は、「雪を廻《めぐ》らす、花の袖」と形容される。「雪を廻らす」は『文選』洛神賦にある「廻雪」から来た表現で、和歌ではしばしば天女として舞う五節の舞姫の舞姿を形容する。「(妙)風」を受けて雪が吹き乱れるように袖が美しく翻り、その袖を返す行為に触発されるように、昔もいまも変わらず輝く月のさやけさ、清らかさが改めて有常の娘に認められてくる。

ここにきて、昔ぞ返す在原《ありわら》の、寺井《てらゐ》に澄める、月ぞさやけき、月ぞさやけき。月やあらぬ、春や昔と眺めしも、いつの頃ぞや。

曲の冒頭でも、天上にかかる月、そして水に映る月の清らかさが、「心の水」を澄ませていくことが有常の娘によって謡われていた。いままた、月は澄み渡り、舞を舞う女の心を澄ませてゆく。

三　水鏡に「見見えし」姿

「月やあらぬ」の歌は『伊勢物語』四段で詠まれたもので、後に二条后となる女を失った業平が詠んだ歌であることから、別の女性を想うこの逸話をこの「井筒」に読み込むべきなのか、議論が分かれている。本書では、本曲にこの歌を取り入れた理由を、「月の常住性」を業平の歌によって美しく言い取ったものだと見る。移り舞によって業平になりゆこうとする有常の娘は、かつての業平の目、というよりもむしろ已れの意識を超え出た「離見の見」(『花鏡』八八)のような眼差しで月を見、「月は昔のままの月ではないのだろうか、いや、月は昔もいまも変わらずあるのだ」と、かつて業平が得た感慨を味わう。その常住の月に照らされて、有常の娘は、已れの恋の原点となる、筒井筒で交わした契りが成就する瞬間に立ち返っていく。

筒井筒、筒井筒、井筒にかけし、まろが丈《たけ》、生《お》ひにけらしな、生ひにけるぞや。さながら見見《みみ》えし、昔男の、冠直衣は、女とも見えず、男なりけり、業平の面影、

和歌で「生ひにけらしな(成長したであろう)」と詠んだ男は、いざ男女として「見見える」と、実際に雄々しく成長していた。「生ひにけるぞや」「見見えし」は成長して再び相まみえた男女の、恋しい相手を見、そしてその相手に見られ、互いを把捉し合う一体化の喜びにあふれている。その歓喜の瞬間、「見見えし」昔男のままの姿を井戸に映した有常の娘は、井戸の中に業平の面影を見る。

ここで、「井筒」の水は有常の娘の「心の水」、月の光を映し出し澄んでゆく心の表象であるということをもう一度確認したい。もとより、「鏡」「水鏡」は古来、われわれの通常の姿の微細な変化や異なりを超えて、われわれの本質、魂を映し出すものとして認識されてきた。いま、已れでありながら已れを超え出て、「女とも見えず、男なりけり」とまで言い表される状態となった有常の娘は、井戸の中に、「生ひにける」男の面影を見る。それは同時に、昔男の眼差しに貫かれることでもある。そして、それと同時に、有常の娘の目には、底までを照らし

出すような水月の姿が、「見見える」姿とともに映し出される。舞台上で、一切の囃子の音が止み、静寂の中で井戸の内を見込むこの瞬間は、有常の娘が僧の夢を通じて、業平との合一という形において、自らを器として「妙」なる力を受け入れた瞬間（「急」）を表していると考えられよう。

しかし、その静寂は有常の娘自身の、

見ればなつかしや、われながらなつかしや、

という言葉で再び無みされてゆく。「妙」なる力を十全に受け止め得た歓喜は一瞬で、舞を止めた有常の娘はもはや水に映った直衣姿を「われ」であると把握するしかない。そこから急速に夢の世界は力を失う。しかし、「亡婦魄霊《ぼうふはくれい》の姿は、しぼめる花の、色なうて匂ひ」というように、「妙」なる力をいっぱいに受けて舞を舞い、再び業平とまみえたその姿そのものは残らずとも、確かに出会いの根源を見たのだという、その感動の余韻は、立ち会った僧の心に残って行く。古寺の鐘、松風、芭蕉葉の破れる音により夢は破れた。しかし、夢の中で業平と再び出逢った有常の娘にとっても、それを見届けた僧にとっても、水鏡での邂逅は阿弥陀如来の「妙」なる力による何らかの「救い」になり得ていたと思われる。

本章では、『申楽談儀』において世阿弥が「井筒」を評した、「上花」「直成能」という言葉を手掛かりに、世阿弥が「井筒」において描こうとしたものを明らかにしてきた。これまでの考察をまとめると、有常の娘の姿を通して描かれていたのは、

・人が「妙」なるものの働きを受けて、「心」を媒介として顕現してくる「花」を表し（「序」）、
・さまざまな「思ひ出」となる営みを経て（「破」）、
・その個々の「思ひ出」に捉われる心を無みし再び「妙」の「一」性に収斂していく（「急」）

ありようであった。その恋の「序破急」成就のありよう、月の光に象徴される「妙」なる力を十全に受け止め得る瞬間を描いたさまが「直《す》ぐ」さとして評されたのだと考えられよう。

前場の有常の娘は、過去を「思ひ出」すことによって過去が「いま」に何ほどか現前していくるのを受け止め、後場の有常の娘は夢という特殊な場において、業平と再び「見見え」、業平との合一を通じて「妙」なるものの働きを（水鏡に姿を映した瞬間において）十全に受け止め得た。

しかしそれは、前場の有常の娘のありようが、後場の有常の娘よりも劣っているということを意味しない。むしろ、後場の水鏡の場面における「妙」なる力の顕現は、前場の有常の娘が「思ひ出」している生前の事柄の一つ一つ、ひいては「時」の経過に晒されつつ生きるわれわれの営み一つ一つを支え根拠づけているものを世阿弥が描こうとしたのだといえよう。

本章の冒頭、「井筒」を評した「上花」は、「妙花風」と同義で用いられていると述べた。しかし、当然のことながらそれは、「井筒」を演じれば必ず「妙花風」の芸となるという、硬直した評価を意味しない。『申楽談儀』の中に見える、世阿弥の観阿弥評にも、

上花《じやうくわ》に上りても山を崩し、中上《ちゆうじやう》に上りても山を崩し、又、下三位《げさんゐ》に下《くだ》り、塵《ちり》にも交はりしこと、たゞ観阿一人《いちにん》のみ也。（『申楽談儀』二六四）

とあり、「上花」「中上」に上る芸位を絶えず否定してゆく（「山を崩す」）ことが観阿弥の稀有な資質であったことを述べている。

「井筒」を読むわれわれの、あるいは「井筒」を演じ、またそれを観るわれわれの心の抜かれゆく度合いに応じて、「井筒」の「人待つ女」たる有常の娘は、「妙」の働きをいっぱいに受け止め得た「花」としてわれわれの前に現じてくるであろう。

註

（1）「井筒」において、前シテは紀有常の娘の霊魂の仮の姿である「このあたりに住む」女であり、後シテも「紀有常の娘の霊魂」と呼ぶのが正確であるが、本章では煩雑さを避けるためシテを基本的に「（紀）有常の娘」と呼ぶ。

（2）『伊勢物語』本文には二十三段の男女は誰と明示されておらず、これを世阿弥が業平と有常の娘のこととするのは、中世に著された『冷泉家流伊勢物語抄』『伊勢源氏十二番女合』などの『伊勢物語』の古注に拠ったものである。

『伊勢物語』の古注の解説をどの程度一曲の背景として読み込むかについては豊富な研究成果があり、和歌が引かれた四段・十七段・二十四段の物語を「井筒」の「紀有常の娘の物語」として積極的に取り入れる伊藤正義「謡曲と伊勢物語の秘伝――「井筒」の場合を中心として」『金剛』六十四号、一九六五年をはじめとする論考や、それに反し、十七段・二十四段の引用は和歌の一部を引用したに過ぎず、詩的修辞以上の意味を持たないとする西村聡「「人待つ女」の「今」と「昔」――能『井筒』論」『皇學館大學紀要』第十八輯、一九八〇年を代表とする論考がある。そうした、『伊勢物語』古注釈の享受史との関わりを含む「井筒」の研究史については、大谷節子の論考に詳しい（大谷節子「作品研究〈井筒〉上・下」『観世』六十八巻十月・十一月号、二〇〇一年)。

本章では、世阿弥が解釈の異なるいくつもの古注釈に基づき「井筒」を作曲している事実を踏まえ、どの逸話を入れるか否かについて世阿弥はそこまでこだわっておらず、さまざまな逸話を含み込んだ業平と有常の娘の生を総体として描こうとしていた、という立場を取る。「有常の娘」が世に留まっているのは『伊勢物語』で語られるどれか一つの逸話に執しているのではなく、業平と已れが生きていた「昔」そのものを慕っているためと考える。

(3) 西野春雄校注『新日本古典文学大系57 謡曲百番』岩波書店、一九九八年

(4) 小山弘志・佐藤健一郎校注『新編日本古典文学全集58 謡曲集①』小学館、一九九七年

(5) 西野春雄、羽田昶編『新訂増補 能・狂言事典』平凡社、一九九九年

(6) 「心の水」が仏教語「心水」を和らげた表現であり、「清濁・浅深のある衆生の心」を表す語であることは、大谷節子「作品研究〈井筒〉上・下」(『觀世』六十八巻十月・十一月号、二〇〇一年)に、すでにいくつかの例歌とともに指摘がある。本章では、冒頭のシテの次第が曲終盤の水鏡を介した「妙なる力からの働きかけの顕現」につながっていくという読みのもと、いま一度二十一代集より例歌を引き、世阿弥の発想の背景を探った。

(7) 以下、二十一代集の和歌については、それぞれ以下の書籍による。

片野達郎・松野陽一校注『新日本古典文学大系10 千載和歌集』岩波書店、一九九三年

中川博夫校注『和歌文学大系6 新勅撰和歌集』明治書院、二〇〇五年

深津睦夫校注『和歌文学大系9 続後拾遺和歌集』明治書院、一九九七年

国民図書株式会社編『校註國歌大系 十三代集』国民図書、一九二八年

なお、読みやすさを考慮し、適宜漢字表記を仮名表記に、仮名表記を漢字表記に改めた。

(8) 井筒の舞台を石上に設定した背景については、原田寛子「謡曲〈井筒〉の表現世界——背景としての「石上」」(『國文論叢』三十七巻、二〇〇七年)に詳しい。

(9) たとえば、「花薄我こそしたに思ひしか穂に出でて人に結ばれにけり」(『古今和歌集』)「いそのかみ布留の早田の穂には出でず心の内に恋ひやわたらむ」(『新古今和歌集』)、など。

(10) 相良亭『世阿弥の宇宙』(ぺりかん社、一九九〇年)などに見られるように、有常の娘の台詞に「あと弔ひてたびたまへ」

という慣用句がなく、僧の側にも積極的に供養する詞章がないことから、「井筒」においては仏教的な救済は描かれていない、とする見方がある。だが本章では、僧は「妹背をかけて弔はん」と言表した冒頭から一貫して供養の心を持ち続けているのであり、仏の力を頼み南都七大寺を巡り、弔いの心をもった僧が有常の娘の話を受け止め、娘の変容を促しているという点において、仏教的な救い（少なくとも仏教的な救いを志向する姿勢）は描かれているという見方をとる。

第五章　「野宮」考

――森と心との変容、甦りをめぐって――

謡曲「野宮《ののみや》」は世阿弥周辺の能役者の手になると言われる、『源氏物語』「賢木」巻に取材した作品である。シテの御息所が、光源氏との最後の逢瀬の場所である野宮において恋の思い出を語るこの曲は、「高貴な女性の激しい愛憎、その果ての憂いと悲しみ、懐旧と艶を秘めた寂寥を見事に描い(1)」たものとして賞されてきた。その中で、「野宮」という場所については、「晩秋の野宮の夕景は美しく寂しい。それは六条の御息所の心情と重ね合わされている(2)」というように、寂寥感あふれる情景によって御息所の心をより効果的に表す役割を担ったものとして認識されてきた。

本章では、そこからさらに一歩踏み込んで、野宮の情景、もっというならば「野宮」という場所そのものの持つ意味が本曲の中でどう生かされていくのか、また一曲全体の方向性にどのように影響を与えているのかを、詞章を検討していきながら論じていく。結論を先取りして言うならば、初め悲しさと寂寥のみに彩られていた野宮は、優れた共感者である僧の介入によって、曲の終盤において「源氏が御息所を訪れ、男女の十全な交わりが実現した場(3)」として一瞬の甦りを見せる。その野宮の変容（甦り）の過程を浮彫りにするために、本章では「野宮」で多用されている「森」の語に着目し、「森」の語が表象するものが曲の中でどのように変化していくかを検討するという方法を取る。諸書に指摘されるとおり、野宮の情景が御息所の心情に色濃く重ねられているとするならば、野宮の変容はシテの御息所自身の変容を意味するはずである。

第一節　問題の提示 ――「火宅の門をや出でぬらん」

一　「野宮」の概要とあらすじ

本曲の作者については、詞章や表現技法等の内部徴証から世阿弥の娘婿の禅竹作であるという説が有力であり(4)、本章でも作者禅竹説に従って論を進める。本書の主題は世阿弥の能楽論と謡曲から世阿弥の思想を読み解くことにあるが、禅竹は『六義』『拾玉得花』や多くの能本を相伝されており、世阿弥の伝書から大きな影響を受けていることがわかっている(5)。ともあれ、「野宮」に見られるシテの変容を跡づけていくことは、世阿弥の「花」の変容の思想が以後の能作者（それがたとえ狭い範囲のものであっても）に何ほどか受け継がれたことを証し立てることになるであろう。

以下に「野宮」のあらすじを述べる。

諸国一見の僧が京都嵯峨野の野宮の旧跡を訪れると、一人の女が現れ、物寂しい秋の終わりの情景を歌い、己れの身を嘆く。女は僧に、この森は昔、伊勢の斎宮が潔斎をするために籠った場所で、毎年九月七日には神事を行うのだからすみやかに帰れと迫る。しかし、僧が女の手にしている榊について言及すると、女は僧に心を開き、僧に請われるままに野宮と御息所にまつわる話を始める。今日、九月七日は昔光源氏がここ野宮に御息所を訪ねた日である。御息所はかつて皇太子妃としてときめいていたが、夫に死に別れ、その後に愛を得た光源氏からも見捨てられて、斎宮である娘とともに伊勢に下ったのだ。物語を終えた女は、実は自分がその御息所なのだと名のり、黒木の鳥居の陰に消え失せた。僧が森の木陰で夜を徹して跡を弔っていると御息所の霊が秋の花車に乗って現れる。霊は、賀茂の祭り見物の折、車の置き場を巡り光源氏の正妻の葵上と争って恥辱を受けた思い出などを物語り、懐旧の舞を舞った後、再び車に乗り、迷妄の世界に別れを告げる体で消え失せた。

二　問題の提示——御息所は救われたのか

物語の終局、御息所が車に乗って消え失せる場面は、「火宅《くわたく》の門《かど》をや、出でぬらん、火宅の門」という詞章で締めくくられる。[6] 火宅は法華経譬喩品にある「三界無安猶如火宅《さんがいはやすきことなしなほくわたくのごとし》」から来た言葉で、衆生の苦悩する三界を火に焼けている家に喩えた言葉である。

御息所は「火宅」を、つまりは迷妄に満ちたこの世界から脱することができたのか否か。この結末部分については、各人各様の解釈がなされており、統一を見ない。解釈の例を二、三挙げるならば、『謡曲大観』[7]の現代語訳では「今は迷ひの世界から離脱していったやうである。」とし、救済を予想させる訳となっており、小林保治は一歩進めて、「足拍子を踏んで車に乗った体で、この煩悩の世を解脱して行く」と救済を断定的に述べる。[8] 他方、出岡宏は「(本曲の—筆者注)結びは他曲と比べても、悲しみを負う個性の輪郭を残した、救いの否定を窺わせるものでもある」と救済に否定的であり、[9] 池上康夫も「そのように救済の用意されない言ひ止したこの曲の終わり方に、より能的なそしてより禅竹的な演出法を見て取ることも間違ってはゐない」と指摘する。[10]

以上のように解釈が分かれるのは、「火宅の門をや出でぬらん」という、疑問の係助詞「や」と現在推量の助動詞「らむ(らん)」によって断定を避けた、本文の言い回しそのものに理由が求められるであろう。この「や—らん」の言い回しが持つニュアンスについては、本章の最終部分で改めて検討することとするが、結論を先に述べれば、本書は御息所には救済の道が開かれたという立場を取るものである。以下は本文の詞章のうち、「野宮」の情景に関わる部分、その中でも特に「森」の語を主に取り上げながら、「野宮」の作者が御息所を救うために本曲内に用意した道筋をたどってみたい。

第二節　森の二面性

一　「シテに共鳴する者」としての「諸国一見の僧」

「野宮」の冒頭は、夢幻能の常道に則り、ワキである諸国一見の僧の独白に始まる。僧は、近頃は都におり、「洛陽《らくやう》の名所旧跡残りなく一見《いつけん》」し、いまは「秋も末になり候へば、嵯峨野の方《かた》ゆかしく候ふ間《あひだ》」、一見しようとここまで出かけてきたのだ、と述べる。嵯峨野を訪れた頃は「秋の末」であるから、「この程は都に候ひて」とは、秋の間都に留まっていたことを示していよう。都の秋は『古今和歌集』をはじめとして多くの和歌に詠まれており、僧の名所旧跡巡りは特に歌枕の地への参詣巡拝を意味すると考えられる。(11) また、嵯峨野は『枕草子』(三巻本系統) 一六三段に「野は嵯峨野、さらなり」とあり、また『能因歌枕』には「野をよまば、さが野」とあって、古来有名な歌枕であり、秋の風情を詠む場所とされてきた(12)では、なぜ秋の中でも特に「秋も末に」なる時期に、嵯峨野を「ゆかしく」思うのか。その理由としては、まず第一に、御息所にとって特別な日である「九月七日」に舞台を設定するという作劇上の狙いが考えられるが、ここでは僧が心ひかれる場所として「野宮」を直接に名指すのではなく、まず野宮が位置する「嵯峨野」の名を挙げている点に注目したい。その理由の一端を示すものとして、次に『新古今和歌集』の嵯峨野に材を取った歌を紹介する。

さらでだに露けき嵯峨の野べに来て昔の跡にしをれぬるかな（巻八　哀傷歌・権中納言俊忠）(13)

この歌は、作者俊忠が父の死を受け、「ただでさえ露にぬれているのが常のならいである嵯峨野の野べに来て、父の生前のことを思わせる墓のあたりで、悲しみの涙で袖もしおれてしまったことよ」と嵯峨野の寂しさと父を失った悲しみとを重ね合わせて詠んだ哀傷歌である。歌ことばとしての「露」は主に秋季を表すことから、この歌は秋の景と読める。また、「しをれぬる」は「露」「野」の縁語として、「草木がぐったりとしおれる」意を含み、「凋落の秋」のイメージが濃い。さらには、「さが」に「嵯峨野」と「性」をかけ、嵯峨野は「露けき性《さが》」（露にぬれているのが常の習い）であるとしている点も注目される。この「嵯峨＝性」の措辞は、引用した俊忠の歌に続く同集の二首の哀傷歌にも用いられており、「かなしさは秋の嵯峨（＝性）野のきりぎりすなを古里に音をやなくらん」「今はさはうき世の嵯峨（＝性）の野辺をこそ露消えはてし跡としのばめ」などと、嵯峨野を「かなしく」、「憂き」ものと定義づけている。

このように、『新古今和歌集』では嵯峨野と「愛する人を失う悲しみ」を強く結び付け、嵯峨野の「露けく」「かなしき」本性を人の死やその死を悼む詠み手の悲しみと重ね合わせていた。本曲の作者と目される禅竹は、藤原定家に私淑し、自らの能楽論に『新古今和歌集』や『千五百番歌合』の歌を引くほどであったから(14)、嵯峨野を舞台とした能を作る際、当然右の三首の歌は念頭にあったであろう。そのうえで、ワキの僧が、もの皆がおとろえ果てる晩秋に嵯峨野に向かう人物であると設定したことは、この僧が歌枕としての当地の本意、すなわち、「凋落の景に言寄せて死者を悼み、その魂を鎮める」という働きを十全に理解し得る人物であることを訴えたかったのだと思われる。このことは、僧が「野宮」の凋落の景を己れの心象風景としている御息所という女性と相まみえたときに、彼女の心を披かせるための重要な要件となることが予想される。

二　恋の苦しみを秘める場としての「森」

次に注目したいのが、僧が冒頭で〈名ノリ〉をする際に野宮全体を形容する語として用いた、「森」という語である。僧は、野宮に到着した際、まず次のように述べる。

　これなる森を人に尋ねて候へば、野の宮の旧跡とかや申し候ふほどに、逆縁ながら一見せばやと思ひ候。

ここの森はどういう謂れのあるところかと土地の者に尋ねたところ、野宮の旧跡であるという答えであったので、仮初めの縁であるが参詣したいと思う、と述べた後で、「われこの森に来て見れば、黒木の鳥居《とりゐ》小柴垣《こしばがき》、昔に変らぬ有様なり」と、もう一度「この森」に来たのだ、ということが念を押すように語られる。

『野宮』の中でこの「森」という語は（くり返し謡われる詞章を二例と数えると）十一例使われており、シテが二例、ワキが六例（うち、シテの台詞の代弁だと捉えられるものが一例）、地謡が三例（うち、シテの台詞の代弁だと捉えられるものが二例）とバランスよく、しかも曲の初めから最後までくり返し用いられ、シテとワキが「森」の中で、木々に囲まれ対話を繰り広げているということ、またそのことをシテ・ワキの両者ともに強く意識しているということを観客（読者）に印象づける詞章になっている。本説である『源氏物語』「賢木」巻では「森」の語が一度も使われていないという事実と照らし合わせると、『野宮』の作者は「森」という語を多用することによって、本曲の舞台となる野宮に何らかの意味づけを行っているのだと考えられる。では、「森」という語にはどのような文学的意味が込められているのだろうか。

「森」の語を本曲の一つの表象として用いるという発想は、まずは定家歌から導き出されたものであろう。ここで僧の登場に続いてシテの「いとなまめける女性《によしやう》」（実は御息所）が姿を表す場面の詞章を引用する。

野の宮の森の木枯秋更けて、森の木枯秋更けて、身にしむ色の消えかへり、思へば古《いにしへ》を、何と忍ぶの草衣《くさごろも》、来てしもあらぬ仮の世に、行き帰るこそ恨みなれ、行き帰るこそ恨みなれ。

この御息所の言葉の中に出てくる「森の木枯」という語は、ただちに定家の恋の歌として有名な、

消えわびぬうつろふ人の秋の色に身をこがらしの森の下露（『新古今和歌集』恋歌四・定家朝臣）(15)

（もう消える気力もなくなってしまった。心変わりしたあの人が見せる秋――飽きの色に身を焦がし、我が身はまるで木枯らしの森から漏れ落ちる下露のように、人知れず消えかねて涙にくれていることだ）

を想起させる。池上は、本曲の右の詞章と定家歌との関連を指摘し、禅竹が彼の著作である『五音十体』において、十体の風姿のうち第三の「恋慕（体）」の例歌としてこの恋詠を挙げていることから、この歌が「特に彼が申楽の幽玄の曲味を説くに無くてはならない一首であった」のだ、と述べており、首肯される。

この歌と、先に挙げた御息所の台詞の「身にしむ色」の語の引歌となった、同じく定家歌の、

白妙の袖のわかれに露おちて身にしむ色の秋風ぞふく（『新古今和歌集』恋歌五・藤原定家朝臣）

（真白な袖の上にきぬぎぬの別れの紅の涙の露は落ち、あたかもそれを誘うのかと見える身にしみる色の秋風が吹いて、ひとしお堪えがたい）

を併せ考えると、御息所の台詞の持つ意味は一層鮮明になってくる。「森の木枯」は、「秋が更け」深まる男の飽き心に身を焦がす苦しい心を表しており、「身にしむ色」は男のそのような飽き心を思わせる秋風が「身に沁み」、また男の心変わりを悲しみ、心身ともに痛めつけられた女が流す紅の涙が「身に染み」ついていることを表している。

そして注目すべきは、このように男の薄情な心に傷つき、身が絶え果てそうになりながらも、女はなお「消えわび」、「消えかへって」、「来てしもあらぬ」、すなわち来ても甲斐のないこの世に、幾度も幾度も、人目につかぬ「森の下露」のように人知れず帰ってきてしまうのだ、ということである。この「消えかへる」という語については、三宅晶子の「金春禅竹の歌語意識」(16)という優れた論考がある。三宅は、「野宮」の「消えかへる」の詞章が、周辺に露や霜に相当する言葉がないために、従来は「（我が身が）すっかり消え果てる」と訳されていたものを、先述の「白妙の」の定家歌との関連を指摘することで、「霜・露などが消えてはまた結ぶ」ように、この世に執着を残す亡霊が繰り返し戻ってくる意味なのだと主張した。すなわち、ここでは露のイメージに自らを重ねることで、男への恋慕の思いに身を焦がし、何度も消え入りながらも、幾度も幾度も「消えかへり」「行き

帰る」往還のイメージを強く打ち出しているのである。

以上の考察をまとめると、この場面において「森」は、身を焦がすほどの苦しい恋をイメージさせる場であると同時に、その恋への執着を断ち切れぬ女が、幾度も幾度も、下露のように「人知れず」、その恋の成就を求めて立ち返ってくる場として機能していることがわかる。この「人に知られずに」というイメージは、先の詞章の前後で「人こそ知らね今日ごとに、昔の跡に立ち帰り」「人こそ知らね宮所を清め」とくり返し語られることで強調されている。御息所にとってこの「野宮」という場所は、光源氏と最後の美しい別れをした思い出の場所であり、さらにいうならば、源氏という一人の男との恋において最も高揚した瞬間、男の本質に何ほどか触れ得ることのできた瞬間を味わった特別な場所である。「森」は、源氏が御息所を訪れた九月七日のその時その場をもう一度甦らせることを希求している御息所が張り巡らせたテリトリーのようなものであり、「森の下露」の歌語が「人知れず」という意味合いを本意として持つように、何者にも邪魔をされず、森に身を包まれる形で、源氏と再び出逢うことを切望している御息所の心内世界そのものを表しているのである。僧を見つけた御息所が、初め「行方も知らぬ御事《おんこと》なるが、来《きた》り給ふは憚りあり、とくとく帰り給へとよ」と激しい拒絶を見せるのも、己れの作り上げた特殊空間に踏み込まれた御息所の強い嫌悪感を示すものであろう。

しかし他方、御息所はこのくり返し立ち返る自身のありようこそが「恨みなれ」、まことに恨めしいことだと述べる。源氏への激しい恋心ゆえにいま再び野宮を訪れたいと強く願ってしまい、その願望の強さによってこの世に立ち戻ってしまう、そうしたこの身のありようこそが執心の表れなのだと御息所は理解している。だがここでは、御息所がこのように自己のありようを見つめる目を持ちながらも、「思へば古《いにしへ》を、何と忍ぶの草衣《くさごろも》、来てしもあらぬ仮の世に」――古の一体何を偲ぶのか、来ても甲斐のないこの世になぜ来るのか、自分でもその意味がわからない、といまだ迷いの中にいることを嘆いている点に注目したい。この台詞は、御息所が自らの願望の強さに引きずられるようにして毎年九月七日にこの世に立ち戻りながらも、そこで期待したものを得られず、「来てしもあらぬ」来ても甲斐がなかった、という欠如感を抱えていることを意味している。

ここでいう、御息所が「期待」しているものとは、一体何か。源氏自身がすでに没している以上、御息所が求めているのは生身の源氏との再会ではあり得ない。御息所が、他ならぬ「野宮」を霊を顕在化させる場として選んでいることからすれば、御息所の望みは「源氏が野宮を訪れた時に起こった十全な男女の交わりを、いま一度味わい尽くすこと」であると考えられる。しかし、幾度同じ場に立ち戻っても、どれだけ当時の記憶を甦らせようとしても、「あの時」に自らが感じた高揚感を再び得ることはできない。御息所の思いを受け止めてくれた源氏はいまはなく、御息所の思いは空転するばかりである。「思へば古を、何と忍ぶ」のか、古をどのように忍べば、自分の願望が満たされるのか、そもそもなぜ一度味わい尽くした源氏との至高の時を、もう一度味わわなければ済まないのか。「執心の内実」が、登場時の御息所には上手く把握できていない。上手く把握できていないからこそ、御息所には「恨み」を晴らすすべがなく、結果幾度も幾度もこの世に立ち戻ってくることとなるのである。

では、「野宮」の「森」は、このような「人知れず恋に身を焦がす女の、苦しみと執着に染められた心内世界」を表象する役割しかないのであろうか。もしそうであるならば、「野宮」全編にわたり用いられる「森」の語はすべて御息所の恋の苦しみと執着を表すものとなり、「野宮」の世界は池上が言うように、「曲の入口と出口が連結していて、永続的な円環構造を持つ」ものとなって、御息所はついに救われることのないまま永遠にこの世とあの世を往還する存在となってしまうであろう。(17)

しかし、「森」にはもう一つ、「神が宿る憑り代」としての文学的イメージがあることを見落としてはなるまい。その「神事に関わる清浄な場」としての「森」の意味は、「野宮」では僧の言葉によって強調されている。「野宮」はこの「森」という言葉が持つ二面性――「恋の苦しみが籠もる場」と「神事に関わる清浄の場」という二つの面をうまく生かすことで、シテの心の何らかの変容を描いているのではあるまいか。そこで以下に、「神事に関わる清浄の場」としての「森」について論じていく。

三　神が宿る憑り代としての「森」

『歌ことば歌枕大辞典』によれば、「森」は「神霊が寄り付くとされる樹木が群生する所」であり、「「木綿掛けて斎ふこの杜超えぬべく思ほゆるかも恋の繁きに」（万葉集・巻七・一三七八・一三八二・作者未詳）のように森を神域とみる捉え方も『万葉集』以来存在し、後世まで「一筋に世を長かれと祈るかなたのむ三笠の杜のしめ縄」（新後拾遺集・神祇・一五一一・実兼）などと継承されている」とある。「野宮」においては、先に述べた通りワキ僧が冒頭から「森」を強く意識した〈名ノリ〉を行うのだが、その文脈において、僧は「森（社）」を神の宿る場として捉えていることが窺える。改めて先に挙げた詞章を検討してみると、「われこの森に来て見れば、黒木の鳥居小柴垣、昔に変らぬ有様なり」と、神域が昔と変わらぬ姿を留めていることに驚き、「よしよしかかる時節に参り合ひて、拝み申すぞありがたき」と、不思議は不思議として「よしよし」と受け止め、その奇跡の場に巡り合い、参拝することの「有り難さ」を感じている。また、その直後には、

伊勢の神垣《かみがき》隔てなく、法《のり》の教への道直《すぐ》に、ここに尋ねて宮所、心も澄める夕べかな、心も澄める夕べかな。

と述べ、伊勢の神は神仏の隔てをしないため、仏の教えもすなおに広がり、仏に仕える我が身も、この宮所に来て自然と「心も澄める」、心が澄みゆくのを覚える、としている。

シテと共鳴することで、シテの執念からの脱却を助けるのがワキの役割だとするならば、野宮の「森」に来た僧が、その森の持つ「昔に変わらぬ宮所」の雰囲気に触れ、心が澄みわたる状態であることは大きな意味を持つであろう。僧は、この後も御息所に話しかける際に、「われこの森の蔭《かげ》に居《ゐ》て古《いにしへ》を思ひ、心を澄ます折節」と述べ、神霊の宿る森の蔭で、昔と変わらぬ宮所の神威を借りる形で、古を思い、「心を澄ま」していたことを強調している。ここで「古を思ふ」とは、僧が『源氏物語』の野宮の場面を思い出し、二人の後世を弔うことを指しているだろう。こうした僧の態度は、「井筒」において諸国一見の僧が在原寺を訪れ、業平と紀有常の娘の二人を「妹背をかけて弔はん」としていることと重ねることができる。

では、この宮所、ひいては宮所を護る森が、「昔に変らぬ」神威を秘めているという、その力は何によって保証されているのであろうか。その疑問は、御息所と僧が問答を重ねていく中で明らかにされていく。

一度は僧に対し激しい拒絶を見せた女（御息所）が、僧に対し心を披く瞬間がある。それは、御息所が毎年九月七日にこの野宮にて神事を行う理由を語った際に、僧が示した反応によってもたらされたものである。女（御息所）は、光源氏が野宮を訪れた時のことを語り、源氏が携えてきた榊の枝を斎垣のうちに挿し置いた時、それを見た御息所が「神垣はしるしの杉もなきものを、いかにまがへて折れる榊ぞ」と詠んだ、それが今日九月七日なのだ、と語る。その物語を聞いた僧は、

げに面白き言の葉の、今持ち給ふ榊の枝も、昔に変らぬ色よなう。

と、いささか唐突ともいえる感想を漏らす。ここで、森の「昔に変らぬ」神威とは、時の変化によって色を変えることのない、榊の葉の力によって支えられていたことが明らかになる。和歌の世界においても森は、

榊とる頃とはしるし白妙に木綿かけわたす森の卯の花（『玉葉和歌集』）

みよし野のかすがの森の梅の花とるさかき葉にかをまじへけり（『千五百番歌合』）

など、「さかき取る」場所、神事に使う榊を備えた場所として詠まれていた。すなわち、「野宮」の「森」は、ただに恋に苦しむ女性をイメージさせる場ではなく、「榊」によって変わらぬ神威を保つ場所でもあったのである。

そして、女はその僧の言葉を聞くや、「昔に変らぬ色ぞとは、榊（賢き）のみこそ常磐の蔭の」、昔に変らぬ色と仰るとは、まことに「賢き」、聡いお言葉だ、と僧を賞賛するのである。以後、女は僧に促されるままに御息所にまつわる恋の「謂れ」を詳しく語り、ついには自分こそが御息所だと名乗って、僧に回向を頼むに至る。では、ここまで御息所の心を劇的に転換させた「榊」の「昔に変らぬ色」とは、どのような意味を持つものであったのか。

第三節　本説『源氏物語』における榊の役割

一　『源氏物語』における野宮の場面

ここで、本説となった『源氏物語』「賢木」巻の野宮の場面について言及せねばならない。やや長きにわたるが、本説の流れとその中での榊の役割を押さえることは「野宮」理解に不可欠であると考えるため、煩をいとわず検討を試みる。「賢木」の一つ前の巻である「葵」巻において、源氏の年上の恋人であった御息所は、源氏のつれない態度に悩み、源氏への未練を断ち切れぬまま斎宮となった娘とともに伊勢に下向しようとしていた。時は四月、葵祭の行列に参加する源氏の姿を一目見ようと、目立たぬ装いで出かけた御息所は、図らずも源氏の正妻である葵上の車と見物の場所を巡って争うこととなり、葵上の従者から手ひどい辱めを受ける。その「車争い」の一件以来、自分の心を制御できなくなった御息所は、出産間近の葵上に取り憑き源氏に恋の苦しさを訴え、ついには産後間もない葵上の命を奪うにいたった。

「賢木」巻は、それから約一年後の秋を舞台として設定している。源氏は、いわゆる「生霊事件」以来御息所との関係が疎遠になっていた。しかし、野宮で一年間の潔斎生活を送っていた御息所がいよいよ娘とともに伊勢に下るという頃、源氏は御息所の心情を思い、また人聞きを慮って、重い腰を上げて野宮へ向かう。時は九月七日、衰えた草花、嗄れ嗄れの虫の音や吹き渡る松風といった嵯峨野の凋落の美と、野宮から絶え絶えに漏れ聞こえる楽の音に心動かされた源氏は、野宮の寂しい情景を見るに至って御息所を心底「あはれ」と思い、これまで薄情であった自分の心を悔いる。そして、恋情と憂悶の間で揺れつつも応対に出た御息所に対し、源氏は嵯峨野であらかじめ折り取っておいた榊を御簾のうちに挿し入れ、「変らぬ色をしるべにてこそ、斎垣も越え(18)」あなたの元へやってきたのだ、と訴えた。

源氏と御息所は歌の贈答によって心を通わし、二人は「まねびやらむ方な」き、筆舌に尽くしがたいような語らいを持つ。夜明け前、二人は別れの歌を詠み合い、源氏は涙ながらに野宮を後にする。御息所もまた、源氏との交情の余韻に浸りつつ物思いに沈むのだった。

この野宮の場面において、源氏が御息所とあいまみえ、心を通わせるためには、越えねばならぬ障壁が二つあった。一つ目は「生霊事件」以後、源氏自身と御息所との間にできた心理的懸隔であり、二つ目は「野宮に籠る神威」である。

一つ目の障壁である両者の心理的懸隔について述べると、源氏は生霊となった御息所を見た際「あな心憂」という強い嫌悪感を示し、その後もくり返し事件を思い返しては「心憂」く思っていた。御息所もそのような源氏の思いを敏感に感じ取り、自らの「限りなき身のうさ」を痛感する。源氏は生霊事件以来一度も御息所の許を訪れず、「賢木」巻冒頭では、「対面したまはんことをば、今さらにあるまじきことと女君も思す」と、両者ともにもはや男女としての逢瀬を持つことは不可能だとの認識をもっていた。事実、野宮を訪れ、御息所と御簾越しに対面した源氏は、「月ごろの積もりを、つきづきしう聞こえたまはむもまばゆきほどにな」った、すなわち幾月もの途絶えは、もはや通常の言葉では糊塗しがたいほどの懸隔を生んでいる、との自覚を持っていた。

二つ目の障壁、「野宮に籠る神威」について述べると、元々野宮とは天皇により卜占された斎宮が、伊勢神宮において天皇にかわって祖先神を祀る準備として、一年間の精進潔斎を行う場所であった。してみれば、男性との接触が禁忌であるのは当然であり、その事情は斎宮と最も強い血縁関係で結ばれ、斎宮の祭祀の補助を務めると考えられる御息所も同様であろう。だからこそ源氏は、野宮を訪れてもしばらくは「立ちわづら」う、つまり簀子にも上げてもらえず立ち通しでいることを強いられたのであり、女房の厚意により住居内に入れてもらえた後も、「おほかたのけはひわづらはし」く、御簾をかぶり下長押に寄りかかるという非常に不自然な逢瀬の形態を取らざるを得なかったのである。源氏自身がその障壁を十分に感じ取っていたことは、野宮を象徴するかのような黒木の鳥居を見た源氏が、その神威を「わづらはしきけしき」、自らの恋を目的とした訪問が憚られる雰囲気だと表現していることからも窺える。

二　榊と和歌——障壁を越えるものとして

しかし、源氏はこれら二つの障壁を乗り越え、最終的には御息所と心を通わせる。そのときに力を発揮したのが、榊の枝と、源氏の「変らぬ色をしるべにてこそ、斎垣も越えはべりにけれ」の言葉であり、さらには神事にこと寄せた両者の和歌の贈答であった。

ここで源氏が発した「変らぬ色をしるべに」という言葉は、『後撰和歌集』の「ちはやぶる神垣山のさかき葉は時雨に色も変らざりけり」(冬・読人知らず)(19)を引歌にしているとされる。本歌は、神威あらたかな神の宿る山に生えている榊の葉は、もの皆を凋落に向かわせる時雨に遭っても色を変えることがない、との意味である。その「変わらぬ色」に、源氏は御息所に対する己れの、「変わらぬ恋情」の意味を込めた。自分の恋情の変わらぬことを、榊の神威によって保証したのである。また、榊をかざし持つことは、葵祭の際に神事を行う人や物に葵を飾り、清浄さを保つのと同じ意味を担うと思われる。源氏は榊を、身を清め、自らを野宮の空間に同調させるために必要な装いと考えていたことが窺える。

さらに、源氏の発言の後半部分、「斎垣も越えはべりにけれ」は、「昔男」と斎宮との恋の話で有名な『伊勢物語』から取られた言葉であった。問題の言葉が取られた七十一段では、斎宮に仕える女官が、「ちはやぶる神の斎垣も越えぬべし大宮人の見まくほしさに」と昔男に詠みかける。この歌を引き、源氏は、あなたを想う気持ちの強さ故に、神威をも侵してあなたに会いに来たのだ、と訴える。この『伊勢物語』七十一段には、この女官に対する男の返歌として、「恋しくは来てもみよかしちはやぶる神のいさむる道ならなくに」の歌があることも興味深い。源氏が『伊勢物語』の女官の歌を引歌として先の言葉を発したのであれば、当然源氏の脳裏には「昔男」「恋は神の禁じる道ではない」との言葉も合わせて想起されているであろう。源氏は、神をも恐れぬほどの恋情の激しさを訴えつつ、同時に神域で男女が逢うことの正当性をそれとなく御息所に示しているのではないか。

それに対し、御息所は、

神垣はしるしの杉もなきものをいかにまがへて折れるさかきぞ

と返す。この歌は「わが庵は三輪の山もと恋しくはとぶらひ来ませ杉立てるかど」（『古今和歌集』雑歌下・読人しらず）を本歌として踏まえるが、本歌は中世には三輪明神の歌と理解され、古今伝授秘伝歌とされるほど歌人たちにとって重要な歌であった。三輪明神は、『古事記』では男神とされるものの後に女体説も生じ、能「三輪」においてはシテの三輪明神に三輪の神と天照大神は一体分身であると物語らせている。とすれば、この歌は天皇の代理として皇室の祖先神である天照大神に奉仕する立場の斎宮、ひいてはその母である御息所が引歌とするに相応しい歌であり、御息所はこの歌を引歌とすることで、「目印の杉はない」との否定の言葉を介してではあれ、自らに「女性祭祀者」の面影を重ね合わせ、男神を呼ぶ立場に擬えていることになる。[20]御息所が本歌とした「恋しくはとぶらひ来ませ」の措辞が、先に述べた『伊勢物語』の男の返歌である「恋しくは来てもみよかし」と対応している点にも注目したい。あなたは「恋しくは来てもみよ」との答えを私に期待しているらしいが、そのように誘いかけようにもここにはしるしの杉はない。それなのにあなたはどのようなつもりで榊の葉を折り取って訪ねていらしたのか。恋歌の贈答では、女は男の歌をはぐらかすことで男のさらなる求愛の言葉を引き出すのが常道であるから、この「いかにまがへて折れる神ぞ」の言葉は源氏の神によそえた恋の言葉を引き出さずにはおかない。事実、源氏はこの御息所の否定の言葉をさらに否定する形で、

少女子《をとめご》があたりと思へば榊葉の香をなつかしみとめてこそ折れ

と返歌をする。この歌は神にまつわる歌二首を本歌としており、前半は「少女子が袖ふる山の瑞垣の久しき世より思《おもひ》そめてき」(『拾遺和歌集』雑恋・柿本人麿)[21]を本歌に踏まえることで、御息所を久しく思い続ける恋情を、やはり常緑の瑞垣になぞらえて保証させている。また、後半は、「さか木葉の香をかぐはしみ尋《と》め来れば八十氏《やそうぢ》人ぞまとゐせりける」(『拾遺和歌集』神楽歌)を本歌として引いている。ここで注目すべきは、榊葉に惹かれてその地を訪れ、八十氏人が円居しているのを見たのは、八十氏人に呼び出された神だと考えられる点である。[22]つまり、ここで源氏は自らを榊葉のかぐわしさに惹かれ野宮を訪れる神に擬えているのである。また、榊葉が「かぐはし」いので訪れた、とする本歌に対し、源氏の歌が「なつかし」の措辞を用いていることも興味深い。この歌での「少女子」は直接的には斎宮を指すであろうが、この時点でまだ斎宮に逢っていない源氏が斎宮を「なつ

かし」と表現するのは不自然であろう。とすれば、神に擬えられた源氏が「なつかし」さを感じる対象は、「少女子」ともっとも近い血縁関係にあることから少女子と類似した容貌を持ち、少女子と同じく精進潔斎をして「榊葉」のごとく清浄となっている御息所だと考えられるであろう。かくして、源氏と御息所は、神事にまつわる古歌の力を十分に用い、さらに一旦は男の思いをはぐらかす御息所の言葉を源氏の和歌が否定するという対話形式を取ることによって、より一層強く「神を呼び出す巫女」と「呼び出された神」という関係性を構築したのである。

以上をまとめると、源氏は榊を手に持つことで自らを神域である野宮と同調させた。そして御息所と源氏の両者ともに、「神を呼び出し、神が呼び出される」という意味を持つ「和歌の贈答」を行うことによって、神を祀る女と、祀られる神という関係性を擬似的に構築し、世俗的な意味ではほぼ破綻していた男女としての関係性に再び命を吹き込んだのである。これは、「野宮」という特殊空間にあって初めて可能となる関係だと言えるだろう。

第四節　森とシテの変容

一　「森」の変容

話を「野宮」に戻す。生前野宮において、以上に述べたような稀有な体験をもった御息所にとって、僧の「昔に変らぬ色よなう」という言葉は、御息所の最も大切な記憶を一言で言い表すという意味でまさに正鵠を射る言葉であった。

僧は先述の通り、嵯峨野のものあはれな情景を、その挽歌を生み出す場としての役割をも含め十全に理解できる人物であった。そしてここではさらに、野宮の役割――榊に象徴される、変わることのない神威と、源氏の御息所への変らぬ（はずの）恋情を保証する場としての――をも理解できる人物として御息所に認識されることとなる。僧を最高の聴き手であり共感者であると見てとった御息所は、その後ひたすらに己れを語ってゆくこととなる。その御息所が、僧に語り始めた言葉に注目してみよう。

シテ　昔に変らぬ色ぞとは、榊のみこそ常磐の蔭の、
ワキ　森の下道秋暮れて、
シテ　紅葉かつ散り、
ワキ　浅茅《あさぢ》が原も、
地謡　末枯《うらがれ》の、草葉に荒るる野の宮の、

ここで、御息所の捉える「森」のイメージが登場時から変化してきていることがわかる。登場時の御息所にとって、「森」とは先述のごとく、源氏への恋の苦しみに人知れず身を焦がし、涙にくれる場所であった。そこでは、源氏への恋に執するあまり、露が「消えかへる」かのようにこの世とあの世を絶えず行き来してしまう己れにのみ御息所の意識が集中していた。しかし、僧とのやり取りを経て、「森」の持つ二つの側面が御息所の目に明らかになってゆく。森を構成するもののうち、「榊のみ」、すなわち神域としての清浄さだけは、源氏との稀有な体験を持ち得た「あの時」と寸分変らずこの空間を領している。しかし、その榊に守られているはずの「下

道」は、秋＝飽きの状態も終わりつつあり、露（御息所）の置き所である下草も枯れ、落ち葉が散り敷いている。この森が持つ二つの側面は、九月七日の逢瀬が持っていた二つの側面をそのまま表しているだろう。すなわち、野宮の逢瀬は先に見たように、神にまつわる和歌の応答によって成立した関係であったがゆえに、源氏と御息所を深く結びつけ、源氏の「変らぬ色」を御息所に体感させ、両者ともに「あはれ」を感じる空間を現出せしめた。だが他方、現実的な側面を見れば、この逢瀬は源氏が恋の終わりを強く意識したうえで野宮を訪れたからこそ実現したものであり、「美しい別れ」のために持たれた逢瀬であるという点で、まさに「秋＝飽きの終わり」、恋の終焉を意味するものであった。そのことを理解した御息所の目に、「なつかしく」「寂しい」野宮の景色がまざまざと甦ってくる。

草葉に荒るる野の宮の、草葉に荒るる野の宮の、跡なつかしきここにしも、その長月《ながづき》の七日《なぬか》の日も、今日《けふ》に廻《めぐ》り来にけり、ものはかなしや小柴垣、いとかりそめの御住まひ、今も火焼屋《ひたきや》のかすかなる、光はわが思ひ内にある、色や外《ほか》に見えつらん、あらさびし宮所《みやどころ》、あらさびしこの宮所。

「頼りない小柴垣」「かりそめの御住まい」「火焼屋のかすかな光」、これらの描写は『源氏物語』においては源氏の目を通して描かれたものであるが、御息所はいまそれらの情景を「源氏の目を借りて」ありのままに捉えている。[23] そして、源氏が野宮の情景を見ることによってここに住む「もの思はしき人」の心内をあらわに感じ、「いといみじうあはれに心苦し」と感じるに至ったのと同じく、御息所は野宮の寂しい情景を通じて、自らの恋情と寂しさのありようをただしく捉えるに至った。己れを包む「森」のありのままの姿を見ることを通じて、苦しみに埋没していた状態から一歩抜け出し、己れ自身のありようがただしく見えてきたのである。そして、己れ自身のありようがただしく見えてくるということは、己れが抱える執心のありようがただしく見えてくるということでもある。

自らの心内を野宮の情景を通じて対自化した御息所は、僧の「なほなほ御息所の謂《いは》れねんごろに御物語り候へ」との促しにより、なお自分の生前のありようを語ることで、自らを見つめなおしていく。前の東宮（桐壺の帝の弟）の妃として寵愛を欲しいままにしてきたこと、間もなく東宮に先立たれ、その後に光源氏が忍んでくるようになったが、その源氏の心も変わり、絶え絶えの仲となったことを語った後、「つらきものには、さすがに思ひ果て給はず、はるけき野の宮に、分け入り給ふ御心《おんこころ》、いといとものあはれなりけりや」と語る。この文章が、『源氏物語』の文を多く引きつつも、その意味を改変させていることは、諸研究の指摘するとおりである。(24)『源氏物語』の本文では、御息所が自分（源氏）のことを「つらきもの」（薄情だ）と「思ひ果て」てしまうのが気の毒だ、という文脈であるのを、「野宮」では、「源氏が、御息所に対して「つらきもの」（薄情）なままでよいとは思わなかった、というように作り変えている。さらに、『源氏物語』本文では「いとものあはれなり」は、源氏が野宮に分け入ったときの感想として語られているのに対し、「野宮」では、御息所に対して薄情なままではいまいとして、わざわざ野宮を来訪した源氏の心を、「いとものあはれなり」と評しているのである。

この書き換えは、しかし、「野宮」の作者が『源氏物語』を曲解していることを意味しない。野宮を訪れる前の源氏の心内がいかなるものであったにせよ、榊を手にし、「変らぬ心」を訴えた源氏は、少なくともその場においては御息所を真実求めていたのであり、その姿に接した御息所が、源氏の心を「いとものあはれなり」と捉えることは何ら不思議ではない。御息所はこの台詞のすぐ後に、「かくて君ここに、詣でさせ給ひつつ、情《なさけ》をかけてさまざまの、言葉の露もいろいろの、御心《おんこころ》の内ぞあはれなる。」と述べ、野宮において源氏が自分に見せた「心」を「あはれ」と感じたことをくり返し強調している。ここには、野宮の逢瀬で御息所が得た充足感がいかに深かったかということが表れている。「神を祀る女」と「祀られる神」という関係を擬似的にもせよ構築したうえでの「あはれ」さは、それまでの御息所の満たされない思いを（その瞬間においては）帳消しにするほどの力があったであろう。[25]

あえて「たられば」の話をすれば、この野宮での一夜でもって御息所の命が終わっていれば、御息所は執心を抱えてあの世と野宮を往還する必要はなかったはずである。問題は、この「十全な交わり」の一夜の後も、御息所の人生が続いてゆくこと、そのことであった。野宮の場と、その場の意味を十分に理解し、その場に相応しい恋の形を言葉によって象ることができた源氏の存在とがあってこそ、九月七日のその場その時において、御息所は過去の憂悶が解消されたと感じるほどの「あはれ」を感じることができた。しかし、ひとたびその夜が過ぎれば、源氏の「言葉の露のいろいろ」によって得た高揚感は消え、後にはまた源氏の不在という抜き難い欠如感を持って生きてゆかねばならない。それは、ただその後の人生が苦しみに満ちたものになるというだけでなく、絶対的な時間であるかに思われた野宮でのひと時が、「ソノヨウニ心ヲ通ワセル折モアッタ」という程度の、相対的な時間に成り下がってしまうということをも意味した。

そのような状態の中、御息所は「よるべなき、心の水に誘はれて」、源氏というよりどころを失った、頼りない心に誘われるままに伊勢に向かう。そして、その「多気《たけ》の都路に赴きし、心こそ恨みなりけれ」、伊勢に向かおうとする心こそが「恨み＝執心の元」であった、というのである。伊勢に向かう心が執心のもとであった、というのは、「伊勢ニ行カズニ都ニ留マッテイレバヨカッタ」という後悔ではむろんない。御息所の恨みは、「野宮」のあの時・あの場所を離れ、再びよるべない心となることで、絶対的なものと思われた「野宮」での一夜を傷つけ、損なってしまったことへの恨みなのである。

二　森の木の間の月

ここまで自分の執心が見えてきた御息所は、「亡き身ぞと弔《と》はせ給へや」と、僧に回向を頼む。救済への端緒が開かれる瞬間である。御息所は名を名乗り、夕暮の中鳥居の蔭に消えてゆく。その時、御息所の心の変容と軌を一にして、

「森の木の間の夕月夜」が「影かすか」にさし出てくる。『源氏物語』の野宮の場面において月光は、「はなやかにさし出でたる夕月夜に、うちふるまひたまへるさまにほひ似るものなくめでたし」とあるように、源氏の比較を絶した美しさを浮かび上がらせるものであった。後朝の別れの後、その余韻に浸る御息所が思い浮かべるのも「月影の御容貌」であり、この措辞においては月光と光源氏の容貌の輝きはほとんど同一化しているかのようである。とすれば、「野宮」において「森の木の間」から漏り来たった月光もまた、源氏を想起させるものとして機能していると考えるのが自然であろう。ただし、『源氏物語』「賢木」巻において「はなやかに」射し来たった月は、『野宮』のこの場面においてはまだ「かすか」に黒木の鳥居を照らすのみである。この段階では、源氏の来訪の可能性はまだ「かすかに」観客（読者）に感じられる程度に過ぎない。

三 「森の木陰」で同化するシテとワキ

中入りで里の者から御息所の謂れを聴いた僧は、「御息所の御菩提を御弔ひあれかし」と里の者に促されるままに、夜を徹して御息所を弔う。ここで僧は、

片敷くや、森の木蔭の苔衣、森の木蔭の苔衣、同じ色なる草筵《くさむしろ》、思ひを述べて夜もすがら、かの御跡を弔《と》ふとかや、かの御跡を弔ふとかや。

と述べる。ここで僧が、「森の木蔭」で自分が片敷く苔衣は、木蔭に生いる草筵と「同じ色」である、と述べている点に注目したい。先に確認したように、森の下草は恋に身を焦がす御息所の涙の露に染まっているのであり、その涙の露に染まる草と「同じ色」の衣を身にまとうということは、「御息所の抱える苦しみを自らの苦しみとして共に担いたい」という僧の強い意志を表していよう。とすれば、その後に続く「思ひを述べて」とは、僧の思いを述べるというよりも、御息所の思いと同化し、御息所の思いを共に「述べ」ることで、御息所の鬱屈した思いを「展《の》べ」ようとの意味が込められていると思われる。また、「片敷く」という言葉は、夢幻能の定型に照らし合わせれば、僧が夢の中で御息所の霊魂を弔うことを意味しよう。僧の夢の中で、時は通常の時の流れを停止させ、御息所の「今」は「昔」と重なり、「昔」をそのままに再現する場を与えられる。

僧の弔いに応じ生前の姿で現れた御息所は、「秋の千草《ちぐさ》の花車」に乗っていた。僧に「さもあれいかなる車やらん」と問われた御息所は、「いかなる車と問はせ給へば、思ひ出でたりその昔、」と、車争いの一件を語り始める。「世」の聞こえを重視し、極めて高い自意識でこれを律していく御息所は、『源氏物語』の本説にあっても、

また「野宮」の前場にあっても、表立って他者への非難や恨み言を口にしない。そうやって意識を抑圧し続けた結果、車争いの場面は御息所の意識の奥の奥へと意図的に隠し込まれていったのだと思われる。しかし、生霊事件の直接的な契機となり、源氏の心を遠ざける要因となった車争いを語り、思いを述べ（展べ）尽くしてしまわぬうちは、御息所の救済はあり得ない。それを知る僧だからこそ、御息所にそれはいかなる謂れを持つ車か、と尋ね、御息所に車争いの顛末を「思ひ出」させ、語らせる。

シテ　賀茂の祭の車争ひ、主は誰《たれ》とも白露の、
ワキ　所狭きまで立て並ぶる、
シテ　物見車のさまざまに、殊に時めく葵の上の、
ワキ　御車とて人を払ひ、立《たち》騒ぎたるそのなかに、
シテ　身は小車《をぐるま》のやる方も、なしと答へて立て置きたる、
ワキ　車の前後に、
シテ　ぱつと寄りて、
地謡　人々轅《ながえ》に取り付きつつ、人だまひの奥に押しやられて、物見車の力もなき、身の程ぞ思ひ知られたる。

「われも昔に、めぐり来にけり」という御息所が語る車争いは、客観的に当時を振り返って行う「昔語り」ではあり得ず、生々しい痛みを伴うものである。僧は、「同じ色なる草筵」の言葉通り、御息所と交互に詞章を謡う〈掛ヶ合〉によって御息所と同化し、その痛みを共有する。十全な共感者を得たことで、御息所は抑圧され、

閉塞していた苦しみから何ほどか解放された。文字通り「思ひを述べ（展べ）」ることができたのである。そのことが、右の詞章の後に続く「よしや思へば何事も、報《むくひ》の罪によも漏れじ」の言葉を引き出す。「何事も前世の罪の報いなのだ」の「何事も」の中には、生前の苦しみのすべて、生霊となってしまったことや源氏が遠ざかってしまったこと、よるべなき心のまま伊勢に下ったことのすべてが含まれていよう。諦観の中、我が身の拙さ、「力もなき、身のほど」を思い知った御息所は、「妄執を晴らし給へや、妄執を晴らし給へや」と僧に合掌し、苦しみをすべて僧に、ひいては仏に預けようとする。

四　月の宿る「森の下露」

こうして、苦しみを「述べ（展べ）」尽くした御息所は、世を憚る自意識や、自意識に抑圧された恨みなどをすべて僧に託し、純粋に源氏を恋慕する方向に意識が向かってゆく。ここで初めて、「昔を思ふ、花の袖、月にと返す、気色かな」と、源氏に愛された「花」の時に我が身を立ち戻らせてゆくことが可能となる。

この台詞に続き、「序の舞」が舞われる。『能・狂言事典』によれば、「序」という言葉は「一つの演目、あるいは演目上の特定部分の冒頭に置かれる楽式上の単位」を意味し、「それに続く部分とはリズム様式が異なって非拍節式である点」が特徴であり、特に「序の舞」の序の部分は大変重視されていたという(26)。また、世阿弥も『花鏡』の中で、序を「初めなれば、本風の姿也」（『花鏡』九〇）と表現し、神仏の根源的な力が宿る場が序であるとした。とすれば、「序の舞」は、通常の言葉や振舞を超えて、超越的なものを何ほどかこの身に宿す力を有していると考えられる。

「序の舞」を舞う御息所の目に、野宮の月が明らかに映じてくる。「野の宮の、月も昔や、思ふらん」の「月」

には、先に見たように、源氏の「御容貌」が重ねられているであろう。御息所は源氏の「昔」のままの思いを鮮やかに感じ取っている。そして、「影さびしくも、森の下露、森の下露」と歌われるに至って、月はついに森の下露（御息所）に宿るのである。ここにおいて月とは、「源氏」の象徴であるとともに、かけがえのない恋の対象（源氏）に宿り来たった「妙」の働きを象徴するものでもあると思われる。

影さびしくも、森の下露、森の下露。身の置き所も、あはれ昔の、庭のたたずまひ、よそにぞ変る、気色も仮なる、小柴垣、

「森の下露」は、曲の冒頭で引かれた定家歌「きえわびぬうつろふ人の秋の色に身をこがらしの森の下露」を響かせるものであり、その意味で、この森にはいまだ「恋をする女の苦しみ、寂しさ」が表象されている。だが、視点を変えていえば、この苦しみ、寂しさを解消するのではなく、むしろ苦しみ、寂しさをも別れの「あはれ」さに昇華させてゆくありようこそが、「野宮の逢瀬」の本質ではなかったか。源氏は、御息所を「正妻に据える」などの現実的な意味において救い出しに行ったのではない。むしろ、「思ほし残すことなき御仲らひ」、物思いをし尽くした両者の仲に、美しい終焉を与えたことが、「野宮の逢瀬」の意味であった。「思ほし残すことなき御仲らひ」は、その終極において、凋落の美をたたえた野宮の景に支えられ、最も十全なあはれさを持ちうるに至ったのであり、「影さびしくも」の措辞は「野宮の逢瀬」が持つそうした寂しさと美しさとを微妙な措辞によって表しているといえよう。

僧の夢の中で、御息所は生前の「野宮の逢瀬」を、そしてそこに込められた源氏の御心の「あはれさ」を、昔

のままの野宮の「あはれさ」とともにまざまざと体感した。そこで得られる高揚感は、もはやその後に続く生によって、傷つけ損なわれることはない。かくして、この世の執心を野宮の場面との〈再会〉によって晴らした御息所の中に、「露うち払ひ、訪はれしわれも、その人も、ただ夢の世と、古りゆく」、訪われた己れも訪うてくれた愛しいあの人も、すべては「夢の世」だとの鋭い意識が生まれてくる。

誰松虫の音は、りんりんとして、風茫々《ばうばう》たる、野の宮の夜すがら、なつかしや。

「松虫」の語は、『源氏物語』において御息所が詠んだ後朝の歌、「おほかたの秋の別れもかなしきに鳴く音な添へそ野辺の松虫」から取られたものである。「りんりん」という鮮やかな鳴き声は、茫々たる風の音とともに、源氏との別れのみならず、この「夢の世」との別れを促すかのようである。「りんりん」と響き渡る現実の松虫の声に、僧の夢はまもなく覚め、御息所の「夢」もまた覚めることが予感される。御息所は鳥居の内を見つめ、野宮の「夜すがら」、夜のすべてを、すなわちその夜の情景や源氏の思い、そして自らの思いの全てを「なつかしや」と詠嘆する。

第五節　「火宅の門をや出でぬらん」——成就と否定

一　「や──らん」の持つ意味

ここで、「序の舞」で実現し得た世界を文字通り「破る」かのように、「破ノ舞」が舞われる。野宮での恋の一夜が「夢の世」であるとの認識にいたった御息所は、「野宮」を「神の宿る場」として強く意識するようになる。

ここはもとより、かたじけなくも、神風や伊勢の、内外《うちと》の鳥居に、出で入る姿は、生死《しやうじ》の道を、神は受けずや、思ふらんと、また車にうち乗りて、火宅《くわたく》の門《かど》をや、出でぬらん、火宅の門。

小林によれば、「伊勢の内外の」以下で、「シテは片足を鳥居の内へソと入れて戻す」のだという。(27) この「出で入る」姿は、これまでくり返し述べられてきた、御息所があの世と野宮を往還するありようを一つの動作に凝縮して表したものであろう。そして、その姿に集約される「生死の道」を神はご納受なさらない、と気づいた御息所は、花車に乗って火宅の門を出てゆく。

この曲の締め括りについては、本章の冒頭に述べたように、御息所の霊魂の救済を巡ってさまざまな解釈がなされている。これまでの考察から「御息所の霊魂には救済の道が開かれている」とするのが本章の立場であるが、このことについて、「火宅の門をや、出でぬらん」の「や―らん」という措辞の面から少し考察を加えてみたい。

通常、係助詞「や」は疑問を表し、そして「らん（らむ）」は「「らむ」は現在の事態を推量するのが古い用法である。現在目前に見えていない事態について、「今頃はさぞかし…のことであろう」と思いやる気持ちである」（大野晋・佐竹昭広・前田金五郎編『岩波古語辞典』補訂版、岩波書店、一九九〇年）と説明される。「野宮」の終曲部について、さまざまな解釈が出されるのも、この「目前に見えていない事態」、ここでは御息所の霊魂の行方については想像の余地があるとの理解があるからであろう。だが、先に引いた『岩波古語辞典』では、「なお、時代が下ると、詠嘆の助詞「かな」に相当する用法があらわれてきた」との記述があり、用例として「安宅」の「旅の衣は鈴懸（すずかけ）の、露けき袖やしをるらん」が引かれているのである。

『岩波古語辞典』の説明に基づき、いま試みに『新編日本古典文学全集 謡曲集①②』および『謡曲二百五十番集』[28]により禅竹作と目されている作品を閲すると、詠嘆の意で用いられていると判断できる用例を十数例見つけることができる。その中でも「花にうつろふ嶺の雲。〳〵かゝるや。心なるらん」（「小塩」）「寝てか覚めてか。春の夜の月。曙の花にや。残るらん」（同）「立つ旅衣春とてや。〳〵。心ものどけかるらん」（「佐保山」）「山より出づる北時雨、山より出づる北時雨、行方や定めなかるらん」（「定家」）などは、曲の冒頭や締め括りの言葉に用いられており、禅竹は「や—らん」の措辞を詞章に余韻を持たせるものとして用いていたことが窺える。以上の考察を踏まえれば、「野宮」における「火宅の門をや出でぬらん」とは、御息所の霊魂の救済（あるいは救済の予感）を、断定を避けつつ控えめに観客（読者）に告げている、とするのが妥当であろう。

二 「恋をする存在」としての人間

以上見てきたように、「野宮」における「森」は、「恋する女の苦しみを表象する場」から「神威を保存し、源氏が榊に託した恋の不変性をも保証する場」に、そしてさらには「源氏の心が宿る場」へと変容していった。また、それにともない、御息所の心も僧に対して披かれていき、最後は救いの道が用意されるにいたった。

しかし他方、結びの詞章が、「（火宅の門をや）出でぬらん」ではなく、「火宅の門」という体言で締め括られていることにも留意しなければならないだろう。このような終わり方は、たとえば「成仏得脱の、身となり行くぞありがたき」（「葵上」）などの結びの詞章がもたらす印象とは大きく異なることもまた否定できまい。

「火宅の門」でシテが留拍子を踏み、幕の後ろに消えた後、観客が無人の舞台を観ながら感じるのは、救済の喜びではなく、「人を深く思うこと、すなわち火宅の門の内に何度も立ち帰ってくることの悲しさ」であろう。それは、人生の最高の瞬間を別れの場面に求めなければならなかった御息所の悲しさでもある。しかし、だからこそ、「野宮」を観る者は、そこに己れの恋――過去の恋も含めて――の苦しみを重ね、その救済を願わずにはいられない。その観る者の願いに、「火宅の門をや出でぬらん」の救済の言葉は柔らかく応答するのである。

もとより、われわれは生霊化につながるような御息所の深い激しい恋を必ずしも体験するわけではない。御息所の恋は、恋をする能力の極めて高い御息所が、恋の相手としてこれ以上ないほどの理想的な要素を兼ね備えた源氏を求めることによって初めて達する深みと、それゆえの苦しみを持っていた。だが、人間が「己れの抛りどころを恋い求めて絶えずさまよい続ける存在」だとすれば、われわれは本質的には皆「恋をする存在」だといえよう。「野宮」は、恋の極北を体現した御息所の魂を鎮めることをもって、われわれすべてが体験するであろう「恋の終焉」に対する優れた鎮魂歌となり得ているのではなかろうか。

註

(1) 前シテは御息所の霊魂の仮の姿である「いとなまめける女性」であり、後シテも「御息所の霊魂」と呼ぶのが正確であるが、本章では煩雑さを避けるためシテを基本的に「御息所」と呼ぶ。

(2) 西野春雄校注『新日本古典文学大系57 謡曲百番』、岩波書店、一九九八年

(3) 小山弘志・佐藤健一郎校注『新編日本古典文学全集58 謡曲集①』、小学館、一九九七年

(4) 伊藤正義校注『新潮日本古典集成 謡曲集下』(新潮社、一九八八年) 解説等参照。

(5) たとえば、高橋悠介『禅竹能楽論の世界』(慶應義塾大学出版会、二〇一四年) では、禅竹著『六輪一露之器』において幽

玄の根源であり万物を生むものを「器」と呼ぶのは世阿弥の『遊楽習道風見』最終条を受けたものであり、一切にあらず一切を現ずる禅の「一心」の思想が世阿弥より受け継がれていると指摘する（「第八章　世阿弥から禅竹へ――禅の問題を中心に」）。

（6）　本曲の結語は流派によって違いがあり、『新編日本古典文学全集58謡曲集①』の頭注には、「車屋本は「〳〵」とあるから、「火宅の門をや出でぬらん」と繰り返すと思われる。金春・喜多の二流は「火宅」で留め、金剛流は「火宅の門を」で留める。なお、上掛二流は底本と同じ。」と、底本の形を含め4パターンの詞章があることが示されている。

（7）　佐成謙太郎校注『謡曲大観　第四巻』明治書院、一九三一年

（8）　小林保治「能舞台鑑賞・「野宮」」『国文学解釈と教材の研究』第二十八巻十三号、一九八三年

（9）　出岡宏「『野宮』「懐かしや」の意味」『季刊日本思想史』第三十九号、一九九二年

（10）　池上康夫「定家歌と禅竹能（二）――『野宮』『定家』を中心に」『明治学院論叢』通号四八六号、一九九一年

（11）　謡曲の中で諸国一見の僧が各地の名所・旧跡を巡ることの意味については、佐藤正英「『井筒』をめぐって――夢幻能の構造」（『季刊日本思想史』第三十九号、一九九二年）に詳しい。

（12）　久保田淳・馬場あき子『歌ことば歌枕大辞典』角川書店、一九九九年

（13）　引用する『新古今和歌集』中の和歌はすべて田中裕・赤瀬信吾校注『新日本古典文学大系11　新古今和歌集（岩波書店、一九九二年）による。

（14）　禅竹作の謡曲および能楽論における定家歌の影響については、先掲の池上論文に詳しい。

（15）　底本とした『新日本古典文学大系11　新古今和歌集』では、第五句目が「森の白露」となっているが、異本及び『千五百番歌合』の当該歌の第五句目は「森の下露」であり、禅竹が『五音十体』で引いた歌も「森の下露」の形を採っているため、このように改めた。なお、この一首については私訳をほどこした。

（16）　三宅晶子「金春禅竹の歌語意識」『目白学園女子短期大学研究紀要』二七号、一九九〇年

（17）　先掲池上論文。

（18）　『源氏物語』の引用は、阿部秋生・秋山虔・今井源衛・鈴木日出男校注『新編日本古典文学全集21　源氏物語②』（小学館、一九九五年）による。

（19）　片桐洋一校注『新日本古典文学大系6　後撰和歌集』岩波書店、一九九〇年

（20）『古事記』における天照大神が「女性祭祀者」であるとの捉え方については、佐藤正英『日本倫理思想史 増補改訂版』（東京大学出版会、二〇一二年）、および吉田真樹「六条御息所の生霊化の基底について」（『季刊日本思想史』第八十号、二〇一二年）に学んだ。なお、吉田は当該論文において、性的交渉が持つ元来の意味を、「一対の男女が超越者を求めるために行う行為」であるとし、帝は神祀りを行う巫女神の継承者であり、超越者を呼び出す最たる存在であって、性的交渉の意味に自覚的であるべき存在であるとする。そのうえで、「前皇太子妃」である御息所が「美しさ」故に性的交渉において神を呼び出す能力を持っていること、源氏が出自的な面でも身分的な面でも「性的交渉により超越者を呼び出す力」が非常に強く、また源氏本人の持つ「光る」という超越性ゆえに、帝よりも超越者たる神との分裂が少ないと論じている。本章の『源氏物語』「賢木」巻における榊についての論考は吉田論文に多くを負っている。

（21）小町谷照彦校注『新日本古典文学大系7　拾遺和歌集』岩波書店、一九九〇年

（22）この歌は『拾遺和歌集』の巻第十「神楽歌」に採られたものであり、神楽歌について『新日本古典文学大系7　拾遺和歌集』では、「広くは、神前で舞楽と共に唱和される歌謡を言うが、狭くは、宮中で行われる神事歌謡を言う。大別して、採物（神おろし）前張（神あそび）・星（神あがり）より成る。神を招き、神と共に楽しみ、神を送るという構造になっている」という。歌謡の神楽歌には「榊葉にゆふしでかけて誰が世にか神の御室と斎ひそめけん」とあり、榊を神の降臨する場所としている、との説明もあり、以上を踏まえると、榊の香を尋ね求めてその場に至るのは神だと考えるのが妥当だと思われる。

（23）地謡の謡う詞章の中に「御すまひ」と敬語が使われているのは、「いとなまめける女性」の御息所への敬意を示し、ここではまだ「いとなまめける女性」として客観的に場面を語っている段階だと取れる。だがこの場面は同時に、『源氏物語』での源氏の視点を本文中に取り込むことで、御息所が自己の苦しみに埋没する姿勢から抜け出したことを表す場面だと取りたい。

（24）たとえば、西村聡「『野宮』の文体」（『説話・物語論集』第十一号、一九八四年）に詳しい。

（25）『源氏物語』からの傍証になるが、この逢瀬において、御息所は（作者の推測という語り口においてではあるが）「ここら思ひあつめたるつらさも消えぬべし」という状態になったとある。またそれゆえに、逢瀬の後に源氏が旅の装束を送ってきたときには、己れの身を「今はじめたらむやうに」、いまはじめて嘆きが始まったかのように嘆き悲しむのである。

（26）西野春雄・羽田昶『新訂増補能・狂言辞典』平凡社、一九九九年

（27）先掲小林論文。

(28) 野々村戒三編『謡曲二百五十番集』赤尾照文堂、一九七八年

おわりに――「年々去来の花」への眼差し

本書は、世阿弥の能楽論ならびに謡曲の根幹をなす「花」という言葉を巡っての、筆者の十数年の研究をまとめたものである。各章の初出は以下の通りである。なお、一書にまとめるにあたり論の重複部分を一部削り、また各章ごとに適宜加筆修正を行った。

Ⅰ　世阿弥の能楽論

岩倉さやか『花と自己変容――世阿弥能楽論研究』九州大学博士（文学）甲第7635号、二〇〇六年

Ⅱ　世阿弥の謡曲　付「野宮」

第一章　「松風」考――「恋慕」と「狂」

「能「松風」における「恋慕」と「狂」――世阿弥能楽論における「序破急」の論に即して」『国際関係・比較文化研究』第二十一巻第一号、二〇二二年九月

第二章　「忠度」考――「花こそ主なりけれ」の意味をめぐって

「能『忠度』考――「花こそ主なりけれ」の意味をめぐって」『国際関係・比較文化研究』第二十一巻第二号、二〇二三年三月

第三章　「八島」考――「生死の海」と「真如の月」

「能『八島』考――「生死の海」と「真如の月」『国際関係・比較文化研究』第二十二巻第一号、

二〇二三年九月
第四章　「井筒」考——「心の花」の成就
「能「井筒」考——「心の花」の成就」『国際関係・比較文化研究』第二十二巻第二号、二〇二四年三月
第五章　「野宮」考——森と心との変容、甦りをめぐって
「『野宮』考——森と心との変容、蘇りをめぐって」『国際関係・比較文化研究』第十二巻第二号、二〇一四年三月

最後に、筆者が「花」という概念を探究するにいたった経緯について少しく記しておきたい。

筆者は初め近世俳論に着目し、芭蕉門下で蕉風俳諧の理念確立に力のあった、各務支考《かがみしこう》の俳論を取り上げ、その基本構造を見定める研究を行った。その成果は、すでに『俳諧のこころ——支考「虚実」論を読む』（ぺりかん社、二〇〇二年）という一書にまとめている。

だが、その中で改めて浮彫りにされてきたのが、「近世俳論の中には、その歴史的源泉として、中世の文芸論が豊かに息づいている」という事実であった。そして、そうした探究の過程を経て、次第に中世文芸論の伝統に眼が開かれていったのである。

特に、「花」と「月」が俳諧の美の重要な焦点であることを身にしみて学んだことから、能楽論、とりわけ世阿弥の「花」に課題を設定することは自然な流れであった。こうして、世阿弥能楽論の文脈全体を反省・吟味し、その基本的構造を明らかにしてゆく中で、世阿弥の語り出す「花」とは、「根源なるものの力を、絶えざる自己否定を通じて宿し得た、演者の心と態の総体」を指すのだ、という結論に至り着いたのだった。

では、「花」を演者そのもの、ひいては人そのものの象徴として捉える文脈は、独り世阿弥によって築かれた特異な思想であったのだろうか。否、決してそうではない。むしろ、世阿弥は、中・近世の文芸論が等しく担ってきた、「花」という言葉の可能性を、もっとも充実した形で、文字通り「開花」させたのである。

近世の歌人である三条西実教は、歌の要諦について次のように述べている。「歌は、たゞ、みな恋也。恋が本《もと》也。「見花」といふ題は、「見恋」なり。「待花」は「待恋」也。「尋花」は「尋恋」になる也。其恋の情を、四季・雑の、其物の題にうつしてよむがよき也。」（『歌論歌学集成　第14巻』三弥井書店、二〇〇五年より『和歌聞書』上野洋三校注）。人が自然を愛で、それを言葉によって象ろうとするとき、その根底には必ず人を恋う気持ちがあった。そして、その自然がもっとも美しく、よき形で顕れ出でたもの、すなわち「花」を、われわれはともに「妙」たる根源へと与りゆく他者として、尊んできたのである。芭蕉の「山路来て何やらゆかし菫草」「さまぐ〵の事思ひ出す桜かな」も、「いま・ここに」出会った菫や桜に対し、自分の出会った人すべてへの懐かしさを込めて呼びかけた言葉であったろう。

世阿弥は、自分がその時々に咲かせ得た「花」が一旦無みされた後、無限なるものを指し示す象徴として「この一瞬」に甦り来ることを、「年々去来の花」と呼んだ。「序破急」の時間構造が持つ、不連続の連続という性質を考えるならば、この「年々」は演者一人の人生に限ったことではなく、あらゆる時代の、人それぞれが生き、己れの「花」を咲かせてきた、その時の集積をも指すであろう。とすれば、人が真に心を抜き、古人が全力を挙げて顕現させてきた「花」を見据えてゆくならば、それらの「花の種」は、その人の「一心」において、いま一度新たな生命をもって開花してくるものと思われる。おそらく、心ある者の「古典」の摂取とは、古来そのような性格を持つものであったのだ。

この書が、世阿弥の開花させた「花」を謙虚に受け止め、その理解したところを提示することで、いま現在の筆者の分に応じた限りで、小さな「花」となり得ているのならば幸いである。

本書の執筆にあたり終始適切な助言を賜り、丁寧にご指導くださった谷隆一郎先生、そして九州大学大学院在学時、学問の世界の奥深さを示し続けてくださった故上野洋三先生に心から感謝の意を捧げたい。「Ⅱ　世阿弥の謡曲　付「野宮」」の各論考は、筆者が静岡県立大学に赴任して以来行ってきた謡曲読解の授業において、学生たちから得られた真摯な意見に触発され形作られていったものである。その他、ここにお一人お一人の名を挙げることはかなわないが、多くの良き出会いに支えられ導かれ、拙い論考をまとめ上げることができたこと、この場をお借りして感謝申し上げる。

最後になったが、知泉書館代表取締役の小山光夫氏には、ひとかたならぬお力添えを賜った。ここに記して、改めて深甚の謝意を捧げたい。

二〇二四年三月

鈴木　さやか

＊　本研究は、平成十七年度科学研究費補助金（特別研究員奨励費）による研究成果の一部である。

索　引

あ　行

か　行

さ　行

た　行

な　行

は　行

ま　行

や　行

ら　行

わ　行

鈴木さやか（すずき・さやか）
1977年生まれ。2000年九州大学文学部卒業。2006年，同大学大学院人文科学府博士後期課程修了。現在，静岡県立大学国際関係学部准教授。博士（文学）。
〔著訳書〕『俳諧のこころ―支考「虚実」論を読む』（ぺりかん社，2003年），『砂漠の師父の言葉：ミーニュ・ギリシア教父全集より』（谷隆一郎，岩倉さやか共訳，知泉書館，2004年），『羽衣』（監修：山階彌右衛門，文：鈴木さやか，絵：なかおまき，静岡新聞社，2015年）

〔世阿弥の「花」を知る〕 ISBN978-4-86285-420-9

2024年11月 5日　第1刷印刷
2024年11月10日　第1刷発行

著　者　鈴 木 さ や か
発行者　小　山　光　夫
印刷者　藤　原　愛　子

発行所　〒113-0033 東京都文京区本郷1-13-2
電話03（3814）6161 振替00120-6-117170
http://www.chisen.co.jp
株式会社 知泉書館

Printed in Japan　印刷・製本／藤原印刷